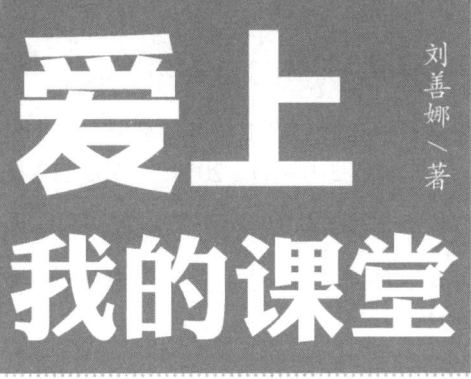

爱上我的课堂

刘善娜 / 著

一位小学数学教师的教学反思日志

用1000个日日夜夜见证一段教师成长之路
用226篇教学日志记录教学相长之旅
这里有教学方法，有教学智慧，更有对教学的浓浓之情

宁波出版社
NINGBO PUBLISHING HOUSE

图书在版编目（CIP）数据

爱上我的课堂：一位小学数学教师的教学反思日志 / 刘善娜著 . —宁波：宁波出版社，2014.5（2023.12 重印）
ISBN 978-7-5526-1420-6

Ⅰ . ①爱… Ⅱ . ①刘… Ⅲ . ①小学数学课—教学研究 Ⅳ . ① G623.502

中国版本图书馆 CIP 数据核字（2014）第 000301 号

爱上我的课堂

作　　者	刘善娜
出版发行	宁波出版社
地　　址	宁波市甬江大道1号宁波书城8号楼6楼
邮　　编	315040
电　　话	0574-87341015（编辑部）　87286804（发行部）
策划编辑	陈　静
责任编辑	梁建建
责任校对	王　丹
印　　刷	宁波白云印刷有限公司
开　　本	710 毫米 ×1000 毫米　1 / 16
印　　张	18.25
字　　数	250 千
版　　次	2014 年 5 月第 1 版
印　　次	2023 年 12 月第 10 次印刷
书　　号	ISBN 978-7-5526-1420-6
定　　价	35.00 元

本书若有印装错误，影响阅读，请与承印厂联系调换。电话：0574-83875165

序一

做小的东西　得大的收获

近年来,奉化小学数学教育界青年教师队伍成长非常迅速,在今年宁波市"卓越工程"选拔中有多人入选,这其中就有刘善娜老师。刘善娜老师能在全市一百多位优秀小学数学青年教师中脱颖而出,崭露头角,着实令人刮目相看。

不过,当她捧着厚厚的一摞书稿——《爱上我的课堂》,邀请我为其写序时,我豁然开朗了,原来她与学生同成长,与家长共上进,教学生活中重积累、重学习、重思考,一步一个脚印享受着教学生活。我不禁从内心惊呼:真是"长江后浪推前浪","青出于蓝而胜于蓝"呀。我不禁想到了冰心的一句话:"成功的花,人们只惊慕她现时的明艳!然而当初她的芽儿,浸透了奋斗的泪泉,洒遍了牺牲的血雨。"

我一直认为名师只是勤奋的副产品。从年轻的普通教师通往有资历的名教师的道路永远是畅通的,每一个人手中都握有成功的种子。

对于一个立志要成为名师的青年教师而言,常常会苦恼于缺少各种"登台亮相"的机会。而一旦有了这样的机会,他就期盼自己能"一课成名"。于是,他恐惧在比赛课、观摩课上的失败,害怕今后失去更多、更好

的展示机会。他觉得一旦这样的机会没有被抓住,自己的专业成长就会像蜗牛般缓慢行进,甚至在成功之路止步。他没有认识到,成功的种子其实就撒在自己的身边。青年教师需要机会,但更需要积累,积累比机会更重要。只要认识到这一点,他就能获得想要得到的东西。

那么,教师应该怎么积累?积累什么呢?著名教育专家李镇西老师说过这样一段话:"其实,我和大家是一样的——对学生的爱是一样的,对教育的执着是一样的,所遇到的困惑是一样的,所感受到的幸福也是一样的,甚至包括许多教育教学方法或者说技巧都是一样的!如果硬要说我和大家有什么不一样的话,那就是我对体现教育的爱、执着、困惑、幸福、方法、技巧的故事进行了思考,并把它们一点一滴地记录了下来,还写成了书。仅此而已!"

教师们看到这段话也许会摇头,并发出感慨:哪有这么简单呀!李镇西老师是专家嘛,有写作的水平,而对于我们普通老师来说,书可不是那么容易写的。很多教师就是这样低估了自己的力量。而刘善娜老师的这本书稿,恰恰证明了写书对我们一线教师而言"是不为也,非不能也"。她用自己的写作证明着自己的成长,更证明着这样一个朴素的道理——实践、思考、记录,这正是一个普通教师成长为一名卓越教师的关键所在。这也是我特别乐意向各位老师、家长朋友们推荐此书的理由。

一、为致力于日常课堂教学增趣者诉说每日课堂的设想

日复一日的教学,总是容易使人倦怠。能教得游刃有余,能教得生动活泼,能教得快乐满足,是每个教师的愿望。读着刘老师的文字,我感受到即使教学生活琐碎而辛苦,也能体察出其"充满思考的活动和充满活动的思考"。教学有法,但无定法,贵在得法。她的教学设想不一定能让你的课堂绽放,但是,如果在你教学之前,有个教学友人在你身旁将她执教此课的"成"与"败"——道来,无疑是有益于你的自身教学的。因肯定继

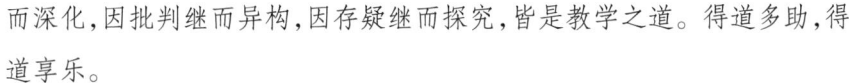

而深化,因批判继而异构,因存疑继而探究,皆是教学之道。得道多助,得道享乐。

二、为关心小孩子数学学习者提供真实触摸的机会

刘老师在写她的教学手记时,家长们是一篇不落地跟阅,为什么?因为家长们从来没有如此近距离地触摸到自己孩子的日常数学学习,触摸到孩子的数学老师的个人思考和治学态度。我想这批家长是极其幸运的,因为他们一改以往只能通过检查孩子的作业、在孩子的试卷上签字来了解孩子的数学学习活动,而现在他们只要鼠标一动,就知道了孩子近期数学学习的难点、重点,知道数学老师最近在思考什么,需要有什么样的协同教育。因为提供了真实触摸的机会,所以,教师与家长的关系是融洽的,教学的合力是最大化的。

即便你不是她的学生家长,翻读此书,你也能突破往日的局限,清晰发现四到六年级的孩子数学学习的真实状况。那一个个典型错例,是否会出现在你的孩子身上?这一部分知识特别难学,你是否该格外关注?每个孩子都不一样,但同龄的孩子学习同样的知识总有其共通之处。这样说来,此书值得有小学高段孩子的家长朋友们一阅。

三、为渴望自身专业成长者积蓄平实的力量

加拿大学者马克斯·范梅南在其《生活体验研究》一书中有着非常精辟的论述:"写作即思考和行动的调和。"刘老师的教学手记在撰写上有两个鲜明的特点:第一是日常性,每日教学之后,她在自我感受、自我体味的基础上,点点滴滴地坚持不懈地记录下来,不断积累教育心得;第二是叙事性,教学手记记录着她和她的孩子们、家长们及同行们原汁原味的教育故事,明显洋溢着鲜活的气息。这样的教学手记能为渴望自身专业成长者提供犹如亲临实践的现场感,更好地把握刘老师教学的节奏和成长的轨迹,逐步培养起学术敏感性和思维批判性,从而积蓄起自身成长

的必需力量。

"一个优秀教师的诞生至少要花 8 年时间",一个教师的成长是一个持续终生的过程。每一个教师都应该怀揣教育梦想,从日常教学小事做起,潜心专研,不断积累,总会有真实生长的感觉,总会有大的收获。

林良富

2013 年中秋节于名仕嘉景苑

序二

教学之道本在家常

认识刘善娜老师才两年。去年,她通过了宁波市特级教师跨区带徒考试,成了我的徒弟。几次活动下来,我感觉她是个非常用心的老师。

当我看到她厚厚的书稿,我感觉到她的用心超过了我的想象。她在"平平常常的日子"里品出了"真真实实的教学滋味"。透过这浸润着汗水和智慧的文字,我们感受到一个全身心投入工作并且乐在其中的数学教师形象。她的这本书,算不上小学数学教师专业成长的"工具书",却俨然是一本小学数学教师专业成长的"能量书"。细细捧读,感悟有四:

一、用心

她用心、用情随时记录下了教学生活的点点滴滴,有课堂教学的所思所悟,有作业常规的所思所为,有培训学习的所感所叹。平常的日子,坚守着自我经验的不断更新,坚守着对孩子持续发展力的关注,坚守着家校携手共进……她真的是个热爱教学的人,在用心谱写着教学人生。

二、思考

她将一群孩子从四年级带到六年级,三年里,她有"咬牙切齿",也有"欢呼雀跃",她有"大呼小叫",也有"润泽宁静"。她总能找到自己喜欢的"点"展开思考,并与人分享,三年感悟化成洋洋洒洒二十余万字。她的

每一份思考,是她与自我的对话,也是经验成长的琢光。

三、真实

她的文字影响了124个家庭,每天都会有很多家长跟读她发的帖子,并积极配合她的教学。这自然是无比幸福的事情,这也使得她的文字必须真实。高段的孩子,即便没有"洞若观火"的能力,也能将真假分辨得清清楚楚。孩子的家长们尽管来自各行各业,却都关注自己孩子的学习。网络,让她在无形中引入了学生、家长、同行的监督,让我们真实地看到她一直盯着自己的两个班,不企望树起一根标杆,只念想着点滴的建设能快乐有效。

四、引领

书中有很多关于数学教学的想法,都无关高深理论,仅仅是她多年教高段数学的经验感言,很朴实,但源于实践,关注生本,可贵,相信会给一线教师的日常教学尤其是年轻教师带去颇多助益。

她很关注家校互动,书中也有很多面对小学高段儿童成长的教育思考,相信会让有小学高段学生的父母更加了解自己孩子的数学学习。她很喜欢搜集错例,感觉这些错例是她的宝贝,也是家长们的宝贝,当然,现在也成了我们所有读者共同的宝贝。

文字无心植下了柳枝,原本是希望博得"自己白发苍苍时翻页文稿欣然一笑",但收获显然不止于此。当这群孩子以拔尖的数学成绩毕业的时候,我们看到了她的喜不自禁。的确不容易,处于如此忙碌的成长阶段,太多的人放弃了日常课堂的钻研,瞩目公开课的华丽,她却在此处令人讶异地收获芬芳。这便是因了教学之道本在日常课堂的道理。

此刻,书稿即将出版发行,她的收获愈加丰满。

坚守理想的教师总能过上幸福完整的教育生活。祝愿徒弟的教育生活越来越幸福,越来越完整。

(浙江省特级教师、余姚教师进修学校副校长　王国元)

序一　做小的东西　得大的收获 …………………… 林良富 / 1
序二　教学之道本在家常 ……………………………… 王国元 / 5

＊ 四年级第一学期 ＊

·2009 年 9 月·

9月1日	崭新的三年,我来啦 ……………………	001
9月3日	大数,读、读、读 …………………………	003
9月7日	一串教学印迹 ……………………………	004
9月8日	读写法练习课 ……………………………	005
9月10日	调整难度来教学 …………………………	005
9月11日	不断强化难点、重点内容 ………………	006
9月16日	课堂是宁静美好的心灵港湾 ……………	006
9月17日	根据不同班情,采取不同教学方式 ……	007
9月18日	会用计算器了 ……………………………	008
9月23日	第一次过关练习 …………………………	009
9月24日	坚持自己的守护 …………………………	010
9月25日	对无限性的感知 …………………………	010
9月27日	学习量角 …………………………………	012

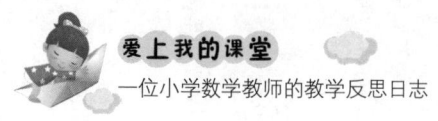

·2009年10月·

10月10日	"想象力"要加油了	013
10月14日	口算乘法小练	014
10月16日	有甜蜜,有抱怨	015
10月19日	我该作检讨	016
10月20日	我们的表现好吗?	017
10月22日	开始"听写布置"作业	018
10月26日	由仿到悟,几何直观有效归纳和应用积变化的规律	018
10月27日	说得好,做得差	022
10月29日	超级乐观的孩子们	022

·2009年11月·

11月6日	充满童趣的孩子们	023
11月9日	今天学画垂线和平行线	024
11月10日	计算过关错例分析	024
11月11日	别样"光棍节"	027
11月12日	这一课,堪比满汉全席	028
11月20日	鸡兔同笼,到底要教给孩子什么?	030
11月23日	一个人先乐呵	031
11月25日	基础不可不实	034
11月26日	感谢感谢!欢呼雀跃!	034

·2009年12月·

12月3日	答题过程很重要	035
12月7日	给自己也减负	036
12月9日	感慨分数的珍贵	037

12月10日	今天学统计	038
12月11日	一起来"烙饼"	038
12月14日	今天学统筹	039
12月18日	错题随感	040

· 2010年1月 ·

1月4日	近期错题收集	041
1月6日	转移"心疼"	042
1月12日	再次查漏补缺	044
1月18日	狂欢的冲动	044
1月22日	充实的一天	045
1月25日	忙"新"	046
1月26日	信息量一大就难了	046
1月27日	"冲啊"	047

* 四年级第二学期 *

· 2010年3月 ·

3月1日	走入新学期	048
3月3日	简算思考一:序列调整	048
3月4日	简算思考二:全方位沟通	052
3月6日	简算思考三:迁移促内化	055
3月9日	连线成网,把握运算律概念本质	057
3月16日	简算思考四:错例反思	060
3月25日	简算思考五:简算的评价	061
3月26日	第三单元"简便计算"单元错例分析	063

| 3月29日 | 发现作高好办法 | 064 |
| 3月30日 | 作高练习 | 065 |

·2010年4月·

4月1日	给三角形分类	066
4月6日	教学巧埋种	067
4月7日	当了回灭绝师太	068
4月12日	喜悦之情	068
4月13日	培训时间临近	069
4月16日	植树问题	070
4月19日	听公开课有感	071

·2010年5月·

5月5日	数位扩张	072
5月11日	新鲜的体验	072
5月12日	再遇丁杭樱	074
5月13日	潘红娟风暴	075
5月18日	聆听郑仁东校长的讲座	075
5月19日	触摸浙大附小的数学文化	076
5月20日	走进竞舟小学	078
5月21日	课前心情复杂	079
5月24日	今天我上课	080
5月25日	要把孩子越教越聪明	081
5月26日	这就是幸福	082
5月27日	观赛课之拙评	083

·2010年6月·

6月2日	入校实践最后一天 ……………………	084
6月4日	从"分数的定义"反思专业素养不足……	085
6月7日	感受认真的美好 ………………………	086
6月8日	牵手汪培新 ……………………………	087
6月10日	幽默与智慧并存的俞正强 ……………	089
6月11日	拷问当前教育 …………………………	092
6月12日	魅力"泰斗"吴卫东 ……………………	093
6月17日	省教研员斯苗儿 ………………………	097
6月18日	心有大数学的唐彩斌 …………………	097
6月22日	两日散记 ………………………………	099
6月23日	喝了一碗心灵鸡汤 ……………………	100
6月24日	走进学困生的世界 ……………………	102
6月25日	笑识章宏俊 ……………………………	103
6月28日	有理想、有数学才是生活 ……………	104
6月29日	终于见到朱乐平 ………………………	107
6月30日	打开你的数学思维 ……………………	111

·2010年7月·

7月1日	对比,拓宽视野 …………………………	112
7月2日	结束培训之旅 …………………………	113

＊ 五年级第一学期 ＊

·2010年9月·

9月1日	五年级了 ………………………………	115

日期	标题	页码
9月2日	家常课,直切重点	115
9月3日	小数乘法新授	117
9月7日	参加上课培训	118
9月10日	通过迁移学简便计算	119
9月13日	复习也开心	120
9月14日	口算大练兵	121
9月17日	尚田一行之收获	121
9月20日	有助教的日子	122
9月21日	爱添麻烦的"0"	123
9月26日	对症的"行为投入"会助推计算方法的掌握	124
9月27日	积极的"情感投入"助益学习目的的理解	127
9月28日	多元的"认知投入"会助力计算方法的掌握	131
9月29日	"解决问题"带来的冲击	133
9月30日	学习循环小数	134

· 2010年11月 ·

日期	标题	页码
11月1日	"66"是36!	135
11月3日	"用字母表示数量关系"真要命	137
11月4日	数量关系要多分析	138
11月5日	辛苦,总有收获的那一刻	139
11月8日	平衡	140
11月15日	如何让 x 变成"孤家寡人"	141
11月19日	解方程中的脱衣服	142
11月22日	不用教却要做的练习	143

11月23日	前方有陷阱	144
11月25日	双x，要先合并再解决问题	145
11月29日	我为方程狂	146
11月30日	求解路径要一致	146

· 2010年12月 ·

12月1日	孩子之间的学习差距越来越大	147
12月6日	平行四边形面积一课重点是"转化"	149
12月12日	倍拼法怎么教？	150
12月13日	孩子解题是否灵活，教给他们何种策略是关键	151
12月17日	同门兄弟	153
12月21日	过关前渗透一下并无妨	154
12月24日	悠悠然的日子	155
12月29日	准备杀尾	155

· 2011年1月 ·

1月4日	学习密铺问题	156
1月5日	"缉凶"有收获	157
1月6日	今天开始期末复习	158
1月11日	"不可能！"的背后是轻视细节	159
1月18日	数形结合是救命稻草	159
1月19日	构思寒假作业	160

＊ 五年级第二学期 ＊

· 2011年2月 ·

2月19日	又是一个新学期的开始	163

| 2月21日 | 课堂上不应有孩子受挫 | 164 |
| 2月22日 | 对比中凸显核心问题 | 164 |

·2011年3月·

3月1日	因数、倍数概念引入需要借助直观吗？	166
3月2日	规避不如辨析	169
3月3日	2、3、5的倍数特征，你问为什么了吗？	171
3月5日	寻找命题套路	173
3月7日	难点一步步攻克	175
3月9日	感受数学听课周（一）	176
3月10日	感受数学听课周（二）	179
3月14日	分数意义数学思考	181
3月16日	借助数量关系理解分数意义	182
3月17日	区分真假分数靠数轴	183
3月18日	化整是基础	184
3月22日	立足现有经验，沟通性质内联	185
3月28日	从"顶"到"抛弃"短除法	186
3月29日	直入主题学约分	187
3月30日	精力优化	188
3月31日	孩子放开了我的教学视"限"	189

·2011年4月·

4月7日	35分钟的课堂真紧张	190
4月11日	追寻宁静	191
4月14日	学数学有时也需要背诵式"死记"	192
4月15日	学生的起点在哪里？	193
4月22日	空间观念需要积累、需要想象	194

4月25日	期中复习	195
4月27日	一方润泽的课堂	196

· 2011年5月 ·

5月3日	针对学情上新课	197
5月10日	对比,是发现特点的最佳手段	197
5月11日	补0,是为了什么?	198
5月17日	复式折线统计图重在理解其优点	199
5月18日	"电话"拨通"烙饼"	200
5月19日	找次品,为什么要尽可能均分3份?	201
5月24日	不该遏制求知欲	202
5月26日	观察,想象,迁移——建立体积观念	202
5月30日	遇到难题,装傻是个好办法	204

· 2011年6月 ·

6月3日	再逢袁晓萍	205
6月20日	"舍"之痛	208

＊ 六年级第一学期 ＊

· 2011年9月 ·

9月6日	分数乘整数,我教什么?	210
9月8日	明天,练,练,练	210
9月15日	画线段图是学习分数乘除法的好办法	211
9月19日	判断有助于概念形成	211
9月21日	啰唆也是手段	212
9月23日	分数除法的难点	213

· 2011年10月 ·

10月9日	认识比,比就是分数	215
10月10日	割裂求比值和化简比	216
10月12日	多问"我有什么收获"	217
10月27日	幸福源于自己的体验	217
10月28日	杭城听课受益匪浅	220

· 2011年11月 ·

11月4日	探析百分数内涵	221
11月14日	只教一种方法	222
11月16日	思考成功榜	222
11月28日	平实的日子	223
11月30日	感激,反省	223

· 2011年12月 ·

12月9日	表面积和天气一样冷	224
12月13日	少了那声"啊?!!"	224
12月15日	3倍关系	227
12月21日	评录像课的收获	228
12月30日	孩子,如果你是没吸饱的海绵该多好啊!	228

* 六年级第二学期 *

· 2012年2月 ·

| 2月7日 | 新学期的课前准备 | 230 |

| 2月15日 | 比例的意义值得花一课时 ………………… 231 |
| 2月24日 | 明明很慢,怎么还是觉得急? ……………… 231 |

·2012年3月·

3月4日	概览后的解答 …………………………… 232
3月5日	错要说出来 ……………………………… 233
3月6日	"小心"煮了锅夹生饭 …………………… 234
3月8日	扒去旧衣关注新知重点 ………………… 235
3月14日	毕业总复习当新授课教学 ……………… 236
3月20日	测试课 …………………………………… 236
3月27日	有感于"不同层次的问题解决能力的培养"
	……………………………………………… 237
3月29日	练习题预估 ……………………………… 238
3月30日	预估水平一流 …………………………… 239

·2012年4月·

4月11日	结束基本功竞赛 ………………………… 239
4月12日	教学失策 ………………………………… 240
4月17日	钻题,具有可持续发展力 ………………… 241
4月18日	抓住基本模型解决空间知识问题 ……… 242
4月19日	复习教研活动,且听且思 ………………… 242
4月20日	培养空间观念,解读概念先行 …………… 245
4月27日	虽不能至,心向往之 ……………………… 247
4月30日	激发已有经验,激活新知重点 …………… 249

·2012年5月·

| 5月2日 | 精确到5.0,黔驴技穷 …………………… 250 |

5月7日	"一题多用"的思考 ……………………	251
5月17日	读与思并行 …………………………	253
5月18日	难度可不一样了 ……………………	257
5月21日	坚持画图 ……………………………	258
5月22日	利用草图解决图形面积问题 ………	259
5月24日	作图解决求立体图形体积难题 ……	261
5月28日	近聆胡惠闵 …………………………	263
5月31日	探讨复习妙招 ………………………	265

·2012年6月·

6月9日	絮叨复习 ……………………………	265
6月13日	难题的探究重在平日 ………………	266
6月15日	如愿完成复习计划 …………………	267
6月21日	阅读扫尾 ……………………………	269
6月25日	一轮结束 ……………………………	270

·后　记· ………………………………… 271

四年级第一学期

2009年9月1日 崭新的三年,我来啦

刚带出一届毕业班,自然,紧接着又接手了四年级两个班的数学教学。

新接手的两个班级,他们一到三年级的数学老师汪芳幽默、大气、负责,是市里的学科骨干。升入高段要换老师虽在家长的预料之中,但家长心里肯定有一份不踏实感。开学第一个任务就是获得家长的肯定,使家校配合最大化,美其名曰利用"首因效应"。哈!崭新的三年开始了!

今天,报名。我下发了早备好的"牵手共进"告家长书。从"共同的使命"到"习惯的养成",从联系电话到QQ号码、博客地址,细细和家长——我的新"同事"做了一次交流。告家长书后附有9月2日需上交的回执单。回执单内容涉及填写家长联系方式和作业常规要求。填写联系方式属于常规工作,但我希望我的作业常规要求能向家长们传递我的教学理念。我选择两个小点进行"闪亮"提升:一是关于作业签字;二是告知作业中的特别规定。

作业常规要求

一、关于作业签名

您的孩子已升入四年级,数学家庭作业是否需要和低段一样每日签字?这个选择因孩子而异,每个孩子的学习情况、性格都不一样,您关注的方式也会不一样。请您根据自己孩子的情况进行合理选择。(在括号里打"√")

签字（　　）	不签字（　　）
签字的最大优点：便于了解孩子每日的作业情况和数学学习情况。	不签字的最大优点：放手培养孩子自主作业、自主学习的能力。
签字的最大缺点：家长每日签字查看孩子的作业完成情况会比较辛苦。	不签字的最大缺点：对孩子的数学学习情况了解不够，不易及时发现问题。
选择签字，建议您在每日查看孩子的数学作业完成情况后签字。不必题题查看对错，除非发现孩子出错过多，要及时加以辅导和关注。	选择不签字，建议您每周一次或者两周一次定期查看孩子的数学作业，进行总结、引导或者奖惩。"放"一定要和"收"结合起来。

二、作业中的特别规定

特别提醒：

1. 禁用修正液、修正带。出错一律划去或用胶带粘去。

原因：（1）中考、高考时，用修正液涂改后，答案无效；

（2）修正类物品使用了特殊化学物质，气味有毒；

（3）能在认真思考后下笔，是孩子们最需要具备的能力。

2. 善用数学草稿本。草稿也要写上使用日期，有序清楚地下笔。将定期查看草稿本整洁程度。

原因：（1）提高孩子静心、细心计算的能力；

（2）使孩子养成认真做事、有序思考的习惯。

小中见大。签与不签的选择蕴含着很多信息，不仅能让我粗略地了解孩子在家里的作业习惯，还能让我窥见家长的教育观念、家教方式、教育氛围等。我的细细分析和引导，意在让家长认识到一件极小的事情里原来也有那么多的讲究，感受到教育无小事，同时也为一些不知该怎么去关注孩子作业的家长提供了做法。

只说"禁用"和"善用",看的人未必放在心上,更别说记在心里。可是,我把做这些规定的原因一展示,家长就发自内心地认同了。

9月3日 大数,读、读、读

早上,401班学习了"大数的认识"。我板书了一个最高位在百亿位的大数,让孩子试着读一读。我抓住孩子们在试读前发出的"个、十、百、千……"和"1、2、3、4、1、2、3、4……"问:"我没写'个、十、百、千'啊,也没写'1、2、3、4',你们到底在干吗?"孩子们就开始说自己读数的方法,从而引出利用数位和分级的大数读法。会读了,多读几个,再理解每个数位上数字的意义。

至于"计数单位",孩子们还是要靠"数数"才能理解。"1、2、3……怎么数上去的? 10、20、30、40……怎么计数的? 100、200、300……又是怎样在计数的?"数,一次次地数,反复地数,数到孩子们将某个数位上的数总是怎样在计数了然于心为止。

在教学中穿插完成了部分课堂作业本上的练习。其中一题"5万5万地数,一千零五万后面是( )。"孩子们出现了两种意见——一千零一十万和一千零十万。我好像一直都没注意过这个问题,突然间,有些喜悦。"同学们,老师以前一直没关注过这个问题,好像也没学生提出过这个问题,你们很厉害。我习惯读一千零十万,可从计数规则来说,一千零一十万没有错。现在,怎么办?"孩子说"查百度"。那就查吧。这段话被集体认可——十位上的数是"1"的两位数,读作"十",如15读作"十五";十位上的数是"1"的三位数或多位数,十位上的"1"便读作"一十",如:"213"读作"二百一十三","68714"读作"六万八千七百一十四";十万位、十亿位上的"1"和十位上的"1"读法同。这下,咱们都懂了。

至于"大数的读法",关键是抓住分级读数。孩子们在探究关于0的读法时,分两步走。第一步以读促忆。先读10000,120,7500等这些万以内末尾有0的数,再读10001,2005,607等中间有0的数。读着读着,以往的规定

就清晰了起来,读法一一呈现。第二步以读促思。直接出示 2301234,让学生读一读。再问:"这个 0 明明在中间,为什么不用读?"讨论,再读……得到每一级的末尾的 0 不用读。随后板书 10203004060,"读一读,告诉我这些'0'哪些读,哪些不读,理由是什么?"

感觉学得很顺,正自得意时,刚毕业的邹远田蹿进了办公室,一大束艳红的康乃馨绽放在我面前。"刘老师,我们 12 点一刻要上课,要迟到了!"他身后还站着张一驰和夏海峰。我抬手一看表,立马催促他们快跑。

可不到一分钟,大雨便倾盆而降。心里直呼糟了,这些骑自行车的孩子一定淋透了。回座细看卡片,祝福语让我忍不住笑出声来,"愿您的人生和 π 一样无限不循环"。够数学味,不愧是我的学生。落款里还有夏华和杨子奇的名字。晚上,夏华打来电话。子奇发来信息说他们三个中午被淋成了落汤鸡。

三个湿淋淋的身影,浮现在我的脑海。

9月7日 一串教学印迹

今天两个班级都学习大数的写法。我首先出示卡片,让孩子们读数,也抽了几个学习基础不怎么扎实的孩子读数,发现大家读得挺不错的。有了读的基础,写数极为顺手。抽各种题型进行写数练习之后,就轮到我读数,他们写数了。"看"写和"听"写难易有别,后者需要对位值原理,对数级有更清晰的把握。最后结合作业本习题,开始"计数器写数,数的组成写数"练习。

课堂作业批改完了,整体不错,但有两个孩子因为态度问题出错很多,我陪着他们静静地一题一题订正,没说一句话。

明天,按进度可以学大数大小的比较了。是不是需要上一节大数读写练习课?

9月8日　读写法练习课

经过昨晚的慎重思考,我今天上的是读写法的练习课。

先出示 1、2、3、4、0、0、0 七个数,依次提出"组成只读一个 0、读两个 0、读 3 个 0、不读 0 的七位数"的要求。孩子们举手很积极,给出答案也很多。

但作业中发现有五六个孩子把"两万四千"写成了"200004000"。这是对大数每个数位上数字代表的意义理解欠佳,也就是位值概念没有建立造成的。看来,还要进行计数器读数写数的练习,以增强孩子们的位值认知,帮助一部分学习能力较弱的孩子跟上集体的脚步。

9月10日　调整难度来教学

今天学习"改写成以万为单位的数"。按教材的安排,这一课时应该学习 12300000,340000000 等这些末尾有 4 个或 4 个以上的 0 的数的改写。"去掉 4 个 0,加写 1 个万,"非常简单。而第二课时则学习末尾不足 4 个 0 的数按四舍五入法取近似值。课堂作业本上提出了"省略千后面的尾数,省略百后面的尾数"的练习,针对取近似数的方法加以强化,还出现了填写近似数取值区间的练习。

我个人觉得第一课时内容过于简单,第二课时又过难,于是决定调整教学内容。

第一课时。先学习末尾有 4 个或 4 个以上 0 的数的改写。然后,板书 72000,让孩子们将它改写成以万为单位的数字。认知出现冲突——不能去掉 4 个 0 了!怎么办呢?孩子们出现了多种想法。有的认为是 7.2 万,有的认为是 7 万。最后通过探究讨论,认为是我的要求不够清楚。

我的确"不安好心"。孩子们认为如果数的大小要保持不变,就只能在万位下面点个小数点,再加写一个万。如果要省略万后面的尾数取近似数,就要四舍五入。

哈,真的听到了精妙的回答。竟然连点小数点都提出来了。

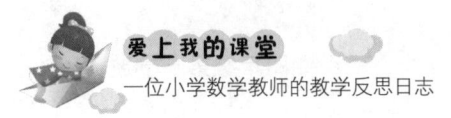

我只好内心狂喜表面无奈地添加了个要求:省略万后面的尾数,改写成用万作单位的数。孩子们最终归纳出:省略万后面的尾数,如果末尾不足4个0,要先分级,再看千位,四舍五入。

带着开心走出教室,惊讶地看见已毕业的周媛和毛嘉滢跑了过来。两个孩子说:"刘老师,要抱一下。"哈,那就亲密地抱抱。我亲爱的孩子,感谢你们带来的甜蜜味道。

吃过晚饭才回家。老公忍不住说:你做老师做得还真幸福。

呵,今天是教师节哦。

9月11日 不断强化难点、重点内容

今天学第二课时。回顾"省略万后面的尾数"的方法,探究了"省略千后面的尾数,省略百后面的尾数"的方法,最后概括出:省略万后面的尾数,看千位,省略千后面的尾数,看百位,省略百后面的尾数,看十位。然后进行了作业的反馈,练习的强化。

知识是拎清了,可毕竟是个难点,错误还是不少。比如,708999有的孩子改写成709万,有的改写成80万。慢慢焐焐吧。

9月16日 课堂是宁静美好的心灵港湾

早上走进402班,我个人情绪不高,黑沉沉的一副脸色,孩子们也齐刷刷地黯然,我意识到之后,及时调整。"我们认识了哪些数级?"一个孩子说,"个位、十位、百位……""他说的是什么?""是数位。""好,他帮我们复习了数位的知识。"我微笑了一下,孩子们也跟着灿烂一笑,我突然觉得自己好坏,孩子们是多么心细如发啊,我高兴他们就更高兴。"我们来一次数学听写吧。"几番听数、写数之后,孩子们归纳了读写亿以上的大数的两种方法——按数级一级一级写或按数位一个一个写。走出教室,我感觉比较满意。

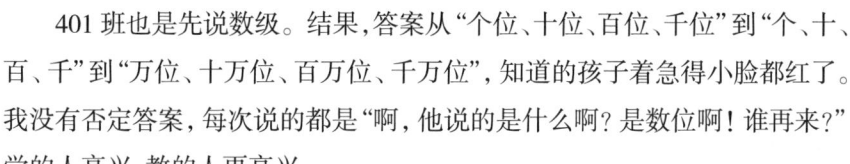

401班也是先说数级。结果,答案从"个位、十位、百位、千位"到"个、十、百、千"到"万位、十万位、百万位、千万位",知道的孩子着急得小脸都红了。我没有否定答案,每次说的都是"啊,他说的是什么啊?是数位啊!谁再来?"学的人高兴,教的人更高兴。

课堂是宁静美好的心灵港湾,课堂外再忙碌、再辛苦也抹不去课堂内洋溢着的快乐。

9月17日 根据不同班情采取不同教学方式

今天,学习亿以上数的改写和省略。由于之前已经有所渗透,加上有万以上数的改写和省略知识的迁移,我知道不少孩子已无师自通。所以,先让孩子们自学课本第22页例三,两分钟后我问他们:"这样的亿以上数的改写和省略的题目你们会做吗?"大家异口同声,响亮地回答:"会!""那好,谁上来上这节课?我一边坐着听。"

待小老师说完,全班迅速安静下来。我语速较快,出示"127800000000=(　　)亿=(　　)万=(　　)千=(　　)百"。依次回答后总结出改写单位的规律。然后,出示末尾零的个数不足的情况,127812345678≈(　　)亿≈(　　)万≈(　　)千≈(　　)百,最后归纳小结其中的规律和方法。

小老师上课这个环节,402班的孩子们显得活而不乱。两个男孩上来做老师,虽然怯怯的,但也各有特色,底下的孩子配合积极。而401班过于热闹。方晨欣第一个上来做了"方老师",胆大细致,一直讲到了"罗马数字"。可底下的"参考意见"此起彼伏,"数字写斜了,步步高升了","快叫同学回答啊"……任凭我眼神凌厉,依然"东边日出西边雨",哎,失策了,他们实在太兴奋了。个个只顾着自己兴奋,无视课堂纪律,丢失倾听良习。

课后反思,两个班级班情不同,402班的孩子是越有乐趣越听得牢、越参与得好。401班因为活跃分子过多,适合安静地思考问题、钻研疑难知识点、快节奏地解决问题,只能有思维的活跃,不能予以形式的活跃。否则,他们将

于吵吵嚷嚷中一无所获。

9月18日 会用计算器了

昨天，两个班级学习了"计算工具的认识"。课伊始，我就问大家："计算器你会用吗？"然后，我板书了3道题目，"23557+38574，56÷7，2345-（31×27）"。那就算算吧。算好的把答案记在草稿本上，完成后举手，看谁动作快。一会儿，小手如林。

第一题没有任何问题。第二题大家更是齐声说出了答案，我问："是用计算器算的吗？"结果都说是。我马上意识到自己的提问出现了失误，导致没有达到预期的目的。我不该先问"计算器会用吗"，而应该直接提出这样的要求——"这三道题看谁算得快。"学生肯定会问："可以用带来的计算器吗？""你觉得能帮助你算得快就可以用啊。"这样，学生就能从第二题感知到有些题目用计算器算比不上直接口算。但话已经出口，显然错过了时机。

第三题是教学的重点。好戏开场了。"谁来说答案？"果然出现了两种完全不同的答案。"我们用估算来验证一下，哪个答案是对的？为什么会错得这么离谱呢？问题出在了哪里？"奕凯率先说："应该先算乘法，有人先算减法了。"好的，我马上渗透了一下运算顺序——先乘除后加减，为学习递等式孕伏。

"那正确的应该怎样算呢？"孩子们说先算乘法，在草稿上记下结果，再算减法。

"那么能不能不记这个数，让计算器来记呢？你会吗？"全体沉默，沉默……

"这就需要两个键，一个'M+'，表示储存，一个'MR'，表示提取。"我一个键一个键、一步一步领着他们操作，"31×27"，"M+"，储存下来，再按"2345-"，按"MR"，把储存的答案提取出来，按等于号，答案出来了！

然后试练了一道同类型题目，接着又做了两个计算器使用的数学游戏。一是选择一个喜欢的数字连按9次，再除以12345679，孩子们发现了有趣的规律。二是计算 22222222×55555555，大家发现计算器也不管用了，有时它比不上会找规律计算的聪明的大脑。再回头看课始出示的三道题，我问："现在再看这三道题，你会选择怎样去算？"

孩子们笑了，答案显而易见。

9月23日　第一次过关练习

今天，两个班级进行了第一单元的过关测试。孩子们都想表现自己，争取优秀过关。虽然过关成绩不能说明所有的问题，但至少能说明孩子们对近期学习的数学知识掌握得如何。每一次过关测试都是对近期学习成果的鉴定。

402班整体发挥出色。401班虽然成绩也不错，但是反映出了一些问题：

一是全对过关人数少。虽然我一贯不追求全对，但它折射出一个情况：孩子们灵活却不仔细。98分成堆，一道"2070000改写成用万作单位的数是207"的判断题，打了"√"的人数竟然有一半以上。

二是错误多因答题方法差。看来要让他们掌握好的答题方法还需要我花很多精力。比如，做"在4和6之间填上（　　）个0，这个数就变成四百万零六"一题，首先就要把四百万零六写出来，即4000006。每次写数，最好分级，既便于自查，也能提高正确率。可不少孩子显然不知该如何运用合理恰当的方法，方法上的指导有待加强。

三是卷面上的个别知识点未掌握。如选择题"哪个数最接近56万？"对于"接近"的探究，教学中开展得不够深入。

优秀过关的孩子欢呼雀跃，我就不锦上添花地表扬了。我要特别表扬这些孩子：生病请假、在家休息了好几天的朗宇、周树杨、徐嘉胤，虽然他们课程落下不少，但主动补上，认真努力，都过关了。一贯是同学眼里的"弱孩子"张斌坤、李昉潮也优秀过关了。

今天的过关，因你们而快乐。

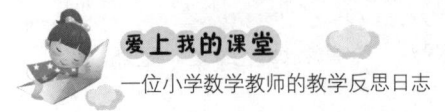

9月24日 坚持自己的守护

早上翻看孩子们过关卷的订正情况时,看到有位家长在卷子上写道:希望老师能告知本次过关全对几人,95~99分几人……以便家长了解孩子在班级中处于哪个水平。

这种做法我以前也用过。后来,因为一个眼神,我改变了做法。那次班里一个数学成绩一直不理想的孩子得了91分,他兴奋得手舞足蹈,其实,是因为过关题相对简单。在"嚓嚓"写上各得分区间的人数后,他还是倒数第二。孩子沮丧的眼神,瞬间震动了我。我马上告诉孩子们,写在黑板上的数据不必抄在卷子上。此后,我再也没写过。

难得有个理想的过关分数,何必再告诉他是倒数第二?家长又何必在意排名的先后?只要知道自己的孩子已经掌握了这一方面的知识,就可以了吧?小学,哪有那么多的名次可言?让孩子快乐成长,不是彼此共同的目标吗?我不希望测试后开怀大笑的只有那些全对过关的孩子。但是遇到过关卷偏难,为防有些家长因不熟悉情况苛责孩子,我会有选择地书写一下最高分或者过关人数。

但这毕竟只是我个人的想法,还是有很多家长希望知道自己孩子在班级中的名次。对于这一点,我也不敢说自己做的一定是对的,我也会自问自己的所作所为是否过于呵护,是否符合现行教育的规律,符合教育的原则。

只是,不管是与否,我知道自己在守护什么,我想坚持我的守护。

9月25日 对无限性的感知

"直线、射线和角"是第二单元"角的度量"起始课。有关线段、角的知识,在第一学段已经学过了,但当时的学习是初步的,属于直观的认识,本课内容在学生已有知识和经验的基础上,对这些内容加以概括和提高,加深对图形本质特征的认识,对图形之间内在联系的认识。如在以前直观描述直线的基础上进一步描述直线是可以无限延伸的,使学生较好地理解线段、直线和射线三者之间的联系。

儿童空间观念形成会呈现一些明显的心理特征，如对直观的依赖较大，容易感知图形的外显性较强的因素。如果图形的外显性较强的因素与图形本质特性一致就能促进图形概念的抽象，反之就可能会干扰图形概念的抽象。

在以往的直线和射线教学过程中，我们习惯于边说边演示：一条直直的线，它的两端无限延伸所形成的图形叫直线，从它的一端向另一端方向无限延伸所形成的图形叫射线。此时学生耳朵接受的语言信息和眼睛接受的图例信息往往是不一致的。由于图例信息比较具体、直观和形象，它的外显性较强的因素 —— 一条有限长度的线段，容易被小学生接受，并直接干扰了用语言揭示的直线、射线概念的本质 —— 无限性。即使教师反复强调"无限延长"，学生还是会借助黑板上显示的图例来认识射线和直线 —— 它们只是从线段的一端或两端向外延长一点或再延长一点。即使学生能从各种图例中辨析出射线、直线图例，这也只能说明学生对直线、射线的名称与图例建立了联结。在学生头脑中形成的关于直线、射线的表象，实质只是直线、射线图例的表象，而非真正意义上直线、射线的表象。

而课堂实践又表明学生已具有想象直线和射线形状的基础能力，因此，本课教学可以让学生在一定的简单的直观经验支撑下逐步经历"感知 — 表象 — 想象"过程，让学生展开想象的翅膀，逐步掌握直线、射线的无限性。

学生在感知了简单的直观表象后，我让他们把想象的图形画出来。学生在操作中发现再大的纸也无法画出想象中的图形全部，让学生从"画不完"的现象中，在自我寻求中逐渐理解和接受一种数学规定 —— 用一种有限性的"直线、射线画法"来表达具有无限性的直线、射线。将纯抽象概念与表示抽象概念的图例建立联系，适时降低了图例的有限性对直线、射线的本质 —— 无限性的负面影响。

9月27日　学习量角

今天，学习"角的度量——如何用量角器量出角的大小"。尽管上周末布置了"带量角器"的作业并再三叮咛，但是，401班四人、402班七人还是没带。这，就是小孩子吧。

量角是个难点，我希望借助电教媒体把步骤讲清楚。结果呢？我把实物投影仪搬来搬去，还依次请来了司徒丽、王彩芬、严昊昕这些电脑高手，投影仪还是无法使用，大家也没搞清楚到底是哪里出了问题。那么，又只能靠着黑板、粉笔、量角器来上课了。

我先写了一个字"量"。"你会量什么？怎么量？"激活学生的度量经验。我发现孩子们描述的大多是长度单位的度量经验，很少涉及面积单位的度量经验。在孩子们的眼里，当长方形的面积公式推导出来以后，面积单位似乎就褪去了"度量"的外衣，仅仅是计算出面积后不能忘记书写的"单位"而已。至于孩子们的认识为何变成这样，责任自然在教师。

只能好好利用长度度量经验了。我先快速谈话并回顾了度量单位要统一的认识，然后指着黑板问："你要如何度量它的长度？"孩子们选了我特制的只有分米刻度的米尺。度量到剩余不足1分米的时候，他们又选择了自己常用的直尺，继续度量。结合操作过程，他们认识到自己总是用比物体本身要小的单位去测量。度量的实质不就是包含几个小的统一的度量单位吗？

有了这个认识，再观察和"尺子"一样具备度量功能的量角器。"小的统一的度量单位藏在哪里？"量角之前先学习"找角"作为准备工作。找角，找1度的角，找10度的角，孩子们很快指出一个角含有几个1度角就是几度。精彩。"你还能找到其他的锐角吗？能找到直角吗？能找到钝角和平角吗？"让学生充分地体验找角的过程，并用自己的语言和操作来表述自己找角的方法、找角的步骤。孩子们很快感悟到在量角器上能找到0度到180度的角。之所以让孩子们经历找角的准备活动，是因为量角的本质是重合。拿什么去重合？拿量角器上的角去和被测角重合。所以，学生如果具备快速找到量角器上的角的活动经验，就能突破"重合"度量角度的难点，形成基本技能。

找角之后,孩子们又发现量角器上有两组数据。为什么有两组数据呢?开始猜测了。一方认为一组用来量钝角,一组用来量锐角。另一方认为一组用来量方向朝左的角,一组用来量方向朝右的角。动手量一量,再说。实践果然是检验真理的标准。操作后集体认同了"便于不同方向的角的测量"的结论。接下来,我和孩子们一起量角。关注特殊角90度角、45度角、30度角,引导孩子抓住特殊角去估计角的大小再进行精确测量,这既能丰富空间表象,也能借以熟能生巧。

10月10日 "想象力"要加油了

最近的错题:

1.将一张圆形纸片对折3次后,折成的角是(　　　)度。

反思:空间想象能力有待提高。画一画,哪怕用小纸条折一折、试一试也能得到正确的结论啊。为什么还齐刷刷出错?还是要多教给孩子们方法,多操作,多实践。

2.判断。在同一个三角尺中,角越大,角所对的边也越长。(　　　)

反思:可能是受到了"角的大小和边的长度无关"的影响,很多孩子打了"×"。我需要多渗透"不确定答案的图形,我要画一画,折一折"这样的解题意识。

3.把一个30度的角放在放大5倍的放大镜下,我们看到的角是(　　　)。

反思:这一题为什么会去填150度?二年级的题目啊。想来,是缺少了实践操作所致。

4.时针和分针成30度角时的时间可能是(　　　)。

A.2时　　　　B.11时　　　　C.8时

反思:就算不记得钟面上每两个相邻数之间是30度,也可以把这三个时刻都试着想一想,想一想时针和分针分别在哪里。应该不难啊?

5.如果把角的两边无限延伸,这时的角与原来的角相比,大小关系是( )。

反思:和上面的第2题互相干扰了?

6.将一张长方形纸如图所示折起,已知∠1=30°,求∠2的度数。

反思:很多孩子的答案是∠2=180°-30°=150°。有图辅助,按理说难度降低。折起的∠1是30°,被其覆盖的也是30°,∠2的度数应是180°-30°×2=120°。如果图上标注了角的度数,可能会更容易解答。看来,在图上标注已知数据的方法对解题而言是多么重要。

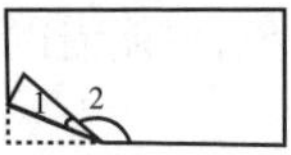

10月14日 口算乘法小练

学习口算乘法,先来练两组口算(提供卡片)。可惜,我用土黄色笔写的题目,孩子们看不清楚。唉,我意兴阑珊地让孩子们练了两组后转为比赛书上的口算题。孩子们做得很好,算理也很清晰。"280×4怎么算?""先算28×4=112,再加个0。"孩子们说的就是算法。为什么这么算呢?这就是算理了。我问:"咦,280怎么就变成了28呢?这个28,表示的是什么呢?""28个十。"这就对了。"23×50呢,怎么算?"顺利解决重难点。

我说:"会算了,很好。会算了,还要会解决问题。重点解决练习中的第三题和第七题。"

第三题,总共60元,汉堡包有两种,一种每份18元,一种每份21元,要买三份,有几种买法?先叫了周豪斌在黑板上做,有不一样做法的可以跑上来做。刚开始,有几个孩子无法理解题目的意思。但是,有了一个孩子的板演引领,无法理解的孩子就有了一个依靠的小平台,很快也跟着理解了。三种做法全部呈现了。

第七题,每棵树16元,买三棵送一棵。现在,买了三棵,每棵便宜多少元?毛仁来一上来就写了"16÷(3+1)"。可惜,无人识宝。其他孩子呈现的做法都和他的不一样,答案五花八门。怪不得此题在去年的期末练习、期末考试中接连出现,看来对孩子们来说是真有难度的。最后,我们抓住问题来分析此题的数量关系。求"每棵便宜多少元",从"每棵"即"每份数"入手,就是"总共便宜多少元"÷"总棵数";从"便宜"即"比原先少几元"入手,就是"原先的价格"－"现在的价格"。按这两种思路,就得到了 16÷(3+1)和 16-16×3÷4 两种计算方法。众人把欣赏的目光一致投给了真理的坚持者毛仁来。

10月16日　有甜蜜,有抱怨

12日晚上开始给儿子练习主持稿。一开始,虽觉压力很大,但是非常兴奋,很为儿子高兴。一天一天地练习,好不容易背熟的段落儿子突然又遗忘了,没背出的段落还有那么多,我的心情便一点一点烦躁了起来,语气越来越严厉,表情越来越严肃,直到昨晚他拼命掉眼泪,我也拼命掉眼泪。早早睡下之后,开始看《不抱怨的世界》。

抱怨多了,好好的事情就变坏了,看到不顺心的那面多了,渐渐地就再也看不见美好的那一面了。于是,我郑重地戴上了紫手环,决定给自己一次美丽的尝试。

心灵得到了短暂的调节,我安然入睡。

早上起来,我笑眯眯地看着儿子,"我的儿子要第一次去主持节目了,因为有你,我觉得很幸福哦。"狠狠地亲了他一下。

来到学校,一看楼梯台阶那么脏,脱口而出:"怎么回事?没打扫吗?"啊,抱怨,把紫手环从左手换到了右手。马上跑到办公室去放包,"该死的,跑了几步就觉得热了。"又是抱怨,轻轻更换了紫手环的位置。

走到教室,发现孩子们已经在读书了,就叫来负责打扫楼梯的孩子,这次我没责怪他们,而是陪他们一级一级扫,教他们扫。别看他们已经四年级了,那扫地的姿势还是让人啼笑皆非。是啊,除了在学校,他们几时扫过台阶呢?不抱怨的感觉还真不错。很想和孩子们分享这种感觉,但是今天实在是没有时间,以后再说吧。

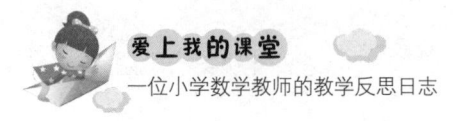

401班是倒着学了,已经学了笔算,今天学口算了。《口算训练》校对了4组,然后看着卡片开小火车。大家发现了很多特殊的乘式的计算规律,比如两位数乘11,奕舟说:"和11乘,数字两边拉,中间要相加。"举例探究后,几个孩子的眼睛都亮了起来,啊,原来还有这么有趣的秘诀,还有这么奇妙的算法。又有"25×4,125×8",这两个式子在简便算法中大显身手,更神奇的是"15×15,25×25,35×35"的巧妙算法。

402班继续学习笔算。先是完成书上一组练习,集体评论,发现和分析错误点,再是进行9小组计算竞赛。每组板书两道题目,每人错一题扣一分,在规定时间内没完成就算做错。到下课时,第一名加了10分,第二名加了8分,依次下来,最后并列的三组没有加分。可以加分的孩子欢天喜地,不能加分的沮丧不已。

嘿,计算方法掌握后,好习惯——仔细和专注成了关键。

10月19日 我该作检讨

今天,401班、402班都进行了笔算的练习,纯粹的计算穿插在解决问题之中。

实在该检讨,竟然不提前解题就校对答案。《课堂作业本》第18页最后一题,有9种方案,最接近9500的结果是9495。而上周在孩子说出9450的方案时,我说:"哦,很接近哦,是最接近的答案吗?"学生说"是",我就匆匆地"过"了。

上课做练习时,陈佳怡举手说:"刘老师,我妈妈按过计算器说还有更接近的答案。""是吗?"一番计算下来,果然如此。全班更正。

此时,听见小声的"啊,我原本是对的",于是,更加感谢陈佳怡的"不屈不挠",感谢佳怡妈妈的"心细如发"。我该检讨。

10月20日 我们的表现好吗?

今天,没有学习新知识。

402班进行了竖式笔算的竞赛。5组题目下来,全对的孩子有十来个,这些孩子已经完全掌握了笔算方法,晚上就没有再练习的必要了,其余孩子分发到了半张写有笔算题的A4纸。

401班晚上作业是口算练习以及探究0的秘密。因为明天要学习末尾或中间有0的数的乘法笔算,里面涉及0的加法和乘法,所以我希望孩子有一个提前的领悟。

下午第一节课是科学课。我很担心孩子们的纪律,抱起一本笔记本就跟着孩子们前往实验室听课,五位老师在听课。"水能溶解哪些东西?"课伊始,孩子们的表现就显得过于热闹。下课后,俞海路问我:"刘老师,我们的表现好吗?"看着她满盈盈的笑,我不忍心说"不怎么好",就说:"你们自己觉得好吗?""很好!""很好?"孩子们竟然觉得自己很好呢!

我有些哭笑不得。科学课,班主任在后面"压阵",却还是闹哄哄的。可他们怎么自我感觉还那么好呢?

回到办公室,我和科学老师王世力进行了一番交流。他说:"科学课上这样的场面很正常的。我没觉得纪律很差。尤其是这样的实验操作课,要孩子一步一步跟着老师做,每一步思维都跟着老师走,一声不吭那是不可能的。就算有些孩子没说话,思维也不一定跟着。好奇心、爱动的天性促使孩子想自己探索,想自己动手偷偷地做起来。要做到一动不动、一声不响,唯一的可能是孩子笨到了极点。你们啊,是外行看热闹。"

啊? 我是外行看热闹?!

一语惊醒梦中人。不走近孩子的内心,就永远只能做一个外行。纪律,表面看起来是一个很简单的问题,借助惩罚甚至体罚,的确会产生一些效果,但是,这些措施都治标不治本。要治本,关键还是要走进孩子的内心,了解他们,分析他们,引导他们,并安排遵循学路的活动。

10月22日　开始"听写布置"作业

早上，分析校对了数学作业。两页都是课堂上做的作业，来不及一一打勾，索性来了个集体校对。几个需要辅导和关注的孩子已经提前完成面批。

前几日，布置过这样一项家庭作业：用计算器校对答案，自己批改评分。因为这些习题都是笔算题，而孩子们都已掌握一定的技能，所以，我才这样放手。我又要求孩子们就这两页的作业情况撰写一份自我作业评定作为数学日记。有几个孩子写得很好，针对自己的错题进行了细致的分析。这让我不由思及数学组今年的课题。面对学习中出现的错误，各年级组老师已经开始进行单元错例分析，而让孩子自己来进行几次错例分析，可能对他们的学习有很大帮助。

下午1点去会议室进行教学设计比赛练兵，明天要去宁波听课。所以，早上第四节课没有铃声一响就放学，而是布置了周四至周日的作业。布置作业一改板书记录的方式，开始用"听写记录法"。我说"1……2……"，孩子们自己记录作业。没听见、没听清的孩子不能询问同学，但可以来询问我。不扣乐学币，不批评。（老师够宽容了吧？）"开始布置作业……"霎时，一片安静……

虽然我说了不批评，不扣"钱"，但我清楚孩子们是极不愿意来问我的。我之所以如此做，是想在细节中培养孩子静心倾听的习惯。毕竟四年级的孩子，已经有了一定的听写记录的能力。

10月26日　由仿到悟，几何直观有效归纳和应用积变化的规律

积的变化规律一课，教材以两组乘法算式为载体，试图引导学生通过观察、口算、计算、说理、交流等活动归纳出积的变化规律，并会用数学语言刻画这个规律，感悟函数的思想方法。在教学中，教师大多会鼓励学生联系已有知识、经验来探究如12×10，120×10，1200×10这些乘式中蕴含的规律，然后举例验证应用。

但我发现学生在经过观察、交流比较顺利地归纳出积的变化规律后,实际应用环节却总是出现问题。如人教版四年级上册第59页第3题(图1),第二个因数依次扩大到原数的2倍、3倍、4倍、5倍、6倍,计算正确率较高。可一旦将算式顺序打乱,将题目重新排列(图2),错误率却大幅攀升。又如教材第59页第2题(图3),仅个别学生是自发地运用积的变化规律去计算的。

找出规律再填空。　　　　　找出规律再填空。

16×17=272　　16×68=＿＿　　16×17=272　　16×34=＿＿
16×34=＿＿　　16×85=＿＿　　16×51=＿＿　　16×102=＿＿
16×51=＿＿　　16×102=＿＿　　16×85=＿＿　　16×68=＿＿

　　图1　　　　　　　　　　　图2

下面这块长方形绿地的宽要增加到24米,长不变。扩大后的绿地面积是多少?

图3

审视教学过程,学生从探究到应用使用的材料都是以组为单位按一定规律排列的乘式,探究时的数据很简单,在易于发现规律的同时,也让学生对规律没有了学习需求。而且从数到数,他们只直观地看到积里面的"0"一个一个多起来了,却没有深刻领悟"0"因谁而多起来,为什么多起来,也无法将其与图形几何自觉关联起来。因此,很多学生不具备灵活应用积的变化规律的能力。在运算规律的归纳和应用的过程中,几何直观能让孩子们经历一个从直观到抽象的过程,让形成为数的支撑,使学生能将规律灵活应用于实际问题的解决。思考再三,就有了这样的设想:

一、透过形的计算自主探究规律

有直观模型支撑的计算和没有直观模型支撑的计算是不一样的。如果给出一组"两位数 × 两位数"或者"两位数 × 三位数"需笔算的乘式让学生计算,由于数据较大,他们不容易发现规律。呈现多个长方形,无序摆放,让学生求出它们的面积,则显得具象直观。一来直观模型有助于学生通过比较形的大小发现数据大小的规律,二来这些图形的面积计算因数据较大也具有一定的烦琐性,会迫使学生寻求合理、简便的运算途径。

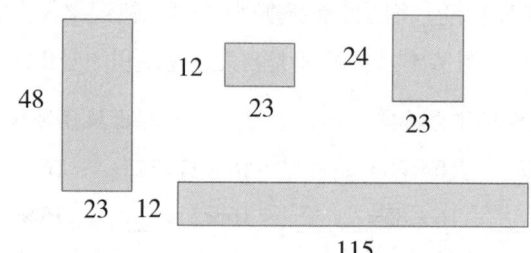

我再加以引导:"看谁动作快,可以一边算一边观察哦!发现了数学秘密,你就不会觉得麻烦了。"当个别孩子发现了秘密后,强烈地刺激了剩下的探索者们。于是,允许同桌交流,扩大规律的探究面。

二、结合直观模型形象表述规律

让学生上台汇报他们的发现,他们的思考。在学生回答时,我紧扣"谁变了,谁不变,谁跟着变?"将式子中的数与图中的数据对应,由数的变化推导图形面积的变化,又用图形形状和面积的变化引导学生直观感受式子中数的变化。在学生表述规律的过程中,将上图变成下图,使学生直观地认识到一条边的长度不变,另一条边扩大几倍,面积也扩大相应的倍数,反之亦然。

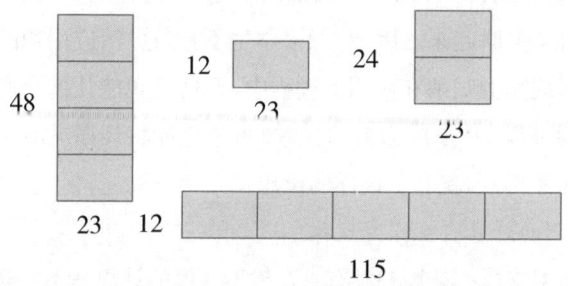

借助形的支撑,学生也能顺利地抽象概括出积的变化规律。得出规律后,让学生选择其中两个图形中的数据,具体表述积的变化规律。再让学生自己创造蕴含着积的变化规律的乘式或者图形，并让其他同学来表述其中的规律。

这一表述过程，是形与数的反复结合，是规律探究过程的回顾，有助于学生形成基本的规律探究经验，掌握规律特点。

三、借助直观模型体验运算规律的合理、简便

运算规律可以带给我们合理、简便的运算方法，这是在规律提取之后必须让学生有所感悟的。否则，就会出现规律是规律，具体运用时不予考虑的割裂状况。

如教材提供的这道练习题，"$560÷8×24$与$560×(24÷8)$，谁的计算更便捷？"如果没有直观感知，从算式的计算来说难度接近，仅仅是方法不同，可看作解决问题策略多样化，并未展现运算规律的数学魅力。可见其数据的选择有欠妥当。

下面这块长方形绿地的宽要增加到24米，长不变，扩大后的绿地面积是多少？

如果对该题配以图文，将图形进行直观面积扩大，那么，所有的学生都会忽略求长度，都会觉得从面积扩大3倍的角度来思考更为便捷。这就是直观模型带来的支撑作用。

数学是研究数量关系和空间形式的科学。数与形虽然存在于两个系统领域中，但两者在某种意义上往往存在要素的对应关系。在小学数学运算概念教学中，如果能充分挖掘运算概念中的几何内涵，优化几何直观教学行为，打通数与形之间的通道，将更全面地揭示概念的本质，将会使学生更深刻地理解运算概念，学习也将更为直观、简便，更具数学味。

10月27日　说得好，做得差

今天，学习"乘法估算"。三位数乘两位数的估算是在三位数乘两位数的口算、笔算的基础上学习的。根据"在解决具体问题的过程中，能选择合适的估算方法，养成自觉估算的习惯"的估算要求，我利用学生已有的估算经验，放手让学生尝试、交流，重点分析了"四舍五入法"、"进一法"、"去尾法"这些估算方法。

教材呈现了"每套票要49元，需要104套票，该准备多少钱"的教学情境。情景图下一个女孩说看作50×100，准备5000元，一个男孩说看作50和110，准备5500元。

我提问："你支持谁的建议呢？"

举手一统计，发现人数各占一半。那就辩论一下，说说各自的道理吧。

坚持女生的估算方法是正确的一方认为根据"四舍五入法"，可看作50和100；坚持男生的方法是正确的一方却说不出所以然。

我发话："请算出正确结果。"

5096元！支持女生派洋洋得意，"你看你看，才相差96元，你们差了那么多呢！"支持男生派则突然清晰了思路："只带5000元，钱不够了！"

对于生活中的问题，有时不能只考虑"四舍五入法"，还需要考虑"进一法"和"去尾法"。

思辨之后，开始练习。其中《课堂作业本》第24页最后一题：我们原计划每天加工160个零件，12天完成。实际提前4天完成任务。实际每天加工多少个零件？两个班加起来做对的只有40个人。看来，不仅读题细致的习惯需要加强，数量关系的理解更需要加强。

10月29日　超级乐观的孩子们

早上，下发了"三单元学习后针对数学作业的布置、批改的反思"，下方有个自我评定，要求孩子们给自己完成的数学作业的状况打个星级，最高五星级。

> 我完成作业的速度够快吗？（　　）
> 我每次一拿到作业就查看是否得100分了吗？（　　）
> 我每次一发现错误就订正了吗？（　　）
> 我每次一订正就给刘老师去看了吗？（　　）
> 我每天都完成作业了吗？（　　）
> 我对自己完成数学作业的状况评个等级。（　　）

查看下来，发现孩子们的自我感觉超好。做孩子多好，超级乐观。

11月6日　充满童趣的孩子们

今天学习"平行和垂直"。上课之前已经批改了402班的作业。孩子们趣味横生的语言——"眼泪垂直往下滴"，"吊着的东西都垂直"，"垂直就是角落，书的角，墙角，桌角"让办公室的老师们也跟着忍俊不禁。虽然从数学角度来说这些表述并不正确，但是，童稚的语言中蕴含着朴素的数学含义。

上课了。我先让孩子们明白："以前我们研究的总是线段的长短，图形中边的长短。今天，我们要去研究两条直线的位置关系。"再让孩子们在本子上任意画两条直线，他们发现纸上画的两条直线的位置关系可分为两种，一为相交，一为不相交。同一平面内不相交就是平行。然后了解平行的特点，观察教室中互相平行的直线。那么相交的两条直线会出现哪些不同的形式呢？360°演示相交的两条直线，发现互相垂直是其中的一种特殊情况，由此形成集合图。以往的孩子们一度觉得课题是"平行和垂直"，那么两条直线之间的位置关系就是这平行和垂直。通过展现集合图的形式能帮助孩子们清晰概念之间的关系，我也随即板书课题"平行与相交"。

课后，批改401班的作业，赫然发现没有一句充满稚气的言语，显然都是孩子们看书预习后撰写的，基本模式就是先陈述平行和垂直的概念，再举例

子。布置同样的作业，呈现不同的结果。402班尚无预习习惯，401班经过一段时间的熏陶已经形成一定的预习习惯。有没有预习过在举例上就有很大不同，401班所举例子多为四边形的边、双杠等，不似402班那般无边无际。

然，童趣却蕴含在那无边无际里。教育，有时就是那么不可理喻，难以两全。

11月9日 今天学画垂线和平行线

今天学画垂线和平行线。垂线主要利用三角尺的直角来画，相对容易，而画平行线则难了几分，要利用好三角尺的两条直角边。主要步骤为一条直角边先对准已知的直线，另一条直角边抵上直尺，再移动三角尺到规定的点上，然后画出平行线。较难的是在一个角里画一个点，让孩子们过这个点分别画这个角的两条射线的平行线。由于射线是倾斜的，有的孩子不知道用三角尺的直角边去"对准"什么，直尺抵在哪边也不清楚。

课堂作业交上来，发现很多不标准的垂线和平行线。我叫来了出错较多的几个孩子，让他们做小老师评定所画垂线与平行线是否标准。不出所料，他们都能准确判断。"目测"是最常用的判断方法，也是他们作图后进行自我检查、修正，最终助力操作的重要手段。但孩子们却很少画后"回头"主动"目测"查验。"画后请目测"是必须养成的数学习惯。

11月10日 计算过关错例分析

本周进行了校期中过关检测。我并未组织针对性复习，孩子们的表现还不错。错例分析如下：

直接写出计算的结果。$160 \times 50 =$

分析：末尾的0遗漏。平时对整十、整百数口算的算理和算法还是强调得比较多的，但学生看见了末尾的两个0，忘记了16和5乘出来的0，出现了漏0的错误。

对策:应该加强对末尾的0的探究。可进行"不计算,猜猜末尾有几个0"的针对性练习。

填一填。根据"14×12＝168",填写出下列算式的积。

(14÷2)×(12×2)＝

分析:积的变化规律难度提升,导致出错。书上例题和习题出现的题型都是符合"一个因数不变,另一个因数乘(除)以几,积也跟着乘(除)以几"这一积的变化规律。虽然星号题中出现过两个因数都变化的情况,但由于引申和探究不够,只有部分学生掌握。

对策:一要加强学生解题的灵活性。面对不太熟悉的规律,可以进行按顺序计算,答案也并不难求;二要对明显含有规律性的题目进行较深探究,达到广面接受。

三位数乘两位数,积可能是(　　　)位数,也可能是(　　　)位数。

分析:乱猜。因为题目中没有具体数字,所以很多孩子随意乱猜。

对策:应加强孩子举例解题能力的培养,通过举例较大的三位数和两位数,较小的两位数和三位数(以整十、整百易算数为宜)来获知答案,如100乘10,答案1000,四位数,900乘90,答案81000,五位数。

判断。一个因数乘10,另一个因数也乘10,积就是原来的10倍。(　　　)

分析:规律理解不够透,对积的变化规律的简单变式出现思维障碍,也体现出对举例解题法的生疏。

对策:要关注举例法解题能力的培养。

笔算。260×35＝

分析:末尾的0遗漏。

对策:进行对比性笔算练习。如26乘35,26乘350。

解决问题。

1. 小王家的果园今年收了210千克梨,收的苹果是梨的19倍,大约收了多少千克苹果?

2. 一只山雀一天大约能吃150只害虫,照这样计算,一只山雀一个月大

约能吃多少只害虫？（一个月按30天计算）

分析：何时运用估算的意识不强。

第1题列式"210×19"后要对计算结果进行估算，第2题列式"150×30"后却不用对计算结果进行估算，有些孩子把这给弄混了。可见孩子们对估算的真正意图并不清晰，不少孩子念叨着"前面也有'大约'，后面也有'大约'，就不用估算了，前面没有'大约'，后面有'大约'，就要估算。"一不小心，把秘诀忘记了，自然就做错了。

对策：何时要估算？对估算的便捷、意义等需要进行具体的分析和理解。

4. 送水工人送水，每桶水重20千克，每天送25桶水，九月份（每天都上班）一共送水多少千克？

分析：隐含条件未曾顾及。九月份（每天都上班），隐含着上班30天这一条件。有的孩子对天数忽略不计，仅列式20×25，有些孩子遗忘了"年、月、日"知识，把九月份的天数记成了31天、29天或28天。

对策：加强解决问题时对问题研读能力的培养。针对性练习有隐含条件类的解决问题。

一片长方形绿化带面积是660平方米，宽是6米，现在要拓宽这片绿化带，使宽是原来的3倍，拓宽后这片绿化带的面积是多少平方米？

分析：对长方形面积计算方法生疏，对积的变化规律理解不深。此题和书上一道习题非常类似，正因形似神不似，导致出错率极高。书上题目已知绿化带面积560平方米，宽是8米，现在拓宽到24米，拓宽后这片绿化带的面积是多少平方米？

两种方法列式，一用长方形面积求法，二用积变化规律。

由于学生理解不深，题目又类似，所以，出现了大量的"660×（6×3）"的解答方式。

对策：加深对题目的理解。常规解法才是教学的基础和重点。简便解法，有其特殊性、偶然性，也是个别孩子的专利。

11月11日 别样"光棍节"

今天是有着趣味意义的节日——光棍节。仔细一体会，呵呵，我也过了一个别样的"光棍节"，401班、402班的语文老师都不在，两班各上了2节数学课。我计划学习"平行四边形和梯形的认识"与"平行四边形和梯形的作高"。

课从复习四边形开始，方晨欣"四边形首先是封闭图形，由四条直直的边围成，有四个角"的回答让人忍不住赞叹。是的，我们研究图形总是从边和角两个角度入手。今天，我们要从四边形"边"的位置关系的角度展开研究。四条边，有"邻边"与"对边"。这两个概念还是需要孩子清晰指认的。结果发现邻边总是"相交"的位置关系，而"对边"的位置关系则丰富了一些，可能平行，可能相交。那就重点研究"对边"的位置关系，这比较有挑战性。我给孩子们一堆四边形，让他们统计两组对边的位置关系。很快，他们得到"两组对边都平行"、"一组对边平行，一组对边相交"、"两组对边相交"这三种结果。"真只有三种吗？"我又让孩子们随意画四边形，看看自己画的四边形是否归于其中一类。验证指出四边形分为普通四边形、平行四边形、梯形，再形成集合图，平行四边形的特殊情况——长方形，长方形的特殊情况——正方形，体会到"多一个特征，就会缩小一定范围"。

一课授完，又来一课。认识平行四边形和梯形的底。平行四边形的两组对边都平行，可以任意指定为底，而梯形只有平行的那组对边可作为底。高则是两底之间即一组平行线之间的垂线。作高"有始有终"，始为一边，终为对边。为什么要让孩子感悟这些？因为认识图形、画图操作都离不开对概念本质的理解。

课末，我发现一些孩子遇到斜斜的底边，还是会茫然不知所措。于是，我将平行四边形画在黑板上，再轻轻擦去两条边，剩下一组斜斜的平行线。知识回归到了"过一点画已知两条平行线的垂线"，帮助孩子打通知识间的关联，形成良好的知识结构。一条边不动，另一条边我一会儿画在这，一会儿画在那儿，每画一次，就让孩子们想象图形一次，再举起三角尺摆画垂线一次。画垂线时三角尺的大致摆位感知是助力高的空间感形成的一个重要手段。

11月12日 这一课,堪比满汉全席

今天,上课的知识有点杂,深深地对"新课程知识点密集,多而不透"有了切身体会。拿出教具——各种图形纸片,让孩子们说说它是不是轴对称图形。如果是,再说对称轴在哪里,有几条。面对各种形状的普通平行四边形,有很多孩子认为它们是轴对称图形。像余昕辰、毛仁来这些个孩子还不依不饶地把我的图形纸片折来折去,使劲儿想把对称轴找出来,实在找不出来,还念叨着"怎么不可以了呢?"

如果不让他们动动手,不让他们操作过,估计对这个知识点他们是不予认可的了。

讲完对称轴,跳入剪分图形习题。由于操作活动准备烦琐又费时,我以前采用在图形上画线段分割的方式解答,认为同样达成了"分"的目的。现在认识到"剪"的价值不仅仅是让学生经历将一个平行四边形均"分"成两个梯形的过程,更大的价值体现在后续的"拼合验证"之中。剪了之后,两个梯形是否"完全一样"?需要验证吗?我们觉得一看就知道一样,可在孩子眼里却未必如此。让孩子们旋转图形来验证图形是否能重合,也是必要的科学态度。再让他们将两个梯形拼合成平行四边形,然后将平行四边形转化成长方形,让孩子们经历"画一条线段分割"所无法替代的"图形可以剪开来转化成另一种图形,可以拼起来转化成另一种图形"、"拼拼剪剪,可以让平行四边形、梯形、长方形互相转化"的操作过程。孕伏转化思想,积累图形转化经验,为后续学习作好充足的"准备"。

习题进入"比面积"。三角形、梯形、平行四边形、正方形都放在格子图中。让孩子们填写( )面积最大,( )面积最小,( )和( )面积相等。拿到题目,孩子们纷纷说"简单,数数格子不就行啦!"好啊,那就数吧。数着数着,一个个都皱起眉头来了。有的孩子在用"超出半个格子的算一格"的方法数,结果数出来的近似数竟然都不一样,可明明要填"( )和( )面积相等"。这题设计得多巧。

面对冲突,孩子们"求知若渴"的状态悄然出现。"不估算,割割补补想想办法。"割割补补，是暗示哦。小眼睛眨巴眨巴，显然接收了暗号，动笔尝试起来。实物投影仪展示汇报。方波博说："我这样割开，把这一部分拿到那里去，它就变成了长方形，就可以准确数出它占了几格。"孩子不会说"把这个平行四边形沿高分割，分割出来的三角形移补到另一边"，我在旁边不露痕迹地以"重复"的方式悄悄引导。"割开？哦，沿着平行四边形的这条高割开"，"拿到这里？割下的部分移补在这里"，将数学语言缓缓渗入。梯形被孩子们割成了三块，中间的长方形先数出来，左边的三角形沿着底和高相对应地扩大到长方形，很明显这个长方形是三角形面积的2倍，那么只要数出长方形的格数再除以2就可以了，右边的三角形面积也是长方形的格数除以2得到的。这无形中渗透了三角形面积的求法——平行四边形面积除以2。等到数最后一个三角形面积时，大家异口同声说："先数是它的2倍的长方形面积，再除以2。"

一道题，要渗透的知识和数学方法竟有那么多。

接下来是一道"量出这些四边形四个角的和，你发现了什么？"8个图形，分别量角度填表。量的时候，我总是问："这个图形，你要测量几个角，才能知道四个角的度数？"孩子们会说，长方形和正方形不必量。到了平行四边形，起先有孩子说量两个角，因为相对的角大小相等。后来又都说量一个角就行。"为什么呢？""因为左边上下两个角加起来是180度，右边也是。""为什么这两个角加起来是180度呢？"这下，被我问倒了吧？

过了一分钟，邬佳笠说了个有趣的理论："因为长方形左侧两个角90度和90度加起来是180度，慢慢把长方形拉成平行四边形，它左侧的两个角一个角变大，另一个角变小，拉成一条线是平角，和还是180度。这说明左侧这两个角的和总是180度。所以，只量一个角就可以了。"从特殊平行四边形推导到一般平行四边形再推导到特殊形态，多有意思的"同旁内角"理论。

这一课，多么丰盛，堪比满汉全席。

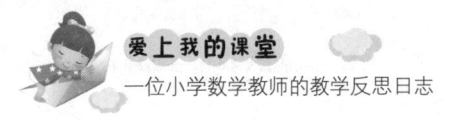

11月20日 鸡兔同笼,到底要教给孩子什么?

应莹老师的这一节鸡兔同笼课试教了两次,我都去听了。正式上课,反而因为课调不出而没有听,只是,课后交流了一下。

然而,磨课的过程是最能感受一节课的。

鸡兔同笼,是六年级上册数学广角的知识。从教材的这一安排,我们就可以知道,对孩子来说,要归纳出鸡兔同笼各类变式问题的计算方法是极有难度的。现在应老师要把这一知识点放在四年级第一学期教,目标定位自然大大降低。

第一次试教,应老师呈现简单数目的鸡兔同笼问题让孩子们尝试做。由于数学特长生刚学过此课内容,所以他们并没有如应老师预期的不知所措,而是直接解题成功。应老师就说:"只是个别同学知道啊,其他同学不懂吧?那我们通过画画来探究吧。"简单画画后,呈现一道较大数的鸡兔同笼题目,再接着就是三轮车、坐船、篮球、排球问题,难度逐级递增。401班部分学生的极高素质在此得到了体现,几个优生从头到尾没有退缩过,一一给出标准答案。一节课解决了六年级上册教材两课时教学内容的80%。但是,还有一部分孩子呢?应该是眼花缭乱地走马观花了一场。

我建议她修改目标,用画图方式来解决简单数据的鸡兔同笼问题,再进行简单变式,使每个孩子都会用画图的方式来解决简单数据的鸡兔同笼问题,等到六年级时再去探究一般的计算方法甚至公式。

这样定位,对孩子来说,挑战就从"数据太大无法画图,需要思考计算方法"变成了"出现变式时如何去画画"。如涉及三轮车和自行车,大船和小船。这样的思维撞击对四年级孩子来说有直观的支撑,能帮助他们理解、掌握知识点,并提升思维能力。

正式上课后与应老师交流,她说还是有孩子画船出现了问题。这是正常现象,对我们成人来说,可以模仿兔子,一个圆圈五根线来表示大船,但对孩子来说,是真实的挑战。

教四年级鸡兔同笼,我们要给孩子的是快乐,是可以通过作图来解题的数学思想,让他们感受到数学解题方法的趣味。

11月23日 一个人先乐呵

今天课的难点是"需要调商的除数是两位数的除法"。如 192÷28,把除数按四舍五入法看作整十数,试商,商大了要调小,商小了要调大。除的过程错误并不多,错误最多的地方竟然是商和除数相乘的积的计算。看来,两位数乘一位数需要进行针对性练习。晚上就让孩子们去探究一下除数是一位数的除法和除数是两位数的除法之间的异同。不求人人理解,但是有思考、有感悟、有反思总是有几分益处的。明天要让他们在课堂研究的基础上去归纳"商小了商大了"的错误竖式中蕴藏的秘密。

这次的《每课必练》是教育局统一下发的。我一贯坚持作业量不应多,毅然放弃了《每课必练》的选做。虽然很"毅然",但多少还是觉得有点可惜。经过长时间的思索,我终于想到了一个好主意。我宣布《每课必练》或者孩子爸爸妈妈另外给买的课外辅导资料,只要完成其中一页,并由家长批改订正完毕就可以到我这里来领"课外勤学奖";如果阅读完一节《算得快》或者其他数学读物,有家长证明也可以来领"课外勤学奖"。一张"课外勤学奖"可去兑换 50 元乐学币。

我现在觉得这样做好处很多。一来孩子们量力而行,自觉去做,我也没有负担,只是辛苦了家长;二来给那些原本在家就坚持课外学习的孩子和数学学习相对困难的孩子多一份动力;三来促使那些爱动脑筋、成绩优异却厌烦机械做题的孩子去深入阅读数学书籍;四来可以使班级的学习氛围浓厚。

呵呵,我一个人先乐呵着,还不知实际开展的效果如何。解题练习不足,家长自然会有"练得不够"的担忧。之所以总受到家长的鼎力支持和肯定,个人觉得是自己的"心理共鸣"式评价法起了至关重要的作用。

人与人之间,很难一开始就产生共鸣,只有先激起对方交流的兴趣,再经过一次次深刻的对话和交流,让对方完全了解你的想法,才能使对方一直支

持你的做法、赞赏你的思考、感谢你的付出。如果孩子和家长都了解、支持、赞赏我们,都感谢我们的所作所为,我们就会拥有工作的幸福感。我的"心理共鸣"式评价法主要有以下几个组成部分:

1. 空间的日志秀——"晒晒"

当我在幼儿园成长列车里看见儿子照片时,我忍不住在家里大呼小叫"快来看!我们的儿子!"那时,内心充满了喜悦。以此及彼,将心比心,我就常常把孩子们的探究作业拍下来写图文日志,让家长也感受孩子思考的可贵,体会孩子校园学习的喜悦。

2. 宝贝的数学群——"交流"

"探究作业的重点、难点,近日单元复习的侧重点,好的教学资源……"我常常发在宝贝数学群的共享里。遇到什么困难和问题就和家长一起探讨、争论,以期互相配合和促进。

3. 表扬的兴奋剂——"共同"

表扬是教育的手段。鼓励和表扬的方式总是形形色色,我给表扬添加了一种叫"共同"的兴奋剂。

既表扬孩子也表扬爸爸妈妈

孩子的优异表现不光来自自身的努力和老师的教导,也离不开家长的辛勤付出。因此,我在奖励孩子一张可爱的小贴纸的同时,附上写有"表扬你的爸爸妈妈哦!"的贴纸。

既受老师表扬也受父母表扬

当孩子表现优异的时候,比如"每日一题"连续上榜10次,我会奖励他大拇指贴纸,并把它贴在"风采之星"角上。每一个拿到大拇指贴纸的孩子,都要先把它带回家让爸爸妈妈签字,然后自己将大拇指剪贴在"风采之星"角上。从家长们的"孩子,我知道你最棒!""孩子,加油,妈妈好高兴!"中,我能体会到共同表扬孩子带来的欢乐。

4. 交流的利器——"书信"

我是个非常喜欢文字交流的人,总觉得在思维的奔腾中慢慢流淌下来的文字最能够表达我的感觉、我的思考、我的困惑。班级里有这样几个孩子,他们家里没有上网条件,父母工作辛苦且文化水平不高,孩子的探究作业质量相对较差,父母也不知探究作业为何物,不知道怎样鼓励孩子。但家长内心都渴望自

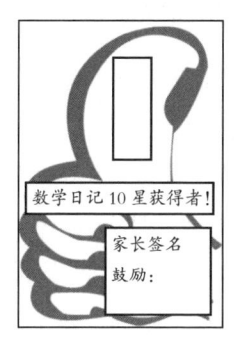
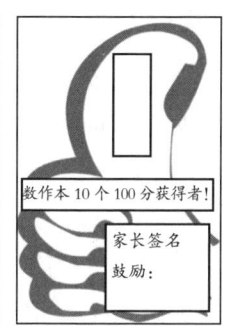

己的孩子成才,并且非常希望孩子得到老师的重视,我就采用了最原始的写信的手段。

自觉好处有二:

1. 体现我的格外重视

纸质的信可以一字一句反复读,慢慢想。虽然家长的回信字迹歪歪扭扭,却饱含着满纸的感激。家长觉得老师心里那么看重自己的孩子,支持与配合自然不在话下。

2. 渗透教育的方法

由于家庭情况千差万别,家长对子女的教育目标、成才观念各不相同。所以家庭教育必须与学校教育联手,一起帮助孩子养成良好的学习习惯。如班上的小张,他父母干的工作是管理菜场,全家都住在菜场。在那样一个喧闹的环境中成长,让习惯并不良好的他学习相当吃力。我洋洋洒洒写了三四页信,细细谈及了数学学习习惯的培养、探究性作业的重要性和方法,并真心地称赞了他们在孩子道德品质方面培养的成功。信的内容触动了孩子的父母,他妈妈马上来到学校,和我一起商讨并确定了孩子的学习计划,我们三人还签订了每日数学学习协定。一封信,家长感激于心,孩子受宠若惊,我则喜在心底。

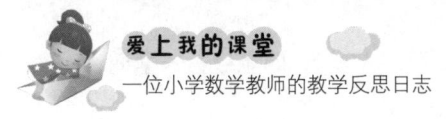

11月25日　基础不可不实

早上,先到402班上了商是两位数的除法。较之商是一位数的除法,商是两位数的除法难度大大增加了。课堂教学进程也随之缓慢。我先安排复习了除数是一位数、商是两位数的除法,再结合课堂作业本上的作业进行新课的学习。不少孩子对除数是一位数、商是两位数的除法的算法很生疏,可这是学习本课知识的基础。这段时间,光顾着新知的练习,忘记跟进"976÷3"这类旧知的复习回顾,如今"恶果"饱食。只能放慢脚步了,于是,让孩子一步一步自己讲商是两位数、除数是一位数的笔算方法和算理,再数形结合讲解除数是两位数的除法方法和算理。

11月26日　感谢感谢!欢呼雀跃!

昨天下午给401班、402班的家长发了这样的短信:

孩子家长:您好!今晚孩子的数学作业要您一同参与。孩子完成作业本第40页作业后,请您用红笔批改,根据批改情况写几句评语并签字。这一页是本学期数学计算块最难的内容,让您通过批改作业,掌握自己孩子是否突破学习难点的第一手资料。您可以在本子上写下看法、建议等。辛苦爸爸妈妈了!万分感谢。我也是仗着你们对我的信任才敢布置这样的作业的!真是辛苦了。

作业布置之后,心底有期盼的喜悦。

由于对家庭作业的过分期待,我换出了第一节课来批改作业,说是批改,其实是查阅。402班的课代表工作积极,早早捧来了作业,所以我就率先翻看了402班的作业。看着家长批改的痕迹,家长的评语,内心很是感动,从抽屉里摸出"奖"字小贴纸,贴在家长评语的一侧以示感谢。莫家敏妈妈详细分析了错因,提出了练习策略,徐冰钦的家长则对孩子的表现加以了肯定,提出了希望……而有的家长觉得写评语一时无从下笔,以"优、良"给予评定,对此我深表理解。查看完全部作业,除两孩子作业中仍有错误没有订正外,其余全部批改了,有详细评语的作业多达 33 份。真好!

401 班的也捧来了,查看之时惊喜连连 —— 几乎每一本作业本上都有评语。我没法贴小贴纸了,太费时间了,索性先翻看完。除一个孩子的作业还有错误外,其余孩子的作业凡是错了的,都在家长批改之后进行了订正。回到教室,我宣布:"凡是作业本上有家长评语的,由小组长统计后来领小贴纸奖励为你、为我辛苦了的爸爸或妈妈! 记得贴在评语边!"孩子们一时兴奋不已。分贴纸的我也是兴奋不已。分完一数,整整 49 份!

感谢感谢!!欢呼雀跃!

12月3日 答题过程很重要

上课学习"商变化的规律"。从几组数据中发现了很多条规律。发现规律不难,总结出规律也不难,难的是归纳出规律后的应用。

规律,若是想通过记熟练后来"生巧",我估计是妄想,生出来的只会是"笨"了。"当被除数不变时,除数扩大几倍,商就缩小几倍,除数缩小几倍,商就扩大几倍;当除数不变时,被除数扩大或缩小几倍,商也跟着扩大或缩小几倍;当被除数和除数同时扩大或缩小几倍,商不变",孩子们读都读晕了,还谈什么灵活应用? 通过练习和讨论,我们最终总结出两个法宝:一个是结合生活经验,脑海中记住"分橘子"的情境,被除数就是你身边的那筐橘子,除数就是你要分给几个人,商就是每个人能分几个。以此展开分析,能很快得到结果。二是简单数据举例法。一旦题目提出除数不变,先写一个容易算的除式,再写一个和它除数一样的式子,如 20÷10,( )÷10,然后按接下来的要求完成举例。

忽略经验和方法的积累直接去答题会导致学生陷于生搬硬套之境。我们可以让孩子通过举例、想象辅助答题,加速知识的内化。我要求孩子学会用简单的数据或者符号替代规律。答案是附属品,答题的策略是关键。可以要求学生少解几题,但每一题的解答过程都要呈现出规律的运用,把自己怎

么推断的过程在题目旁边写一写,这对规律的灵活应用是极有效的。

12月7日 给自己也减负

早上两个班级进行了除法笔算过关的训练。板书的10道除法题目,涉及笔算除法各种类型。根据过关表现——401班30人全对过关,402班29人全对过关,这59位学生晚上没有数学作业。错一道题目的,401班和402班都是12人,这12人晚上做5道笔算。其余的学生晚上做20道笔算。小露的全错让我很是诧异,便把她带回办公室辅导了一节课,总算全部掌握了。每一个孩子都有可能出乎意料地翻了船,就是喜欢这样及时发现,及时辅导,及时更正。

到现在,11点多,发现自己的教学任务都完成了,而这份轻松却是自己"减"来的。

周末一直心事重重,跟家人抱怨:"我烦死了,我有好多事情要做啊,我心情不好……"决定说出来,并记录下来。

"论文仅有提纲,如果撰写还需花大量精力。和王婵丹合作的单元教学设计尚未启动。儿子要开运动会,老师希望辅导跳绳,可他还不会,亲子项目也没练过。周五下午就要出发参加笔会了,可周五的作业也没批改出来,两个班级的课堂作业本还搁着呢,上课后又会有新的作业要改……医生说我免疫力太差,需要调节,我想锻炼身体。可是,带着电脑,早上上班步行太不方便,不带电脑工作不方便……"

一大堆的抱怨使得自己心烦意乱。经过整理和取舍,最终规划如下:

作业来不及批改,可以集体讲评。(安心的理由:及时反馈固然好,倾听讲评也是需要的。前几天,张老师还和我们说:"中学老师作业基本不改,都是讲评的。我们没有时间啊。"我偶尔没有时间,就当作培养一下倾听作业讲评的能力也好。)

论文不急于在比赛前完成。(安心的理由:每年都参赛,虽然也因此获得了一些荣誉,但是,功底在平时,论文在思路。这次我始终命题不够清晰,何必强求自己?干脆整理已有的案例,去投稿吧!)

每天骑自行车吧!(坚持的理由:步行太远了,不下雨的话就骑车吧。电脑就用办公室的台式电脑。早上骑车去学校,中途停了3次。真是30岁的身体,60岁的机能。必须锻炼!)

一回家就陪儿子练习跳绳。(坚持的理由:儿子内心很要强,我不帮他实在是做母亲的失职。)

空课时间开动教学设计的编写。(坚持的理由:每天挤出一节到两节课时间,做一点做一点,不要集中起来累了自己。)

理清了,心情陡然变好!

12月9日 感慨分数的珍贵

统计单元的知识,教材对完整作图并没有要求,作图块的要求仅止于补充不完整部分。统计块我最希望学生掌握的是"如果我是统计这些数据的人,我的手中有这张统计图,对我有什么帮助?"即统计的目的。

晚上的作业是中规中矩的课堂作业本,明天可以去写写关于统计的数学日记了,讲述一下"我要统计什么,怎样去统计的,统计的结果给我什么启示或帮助"。

安排完日常工作,开始发些感慨。

过关卷一下发,孩子们迅速查看自己的分数,随后开始浏览周围同学的分数,如果那分数高过自己,心里就妒意翻涌,两眼发光细细查找是否有改错的地方。几分钟后,"刘老师,他的错了!""啊,他错了,他错了!""举报"声开始响起。被查出少扣分的孩子多少有些懊恼,而那些发现自己被多扣了分的则异常兴高采烈,如毛松泉,他发现别人口算题错误只扣了1分,他扣了2分,连忙跑上来加上这宝贵的1分。看他手舞足蹈地下去,我真觉得分数的珍贵。有几个孩子没发挥好,整节课静悄悄地听着,心情一定不好。

如果孩子的数学成绩一直不好,那么,哪怕数学老师是个长了翅膀的天使,他也不会爱上数学。考分决定着太多的评价,而这些评价会影响孩子各个方面的成长……给孩子一份宽容,给孩子一份支持,与此同时,也得多给他们一些拐杖,尽量帮助他们拥有学好数学的信心,拥有好心情。

12月10日 今天学统计

今天继续学习"统计",对统计中的"平均数"、"男生人数与人数的区别"、"发展趋势"都进行了解答。

提及乡村人口为什么会逐年减少,而城镇人口却逐年增加。孩子们举手踊跃。"因为生活条件好了,人们都在城镇买房了。""因为人们都到城镇来打工了。"数奕舟的答案最让人喷饭:"因为乡村医疗条件差,所以繁殖能力差,人就越来越少了。"

晚上要求学生针对班级同学课外书的拥有情况进行统计表的制作,并画成统计图。这个作业也不简单,有些步骤我得扶着做,比如每个孩子关于书籍类别的认识,关于如何去获取数据等。

12月11日 一起来"烙饼"

今天讲烙饼问题。402班上得比401班成功,原因在于我。给401班上完之后我进行了及时的反思和调整,待到402班上课,便显现了效果。从"一个饼有两面,每面需要烙3分钟,一口锅最多同时烙两个饼"的条件出发,从1个到5个依次探究。烙1个饼和2个饼所需时间相同,初悟"满锅"才节约时间。3个饼是重难点,需要放缓步子让孩子拿着圆片"烙一烙",再将"烙"的过程用文字或图形记录下来进行汇报展示。3个饼的优化策略再次直指"满锅"。在表达上,我更喜欢作图记录。常用两种形式,一是涂饼法。

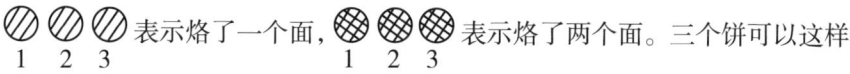表示烙了一个面，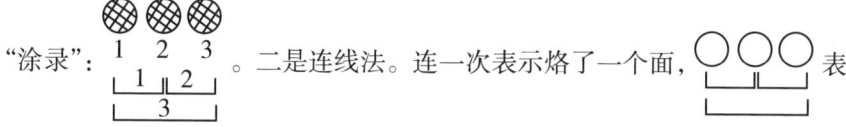表示烙了两个面。三个饼可以这样"涂录"：   。二是连线法。连一次表示烙了一个面，   表示三个饼三锅烙完。孩子们往往一开始时选择涂饼法感受烙饼过程，等熟悉烙饼后，便选择连线法进行简单表述。

曾见过有的教师在学生匆匆经历两个饼、三个饼的烙饼过程后，就引导孩子去"发现规律"，并得出烙饼时间＝烙饼个数×每面所需时间，问题一直延伸至"10个饼呢？100个饼呢？1000个饼呢？"看上去拓展了，方法迁移了，事实上这一公式仅适用于"一锅最多放两个饼，一饼要烙两面"的特定条件之下。且烙饼问题应立足于"通过图形、符号等多样的个性的方式呈现烙饼过程，在符号表达的过程中找到合理安排的策略"这一经验的形成，重在促使孩子掌握合理安排的优化方法，使他们不仅能正确答题，还能利用这一经验去解决"一锅三饼"等问题。

12月14日　今天学统筹

早上，学习合理安排时间和统筹安排事务。希望孩子们认识到把一些事情合理安排好，可以节约时间。学习这块知识，孩子们有充分的生活经验，所以学习起来非常顺利、愉快。

有一道题目，信息为起床5分钟，做早饭10分钟，吃早饭8分钟，洗脸刷牙5分钟，问如何安排时间最有效。正确答案是"起床5分钟——做早饭10分钟（同步洗脸刷牙，5分钟）——吃早饭8分钟"，合计23分钟。我问："有不同想法吗？"周树杨举手了说："做早饭10分钟（同步起床，5分钟；洗脸刷牙，5分钟）——吃早饭8分钟。"瞬间哄堂大笑，难道不穿衣服先冲到厨房做早饭？

到了402班，不起床先做早饭的人竟达20余人，真是光想着节约时间了。

12月18日 错题随感

感触最深的是两个班的孩子在解题过程中暴露出来答题不完整、漏题、使用大量的病句、错句、错别字等问题,有些答案真是值得纪念。

▲经典"趣"答:

"男女同学都不喜欢跑步,你想对体育活动的组织老师提些什么建议?"

周树杨——建议跳绳多,篮球也多。(隐隐知晓他的本意)

闻秀芳——给跑步活动搞点推销。(推销跑步?太有创意了。)

宋哲愉——请把跑步活动去掉!(能行吗?)

丁仁俊——你好好要让他们都喜欢跑步。(句子不通,意思能体会。)

陈渊生——请zhu织跑步比赛。(问题里就有"组织"二字,还写拼音,而且拼音还没拼对。)

范子昕——给同学们准备一些吃的。(最可爱的答案。)

蒋雨超——不要把跑步少组织点。(到底什么意思估计他自己也搞不清了。)

孙友奇——让体育老师多请一点跑步的。(请刘翔?发挥跑步名将的明星效应?)

周豪斌——已后绳了多进一些。(错别字太多,"绳"字还在右上加了一点。)

哪种型号的照相机10~12月份销售总量最多?

楼兰——11月份销售总量最多。(问的是哪个型号,回答的是哪个月份。)

▲计算

140+95=135——胡淑婷

1+2=2——陈渊生

3+3+3=8——张斌坤

3×3=6——闻秀芳

500+800=1200——方波博

笑过之后,希望他们好好反思。我也该在日常作业中睁大眼睛看看答句的完整性,是该有学科的综合意识了,不能只关注数学数据是否正确,也要看看回答的语句是否通顺、完整。好习惯,对学习任何一门课都很重要。

2010 年 1 月 4 日　近期错题收集

近期,错题"高发"。发下改好的作业本,要求不看别人的答案,自己的答案也不予别人看;不抹去错误答案,用不同颜色的笔在一旁订正;在规定时间里上交。凭自己的能力订正对几题,就给加上几元乐学币。

孩子们开始了认真的订正。批改后,发现大部分孩子订正后能达到优秀,然全对的孩子依然是少数。自己觉得这一做法比直接讲评好多了。一来,孩子能深入思考错题,进行独立分析订正,二来我能够清晰地知道哪些错误是孩子们真正的难点,哪些孩子是需要课外辅导和帮助的;三来给那些不是很优秀的孩子自信 —— 原来只要仔细做题,是完全有能力得到优秀分的。

订正后收集错题如下:

1. $A \times B = 300$,那么 $(A \times 10) \times B = $(　　),$(A \times 10) \times (B \div 10) = $(　　)。

2. 把一个平行四边形剪一下,分成两个梯形,有(　　)种剪法。

3. 一个数的 35 倍是 490,这个数是多少?

4. 商场上个月卖出台式电脑 364 台,是卖出手提电脑数量的 13 倍,商场上个月卖出两种电脑共多少台?很多孩子做成:$364 \times 13 + 364 = 5096$(台)。

5. □72÷58 的商是一位数,□最大能填(　　),最小能填(　　)。

6. $A \div 21 = 20 \cdots\cdots$(　　),在括号里最大能填(　　),这时被除数是(　　)。

7. 一个数"四舍五入"约等于 6 万,这个数最大是(　　),最小是(　　)。

8. 光明旅社用 500 元钱买了 15 条毛巾被,还剩 20 元钱,平均每条毛巾被的价格是多少元?

9. 一列火车有 16 节车厢,每节有座位 118 个,另 4 节车厢共有座位 420

个,这列火车一共有座位多少个?

10. 关于速度的表示方法。

11. 商和积变化的规律。

12. 上午售出小天鹅洗衣机4台,下午售出同样的洗衣机7台,卖这种洗衣机上午比下午少收货款3750元,平均每台洗衣机的售价是多少元?上午、下午卖这种洗衣机共收入多少元?

今天以订正和分析为主。不真正理解,错误只会重复出现,快步前行毫无意义。

1月6日 转移"心疼"

早上401班、402班完成了《期末综合练习》。在全部完成之后,我要求孩子们留一枝红笔在桌面上,其余东西放入课桌内,然后我快速报答案,孩子们自己批改自己的卷子。3分钟时间,完成了填空题、判断题、选择题、口算题、笔算题的校对。剩下的题型由我来改,扣分结分也由我来做。

如此一来,我便很快批改出两班的卷子,留时间慢慢进行反馈。孩子们也有充足的时间完成订正,更重要的是,他们可以直面自己的错误,学会承受那份发现错误时的"心疼"。计算错误让人最为气恼,现在,让粗心的他好好地气气自己吧。

练习错误较多为:

1. 一个八位数,最高位上是8,十万位是5,万位是6,百位是2,其他数位是0。写作(   ),读作(   )(漏"0"、"万"字现象严重。)

2. 3时整,时针与分针的夹角是(   )度,7时整,时针与分针的夹角是(   )度。

3. 长方形一角折起,未折部分角度是30度,求折起的角度。【这题是常做常错了。一种错误是因为有图所以有的孩子在量,量出来60度。如果是测量题,那就不需要告诉你30度的角了。另一种错误来自180度-30度

=150度,忘记了折起的角还遮盖了一个和它一样大小的角度,应该是(180度－30度)÷2=75度。】

4. 每两个计数单位之间的进率是10。(没写"相邻"二字,是错误的。)

5. 在空白处把梯形画完整(大小自定),并作梯形的高。

画一条线段,把这个梯形分成一个三角形和一个平行四边形。

量出∠1的度数并标明。(3个问题下方画着一个∠1,∠1应是梯形的一部分,很多孩子选择另外重新作图,也有孩子面对四个要求,出现了遗漏。)

6. 汽车上山速度为每小时36千米,行5小时到达山顶,下山时按原路返回只用了4小时。汽车下山时平均每小时行多少千米?(基本的"速度＝路程÷时间"都没有掌握。)

7. 两数相除,商是20,如果被除数不变,除数除以4,商是(　　)。(这类题目从规律上去理解、去解答,对孩子还说是比较难的。可以采用举例的方法,如原来80÷4=20,现在变成80÷1了,商就等于80了。再换其他数试试,如400÷20=20,变成400÷5=80。)

8. 两组对边分别平行,四边相等且有四个直角的图形是(　　)

A. 正方形 B. 长方形 C. 平行四边形 D. 梯形。

9. "李老师骑自行车每分钟行250米,10分钟可行多少米?"这是一道求(　　)的问题。

A. 速度 B. 总价 C. 路程 D. 时间

(解答不是难点,概念不清大有人在。)

10. "水立方"国家游泳中心有很多看台,每个看台19排,每排23个座位,4个看台够1500人坐吗?(计算结果有1748个座位,所以是够的。这道题目我一开始可能在结论上批改不够细致,导致个别孩子多扣了分。明天得给他们加回来。)

11. 两个国家获得金牌数量呈什么变化趋势?

(对"两个国家"、"变化趋势"的理解不够到位。应该是中国呈现金牌数增长趋势,美国呈现金牌数下降趋势。)

还有个别孩子漏题失分,统计图中的数据还是有孩子忘记标注,高和垂线的直角符号每次都有人忘记添上去。

1月12日　再次查漏补缺

发现孩子们近期错得离谱的还是计算。比如 750÷50=150,540÷90=60,360-360÷60=0,7200×600=43200。0,成了错误源。

除此之外,这两类解决问题出错较多。

1. 一辆汽车每分钟行驶 800 米,这辆汽车每小时行多少千米?要行驶 288 千米,需要多少小时?(时间单位不同,长度单位也不同,单位的换算出现了困难。应该是:800×60=48000 米 =48 千米,288÷48=6 小时。)

2. 一辆洒水车每分钟行驶 50 米,洒水的宽度是 6 米,洒水车行驶了 23 分钟能给多大地面洒上水?(洒水的地面是长方形,面积的单位是平方米,因为题目没有明显呈现,是需要理解后得到的,所以出现了困难。正确的计算为:50×6×23=6900 平方米。)

1月18日　狂欢的冲动

今天的任务就是分析周五的练习卷和周末的作业。因为爸爸妈妈的支持,周末的作业质量真是高得很。401班 50 小题全对的孩子有 16 人,只错 1~3 题的也有 17 人。但是,今天课堂上的孩子们显然有些心不在焉。这种心情我倒是十分理解。大家都等着、盼着考试了。而且今天都会有一种可以去狂欢的冲动 —— 晚上不会有书面作业!这是他们几年的经验所得。

讲解完作业,也不想强调什么,让孩子们每人做 6 道笔算题。大家动作神速,连下课都排着队给我批改。0+4=6,0+1=9,竖式中错误百出,错因匪夷所思。我觉得他们内心已经在"狂欢"了,明早还是要去"恐吓"一下,对于期末考试,孩子们必定很重视,但如果拿到试卷觉得简单,肯定又会飘飘然。

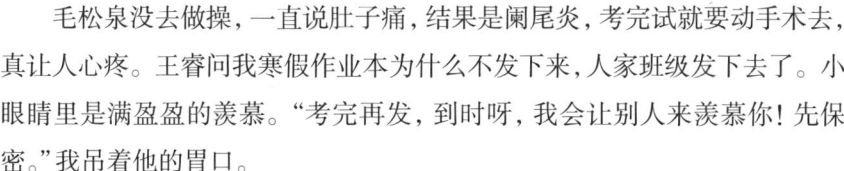

毛松泉没去做操，一直说肚子痛，结果是阑尾炎，考完试就要动手术去，真让人心疼。王睿问我寒假作业本为什么不发下来，人家班级发下去了。小眼睛里是满盈盈的羡慕。"考完再发，到时呀，我会让别人来羡慕你！先保密。"我吊着他的胃口。

说孩子们有些飘飘然，其实我自己也有几分"狂欢"的冲动感，一学期结束了，明天似乎就是一个阶段的收获期。

1月22日 充实的一天

这学期时间特别长，各年段期末考后，开始了新课的学习。今天学习"四则混合运算"第一课时内容。即在具体情境中，按从左往右计算顺序进行两步计算的递等式解法。让孩子们看书，思考为什么这些问题我们都会解决，却还要作为新课来学习，从而认识到"递等式"，随后展开递等式解答的学习。从左往右的顺序对孩子们来说也简单得很。

上课的氛围比往年要沉闷许多，罪魁祸首是我，是我还在被期末的各种事羁绊着，在课堂上不够投入，备课不够精心。在一天时间里，依序完成了班主任工作小结的印贴、荣誉的统计上报、资格证书的复印、电子相片的拍摄、数学成绩的输入、错误题型统计的上传、后进生防备内容的上传，但数学课堂作业还没改出来。

下午，班干部竞选让我觉得异常振奋，一共有16个孩子全情投入。陈峰用心地背出了演讲词，一句"我会让班级之花绽放，不让她枯萎"让我惊异；陈渊生说的"没有人天生就是做班长的。我没有经验，是因为我没有机会"让我动容；元侃说："以前我从没有竞争班长这样的想法，可现在，我内心有一个声音'我要去！我要去！'"，让我欣慰；汪洋说："虽然我很爱哭，我以后会不哭的，会多为班级做事"，让我觉得特别真诚可爱……

最终邬佳笈、方晨欣、周瑜婷、陈祉好胜出。有些孩子虽然没有当选班干部，但他们赢得了掌声，赢得了喝彩，这种体验对他们来说无比珍贵。这也是

我为何正儿八经地组织竞选的目的吧。

1月25日 忙"新"

今天学习的内容是加减混合运算。"60÷5",有7人算错,"50-35"算得结果为25的孩子竟然有5人,粗心可见一斑。"贰元"的"贰"不认识,当成1元计算的人有十来个,浮躁啊,浮躁啊!

哎,年年喊着"浮躁啊,浮躁啊",说明这是这个年龄段孩子的特性啊,不值得我们着急和气恼。不然怎么小学老师教一个班级语文,辛苦得昏天暗地,中学老师却能淡定地执教两班语文呢?学生的身心发育水平决定的呗。

改变教法。直接让孩子看着式子编应用题,编好后再解答,最后总结出先乘除后加减的方法。孩子们的回答挺精彩,李昉潮与众不同,编了行程问题。孙友奇说,乘除法是哥哥姐姐,加减法是弟弟妹妹。这些,都让我打心眼里高兴。

1月26日 信息量一大就难了

有两道题出错率极高。

错题1:办公室要添置办公用品,买了4把椅子,1个拖把。椅子每把48元,买6个拖把的钱可以买1把椅子。添置办公用品共用去多少元?

错题2:校门口两边各摆鲜花10盆,操场四周摆的盆数是校门口的2倍,会议室摆的盆数是操场上的一半。校门口和操场上一共摆了多少盆?会议室比操场上少摆几盆?

两道题数量关系复杂吗?不复杂。但是关系多,信息量大,孩子们就乱了。要教给孩子"分析"和"综合"的办法,有了方法,来什么题,解决什么题。

1月27日 "冲啊"

早上分析了练习一中的练习题,又学习了"有括号的四则运算"。(15+20)×3,孩子们读"小括号15加20小括号乘3"。我说:"你们听我读。15加20的和乘3。咱们读法不同。为什么我的读法是被数学家肯定的读法,而你们的读法却被淘汰了呢?"

不问这个问题,对孩子来说就是"不可以,你们必须这样读!"的硬命令,问了这个问题,对孩子来说就有了探究味道。

"因为你读的字少,数学是越简单越高级。""因为'括号'、'括号'很难听,你的读法听起来更有学问。""因为你读了谁与谁的和乘3,我们不读括号也能知道是加法先算。"各种意见此起彼伏。"好吧,服了你们了。综合各位的说法就是老师这样读,不仅清晰地表达了运算顺序,而且简洁。"我在学生说完之后及时做了总结。

到现在,孩子们脑海中的四则混合运算的顺序已经有三种:同一级运算,从左往右算;加减乘除混合,先乘除后加减;有小括号的先算括号里面的。一节课犹如冲锋陷阵般地就把第一单元新课的例题都结束了。把书本往后一翻,竟然是第二单元的内容了。孩子们不由"啊"地叫出了声。

四年级第二学期

3月1日　走入新学期

听完学校工作计划,感觉活动非常多,希望活动能有序展开,精力能合理分配。

新学期最大目标——争取效率最大化,下班回家后可以自由看书、锻炼身体、陪儿子,不工作。女人的角色太多,生活上的事又形形色色,要努力"高效",做一个下班后不工作的"高效"职业女性。不工作不代表不思考,阅读永远是思考的温床。阅读这一块还是要和孩子们一起践行。

想是这么想了,能不能做到是另一回事,认准方向努力就是了。

3月3日　简算思考一:序列调整

人教版数学教材把简便计算编排在四年级下册,除了五条基本运算律外,连减、连除的简便计算及加减、乘除、乘加的灵活应用等相关内容也被编排在同一单元。整个单元知识点系统全面,自然符合逻辑顺序,那么是否忽略了学生认知发展的顺序? 皮亚杰在从事智力测验的研究过程中发现,儿童的认知发展要经过四个时期,四年级学生的年龄一般为九周岁和十周岁,处于第三个阶段(七至十一二岁),即具体运算阶段,该阶段出现了逻辑思维和零散的可逆运算，一般只能对具体事物或形象进行运算。加法交换律、结合律和乘法交换律、结合律相对简单，学生在进行单一加法或乘法运算时出错率相对较低。而关于除法和减法的性质以及乘法分配律的应用，会涉及多种运算，算式和符号的变化类型较多，学生就容易出错。教过四年级数学的老师都会发现学生在单课新授学习后都能较好地理解运算定律，大部分学生还能根据运算定律举一反三，但是在整个单元教学完成后又发现学生做题出现了五花八门的错误，有的漫无目的，只要貌似就用方法去套用，而没有进行观察、分析和思考；有的简算意识淡薄，不知道灵活应用；有的混淆定律，张冠李戴，认识不深刻。

这就说明了两点：一是具体化的理解、对比式的练习对四年级学生学习简便运算是必要的；二是教材的编排对四年级学生来说，的确是有难度的。如何让简算单元的学习内容符合学生心理发展的特点，如何让学生更深刻地理解运算律，是本单元学习的重点。

学生的数学认知结构是由数学知识结构转化而成的。尽管现有教材凝集了众多专家的智慧，但终归属于"预设"，动态的教学现实常会出现与之不够相符的状况。我首先想到的是教材教学序列的调整。数学教材知识点的编排往往要承袭两个顺序，一是数学内在的逻辑顺序，二是学生认知发展顺序。以此为视角展开的合理调整教材知识点的编排序列的策略，我称其为序列调整策略。

为什么要调整？

首先，人教版编排与系列位置效应理论相悖。

心理学系列位置效应理论指出："学习材料性质越相似，抑制越严重，不同性质的材料之间，抑制就会减少。"乘法分配律与乘法结合律在形式上较相似，人教版将乘法分配律与乘法结合律前后编排，两个例题引入的材料和方式也类似，学生出现混淆也就在情理之中了。系列位置效应还指出，"如果学习材料中各部分的位置不同，学习效果也会不同，且中间部分学习效果最差"。但人教版教材中，乘法分配律的学习正好处在该单元教学的中间，也就是处于学习效果最差的位置。

人教版数学四年级下册第三单元"运算定律与简便计算"内容编排如下：

层次	第一课时	第二课时	第三课时	第四课时
第一层：加法运算定律	加法交换律	加法结合律	加法运算定律应用	
第二层：乘法运算定律	乘法交换律	乘法结合律	乘法分配律	
第三层：简便计算的应用	连减简便计算	加减灵活应用	连除简便计算	乘除、乘加灵活应用

反观其他版本的教材，都未与系列位置效应相悖。

北师大版将简算的五大运算律教学安排在四年级上册，运算律学习的顺序是乘法结合律—乘法交换律—加法交换律和结合律—乘法分配律；苏教版数学四年级上册学习加法交换律和结合律、乘法交换律和结合律，四年级下册学习乘法分配律；浙教版，将运算律的学习安排得更为分散。乘法、加法的交换律和结合律穿插在两位数乘一位数与三位数乘一位数之间，乘法分配律，则是与长方形的周长、两位数乘两位数的笔算教学整合在一个单元内学习。

其次，人教版教材关于乘法分配律的练习量过小。

乘法分配律重点学练的地位不突出。教材仅第36页归纳出乘法分配律，配一道"做一做"判断练习，自第37页开始就是第一、二层的乘法与加法的交换律和结合律以及乘法分配律的混合练习。甚至解决问题的题量以乘法结合律的应用居多。这与北师大版的两页针对性练习、苏教版的5页针对性练习、浙教版的一个单元只渗透、强化乘法分配律完全不可相提并论。人教版教材的编排无疑大大提升了学生掌握乘法分配律的难度。

我决定将这一单元的学习材料划分成新的三个层次，每一层都较为完整，每一个层次都有"首"和"尾"，中间部分材料的难度下降，并且分割了形式上最为接近的知识点，从而使学习内容之间的相互抑制大大减少，具体调整如下：

	教材编排		新的编排	
第一板块：加法运算定律	第一课时：加法交换律	第一板块：连加连减和加减混合计算	第一课时：加法交换律
	第二课时：加法结合律		第二课时：加法结合律
			第三课时：加法运算定律的应用
	第三课时：加法运算定律的应用		第四课时：连减的简便计算
			第五课时：连加、连减、加减的灵活应用
调整理由	原先，第一板块中加法交换律、结合律相对简单，相应的运用形式也较单一。关于这两条运算定律，学生自身又积累了大量的经验，学习起来就过于容易。现在调整加入减法的运算性质，一方面合理地提升了第一板块的学习难度。因为减法运算性质涉及添减括号和符号变化，有一定难度，且加减法情境相通，结合在一起后相应的灵活应用也增多了。这就让学生处在了"跳一跳"摘桃子的状态中。另一方面，这样的调整避免了本单元后段学习难点过于集中的现状。减法的运算性质和加减混合中带符号搬家是后置的难点，把这些隐形定律提前教学，让其显性起来，早早被灵活运用，可以大幅度降低出错率。			
第二板块：乘法运算定律	第四课时：乘法交换律	第二板块：连乘和连除	第六课时：乘法交换律乘法结合律
	第五课时：乘法结合律		第七课时：连除的简便计算
	第六课时：乘法分配律		第八课时：连乘、连除、乘除的灵活应用
调整理由	在第二层次中没有放入乘法分配律，而是加入除法的运算性质和乘除法混合运算，可以把容易混淆的乘法结合律和乘法分配律分开教学，避免相近的形式导致的干扰。况且，乘除毕竟是不同的运算，能降低学习材料之间的相似性。			

教材编排		新的编排	
第三板块：简便计算的应用	第七课时：连减的简便计算	第三板块：乘法与加法、减法混合运算	第九课时：乘法分配律
	第八课时：加减计算的灵活应用		第十课时：乘法分配律专项练习
	第九课时：连除的简便计算		第十一课时：乘法分配律的灵活应用
	第十课时：乘除、乘加的灵活应用		
调整理由	把乘法分配律单独放入第三板块，把乘法分配律作为单独探究"块"，通过多课时的练习达到巩固的目的。原本难点较多的第三板块现在难点被分散，只需要集中突破乘法分配律这一难点。那么，乘法分配律的灵活应用也就显得容易了许多。也让学生更清楚地认识到两级运算随着原有运算顺序的改变，式子要发生较大的变化。		

序列调整策略使简算单元呈现了新的编排，分散了学习的难点，隔开了相似的材料，大幅度减少了材料间的相互干扰，应该能有利于提高简算单元教学的有效性。

今天，学习交换律。先认识加法交换律。

两枝笔交换位置，问："什么变了？什么不变？"答："位置变了，数量不变。""那么，数学里有没有这样的现象？"毛仁来反应很快，说："2+3=3+2。"开了这么一个好头，接下来的举例就水到渠成啦。再问："举得完吗？能不能用一个式子把所有情况表示出来？""a+b=b+a。""我们把这样的两个加数交换位置，和不变，取个名字，叫加法交换律。"再延伸思考：两个加数交换位置和不变，三个加数呢？更多呢？举例验证。

上课过程中插曲不断，孩子们的举例常跑到数字、字母之外，"朝三暮四"等故事频频出炉，颇费了一番有趣的周折。

3月4日 简算思考二：全方位沟通

沟通意在激发学生在不同知识领域的已有经验。借助相关知识经验、直观具象，学生更容易掌握抽象概念。

在课堂上，如果仅让孩子经历从"数"到"数"，从"算"到"算"的运算概念建构过程，那么孩子对抽象的运算律的理解就会停留在识记与模仿层面。这既给孩子带去记忆负担，又容易产生相近的运算律运用混淆。如在教学乘法分配律后，学生会出现大量的"(a×b)×c"与"(a+b)×c"混淆、"(a+b)×c"变成"a+b×c"这类错误。究其错因，其实是学生对运算律表征感悟不足，只建立了运算概念的表象，并没有将其纳入自身的知识结构中。

如何帮助学生更好地建构新知？

构建网状知识结构

数与代数领域中的运算概念呈现线性的教学结构体系，根据同一领域内容的先后顺序纵向展开，运算律的教学也是如此。如果把这块代数知识和图形与几何内容结合，就能使知识点的学习环环相扣，形成一个网状的知识结构。而由线至网的结合点，就是利用几何直观对应形与数，使学生在理解形与数的关联的基础上，有效提取并建构抽象的运算律。

利用已有知识经验

不过，学生不是零起点，相反，他们在学习简算单元内容前已有大量的知识经验储备，如减法的运算性质和除法的运算性质的学习，对这两种相关算式，学生早就具备了转化的能力和经验。二年级的学生就已经会用两种方法解决"带着钱购买两个物品，还剩多少钱？"这类问题。因此，调用以往的计算经验、以往经历过的问题情境，借助以往解决问题的经验，就能让学生在情境中深一步领悟运算律。

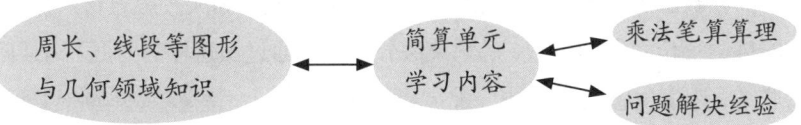

数形结合促概念形成

尽管数与形以不同的形式分别存在于各自不同的领域，但数与形之间又存在着一一对应的联系。如长方形周长的两种计算方法与乘法分配律相关联,立体图形体积计算与乘法结合律关联等。在教学中,将直观的"形"与抽象的"数"一一对应,以形表数形成并理解运算律的直观模型是使学生最终掌握抽象的运算律的必要过程。

如借助长方形周长计算方法能很快得到$(a+b)×2=a×2+b×2$,而借助比长方形周长抽象的线段,就能引申至$(a+b)×3=a×3+b×3$,再以 a 一段,b 一段的顺序将线段延伸……以形的延伸带动数的扩张,$(a+b)×4=a×4+b×4$,$(a+b)×5=a×5+b×5$……从而顺利抽取出$(a+b)×c=a×c+b×c$这一符号模型,揭示这一从图形中来的等式还表示一种运算中的定律,即乘法分配律。

呈现直观图,让学生找出隐身其中的运算律,呈现$(a+b)×5=a×5+b×5$,让学生想图形,这一"找"、"想"的过程,是再一次的形与数的对应,也是再一次的提取与归纳。学生重复类似的体验多次后,就会发现运算律原来早就认识了,运算律都能化身于图中。式与形也就紧密结合起来共同纳入了学生的认知系统。

沟通计算、问题解决经验,穿梭、提炼助深化理解

这一单元的学习材料相似度偏高,很多教师会采用大量的机械计算来提高学生做题的正确率。但简算单元内容编排已经从过去单纯的简算目标转变到了以问题解决策略的多样性为着力点,更关注学生灵活运用相关定律、性质的过程和差异。

乘法笔算经验能为运算律的学习提供有效支撑。如加法、乘法笔算的验算就是加法交换律、乘法交换律的运用,两位数笔算算理与乘法分配律密切相关。如苏教版选用的这道习题(右图)。苏教版教材和人教版教材一样,都是先安排学三位数乘两位数,后学乘法分配律。通过做这样的习题,沟通两者的联系,让学生感受到乘法分配律不难,早在计算的时候就多次运用过了。这不仅避免了计算教学枯燥乏味的状况,有利于体现计算知

我用竖式计算	你会完成下面的计算吗?
102 × 32 ───── 204 306 ───── 3264	$32 × 102$ $= 32 × (100+2)$ $= 32 × \square + 32 × \square$ $=$ $=$

识本身的"张力",而且增强了简算学习材料的差异性。

购买课桌椅16套,共用多少元

除了计算经验,学生的问题解决经验也有助于运算律的理解和掌握。如上题,学生早就有能力解决,但现在我们的问题是:你从这个实际问题中发现运算律了吗?这样一来,就把对运算性质的探究置入了有趣的探索活动中。沟通新旧知识联系的同时,向学生提出了比"解决这个问题"更高的要求,学生不仅要能用两种方法解决这个问题,还要联想到乘法分配律。在反复经历这样的练习后,学生就会将运算律与解决问题主动联系起来,避免形成常见的"运算律就是解简便计算题时要用"的单一化印象,利于学生对运算律的理解和灵活应用。而学生一旦掌握了新知,又能为问题解决打开新的思维方式,使解决问题能力与运算能力的培养相互促进,共同提高。

3月6日　简算思考三:迁移促内化

在不同领域、不同学段所积累的知识经验需要沟通。在简算单元学习运算律时,则有很多可迁移的运算经验。

基于运算律的基本模型的点状迁移、还原

点状迁移在简算单元教学中主要有两种情况,一为两种相似运算律模型的迁移,二为一种运算律模型的迁移,如变式、拓展。

第一种类型的迁移,常见的有加法交换律与乘法交换律的迁移式,其中不乏很多成功的案例。而第二种类型的迁移,常见的形式为运算律的变式应用。但变式能否被

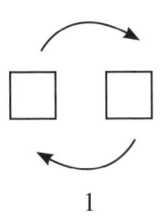

1

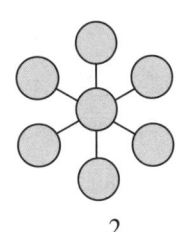

2

学生理解，取决于学生是否掌握了基本模型。为避免相似材料干扰，新授课上我们只需要学生理解和掌握乘法分配律正向、逆向运用的基本模型。在完全理解和掌握了乘法分配律基本形式后，再将直接运用乘法分配律与间接运用乘法分配律的题目加以比较，如 78×99+78 与 78×99+78×1。不仅要让学生发现所有的变式（间接式）简算题都能还原成基本模型题，然后顺利解决，更要让学生明白正因为这些变式题都能还原成 (a±b)×c=ac±bc 的基本形式，所以才都可以运用乘法分配律来解决。

基于运算律简算特点的块式迁移、强化

所谓的块式迁移，是指简算单元教学中整个知识板块的简算特点和简算策略对另一个知识板块学习所形成的正向迁移。学生在整个板块的重复感知、学习中，经历迁移、类推，将复杂转向简单，将简单有效内化。

基于系列位置效应对教材简算单元的知识点重新排序后，连减和加减混合从教材的第三板块提至第一板块。第一板块的内容包括连加、连减、加减混合，而第二板块的内容包括连乘、连除、乘除混合。

第一板块	第二板块
加法交换律	乘法交换律
加法结合律	乘法结合律
连减的简便计算	连除的简便计算
连加、连减、加减的灵活应用	连乘、连除、乘除的灵活应用

对比表格可见，两个板块知识点完全不同，但从运算律的简算特点和策略层面思考，就可以发现加法交换律和乘法交换律几乎相同，加法结合律和乘法结合律、除法运算性质和减法运算性质、乘除法带着符号搬家和加减法带着符号搬家都有着异曲同工之妙。如在第一板块加减混合运算学习中，学生懂了"57-38+43-62"可以利用"带着符号搬家"策略变成"57+43-38-62"，那么在第二板块乘除混合运算中，学生遇到如"25×79×4÷79"时，就能进行正迁移，顺利转化成"25×4×79÷79"。

如此一来，第二板块的学习就相当于第一板块学习的重复、同化、迁移、提升。对学生而言这既是巩固又是拓展，能帮助学生更好地理解和掌握这些策略在同一级运算中的运用。

在不断地经历"还原"、"迁移"、"猜想"、"类推"的学习过程后,学生不仅巩固了运算律的基本运用方法,还提升了观察、对比、转化的能力,做题更加准确和灵活。

今天上课尝试练习"125×25×4×8""36+25+64+74""97×25×4",提示:仔细观察数据。校对,重点分析"97×25×4"。呈现两种做法:

97×25×4   97×25×4
=4×25×97   =97×(25×4)
=100×97   =97×100

前一种运用了乘法交换律,后一种运用了乘法结合律。一个是通过交换位置来改变运算顺序,达到简便计算的目的,另一个是通过加括号来改变运算的顺序。同桌互相说一说、读一读定律的概念,然后开始重点练习加法结合律运用。

3月9日　连线成网,把握运算律概念本质

数与代数领域中的运算概念呈现线性的教学结构体系,根据同一领域内容的先后顺序纵向展开,运算律的教学也是如此。如果把这块知识和图形与几何领域的内容结合,就能使知识点的学习环环相扣,形成一个网状的知识结构。而由线至网的结合点,就是利用几何直观对应形与数,使学生在理解形与数的关联的基础上,有效提取并建构抽象的运算律。

1.以形表数,经历对应过程,理解运算律直观模型

在课堂上,如果仅仅只让孩子经历从"数"到"数",从"算"到"算"的运算概念建构过程,只让孩子用"数"表征"数",用"算"表征"算",那么孩子对抽象的运算律的理解就会停留在识记与模仿层面,这既给孩子带去记忆负担,又容易产生相近的运算律运用混淆。如在教学乘法分配律后,学生会出现大量的"(a×b)×c"与"(a+b)×c"混淆、"(a+b)×c"变成"a+b×c"这类错误。

究其错因，其实是学生对运算律的表征感悟不足，只建立了运算概念的表象，并没有将其本质纳入自身的知识结构中。

尽管数与形分别以不同的方式存在于各自不同的领域，但数与形之间又存在着一一对应的联系。如长方形周长的两种计算方法与乘法分配律相关联，立体图形体积计算与乘法结合律关联等。在教学中，将直观的"形"与抽象的"数"一一对应，以形表数形成并理解运算律的直观模型是使学生最终掌握抽象运算律的必要过程。

如在教学中可以利用长方形周长的计算经验引出抽象的乘法分配律。先让学生用两种方法求出第一个长方形的周长，"5×2+3×2=16"，"(5+3)×2=16"，从形到数，利用已有的解决问题经验得出算法。再让孩子"指一指"，指一指式子中每一步运算表示的是图上的哪一部分，经历形与数的一一对应过程，明晰每一步运算代表的直观意义，理解"(5+3)×2=5×2+3×2"的意义。

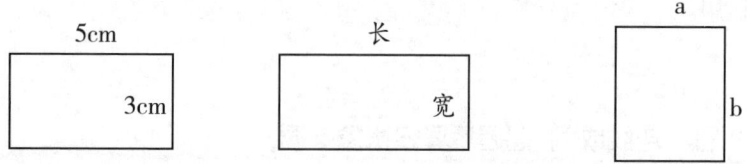

随后，隐去图中的具体数据变成第二个长方形图，让学生再算周长。在学生得出"(长+宽)×2=长×2+宽×2"后，利用学生的错误质疑"左边乘了一个2，右边乘了两个2，左右相等？(长+宽)×2=长+宽×2为什么错了？"让学生作图辨析。

学生原本对乘法分配律中数的变化并不在意，对这个"2"也不关注，他们很清楚用两种方法求出的周长肯定相等。可现在他们就不得不把所有的注意力都集中到式子中唯一的数字"2"上，通过作图表征出"(长+宽)×2"、"长×2+宽×2"、"长+宽×2"所代表的直观意义。

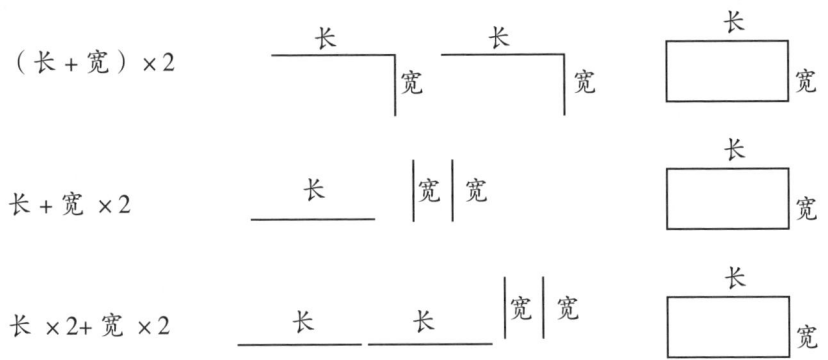

在这个以形对应数的过程中,学生对"(长＋宽)×2=长×2+宽×2"这一乘法分配律的直观模型有了更深刻的理解,有效减少"(5+3)×2=5+3×2"这类错误的出现。

2. 以形引数,逐步抽象化,提取运算律符号模型

直观模型因其具体化而呈现一定的局限性,需要向符号模型转化。但抽象化的过程不宜过快,应借助抽象程度不同的"形"引导学生一步步经历符号化的过程,最终概括和提取出运算律的符号模型。

"(长＋宽)×2=长×2+宽×2"这一乘法分配律的直观模型,建立在长方形周长计算方法上,对学生而言有着具体的指向。让学生第三次算周长,当长方形的长和宽变成a和b,周长怎样算？a和b可以是几？让学生举例。再提出"如果2也变了,比如变成了3,两个式子还会相等吗？"让学生猜测并作图证明自己的看法。

借助比长方形周长抽象的线段引申出(a+b)×3=a×3+b×3,再以a一段,b一段的顺序将线段延伸……

形的延伸带动数的扩张,(a+b)×4=a×4+b×4,(a+b)×5=a×5+b×5……顺利抽取出(a+b)×c=a×c+b×c这一符号模型,揭示这一从图形中来的等式还表示着一种运算中的定律,即乘法分配律。

3. 以形固数,再次一一对应,掌握运算律概念本质

数与形相对独立却又一一对应。几何直观以形表数、以形引数让学生经历了从运算律的直观模型到符号模型这一抽象化过程,提取出运算律的基本模型。抽象之后再回到具象,则是对抽象的巩固和灵活延伸,有利于把握概念的本质。

先为学生提供非常直观的香蕉图,让学生说出以"(a+b)×c"方式是怎么数香蕉根数的,以"a×c+b×c"方式又是怎样数的。再提供一套校服上衣和裤子的价钱等直观图,让学生找出隐藏其中的运算律。

"找"的过程,是再一次的形与数的对应,是再一次的提取与归纳。在多次归纳之后,孩子们会发现乘法分配律总是隐藏在两种数量相同的不同事物里,可以是它们的和,也可以是它们的差。式与形也就紧密结合起来共同纳入了他们的认知系统。

3月16日 简算思考四:错例反思

学生的运算律运用错误看似五花八门,但主要是三种类型:

相似题型干扰 乘法结合律和乘法分配律形式较为接近,相似的题型互相干扰,出现了知识的负迁移。如$(8×4)×125=(8×125)×(4×125)$,把$(8×4)×125$与$(8+4)×125$混淆在了一起。原先应用乘法结合律轻而易举能解决的简算题在学习了乘法分配律后,反而频频出现错误。

凑整意识混乱 简便计算的一个很明显的标志就是"凑整思想"。"凑整"能使计算简便,但"凑整"必须建立在正确运用运算定律的基础上。盲目"凑整",会造成知识学习的机械性,导致形成混乱的简便意识。如$378-36+64=378-(36+64)=378-100=278$。学生看见36和64,几乎下意识地予以"结合",没有真正理解简算的法则。

隐性定律弱化 学生接触到的运算定律和性质主要有加法交换律和结合律、乘法交换律、结合律和分配律、减法和除法的运算性质等。教材将前五个运算定律作为新授的重点学习内容,语言表述明确、内容具体。后两个性质及规律则只在练习中渗透，不够显著，且相关练习时间也不充足，学习效果就受到了影响。如567-（67-32），去掉括号应变成567-67+32，很多学生做成567-67-32。又如68-39+32+10，应该带着符号搬家，变成68+32-39+10=100-29，但学生会做成68-39+32+10=100-49。学生没有充分地学习、探究隐性定律，它仅仅在个别习题中偶尔"现身"一次，对学生来说，掌握的难度较高。

反复思量，觉得还是要重错例反思。

首先，设计错题本，推进错例采集与自我反思，减少类似错误再现

为激发学生采集错例的兴趣，由班级学生自己给错题本取名，后定为"海边拾贝"，把寻找错例寓意为从知识的海洋中拾取美丽的贝壳。采集错例要求学生能摘录原错题，分析错误原因，进行正确解答，并能简单反思错误带来的学习启示。如为充分发挥"海边拾贝"的作用，我及时指导学生利用好错题记录本。首先指导学生坚持采集错例，只要有错题，每天都要按要求及时记录，并经常翻阅记录的错误，尽可能减少错误的重复出现。错题本是学生个体学习难点、知识缺陷的缩影。通过一次次与错题的"碰面"，学生在同一知识缺陷点不断进行自我反思，强化正确认知，逐步巩固相关知识。

其次，建立错题墙，借助错题交流，促进错题理解，形成正确错误观

错题本上记录的都是学生个体错题，那么班级中其他同学是否也有类似的错误经历呢？他人的错误能给自己提供哪些可借鉴的经验呢？"错题墙"，专门张贴学生的错误练习和反思，实行教师布置张贴与学生自由张贴相结合，其他同学可在"晒"的错题下面写自己的改错经历，或是提供可借鉴的练习等。"晒错题"的错题墙成为交流错误、反思心得的一个有力平台。

3月25日 简算思考五：简算的评价

培养运算能力就是要让学生具备寻求合理、简便运算方法去解决问题的能力，就是要培养学生的简便意识，即任何一道计算题都可能有不同的计算

方法,都可能有相对比较简捷的计算方法,应努力寻求简单合理的计算方法。简便意识的培养不仅是简便计算这一部分内容的任务,在解决问题教学中要探讨解法的最优化,在空间与图形教学中要培养学生思维的简洁性……意识是一种积累。在教学中,应经常性地引导学生养成这样的思考习惯"有没有一种简单的方法呢?""能不能想出更好的解答思路呢?"长此以往,学生才能形成真正的简便意识,具备较强的运算能力。

在查找各类相关资料时,我们发现简算的教学考查呈现出重计算轻应用的倾向,即考查形式往往只是纯粹的计算。计算技能的训练无疑是重要的,但是如果能在这个基础上增加一些与学生以往的几何经验、计算经验、解决问题经验相结合的问题,是不是能从评价刺激的角度进一步提升简算教学的有效性?

基于这样的思考,我在原有的过关习题基础上,主要添加了这几类题:

1. 根据运算律特点,在□里填适当的数,○里填适当的运算符号。

（1）a+（30+8）=（□＋□）+8

（2）45×□= 32×□

（3）25×（8-4）=□×□○□×□.

（4）496-120-230 = 496-（□○□）

（5）375-（25+50）= 375-□○□

2. 完成或补充完成运算过程,并在题目右边的（　　）里写出该题所运用的运算定律或性质。

（1）25×44　　　　　　　　（2）25×44

= 25×4×11　　　　　　　　= 25×（4+40）

=100×11（　　　）　　　　=（　　　）

=1100

（3）125×（2×8）　　　　（4）99×77＋77

（　　　）　　　　　　　　（　　　）

3. 填空

（1）20×★+3×★=805，那么★=(   )。

（2）401班23位女生每人购置了一条纱裙，每条纱裙要35元。一共要(   )元。

（3）张红把25×(★+4)错算成25×★+4，结果会比原数小(   )。

4.解决问题，并在(   )里写出该题可运用什么运算定律或性质使问题解决更简洁合理。

同学们去军区演出，四年级去113人，五年级去272人，六年级去87人。三个年级一共去多少人？

113+272+87，我发现自己运用了(   )。

3月26日 第三单元"简便计算"单元错例分析

$25×32×125=(25×4)+(8×125)$（分析：由于利用"拆数法"进行简便计算是在学习乘法分配律之后，所以，孩子把32拆成4和8后，出现了混乱。）

$672-36+64=672-100$，$25+75-25+75=100-100$（分析：在学习了减法的运算性质后，孩子们受习惯性思维驱使，如发现36和64先加起来会出现100，能凑整，就毫不犹豫相加。不予提醒之下，放在练习减法运算性质的练习题中直接练习，两个教学班只有4个孩子做对了。）

$124-(24+17)=124-24+17$，$124-(24-17)=124-34+17$，$124÷(34÷17)=124÷34×17$

（分析：教学了减法运算性质和除法运算性质后，孩子们对"$124-24-17=124-(24+17)$"的变化很少出错，对逆向的解答却常常出错，很多孩子在去掉括号以后忘记改变括号中的符号。）

$27×99=27×(99+1)=27×100=2700$（分析：孩子已有一定的凑整观念，看见99，他也想到了100。99怎么变100呢？"+1"就可以了，却忘记了式子计算的恒等。如果教孩子"想到100后，应思考100怎么变99，是100-1，而

不是去思考99怎么变100",他们还是会混淆,可以从乘法式子的意义入手去理解。)

63×8+63×91+63(分析:分配律是难点。尤其是出现了单个数字时运用分配律提取相同数的习题,一些孩子无从下手。)

3月29日 发现作高好办法

今天学习"三角形的特性"。先是奕舟上来讲课,他的准备相当充分,不过毕竟是孩子,他背书一样把知识点说了一遍。不过,经由他的"教学"之后,我的授课就显得顺畅多了。用各种图示让学生理解怎样才是三角形——封闭,三条线段,三个顶点。

一一指认每个顶点的对边是哪一条,孩子们举起右手比画出该边的方向来告知我答案。这个环节是为了突破作高的难点,是对"从顶点出发,到对边的距离是该底边上的高"这一知识点的铺垫。"锐角、直角、钝角三角形都有三条高吗?"第一遍问,回答是肯定的,第二遍问,孩子们便支支吾吾了,开始小声议论直角三角形好像不是。直角三角形的两条直角边就是两条高是一个较难理解的知识点。

本课最大的难点自然是画斜边上的高,但好在有画平行四边形的高的基础在,还是用老方法,先画一个平行四边形,再把线段缩短成点,过一点画斜边上的垂线。在强调正确方法的基础上,我也认同一些孩子提出的方法:旋转一下本子,把斜边放到水平方向上。毕竟这样一来,对他们来说就很容易画了。但从技能水平上来说,这样做可能有些低级了。到黑板上画,到墙壁上画,怎么办呢?但是,既然在一步一步地强调画法之后,有的孩子还是没掌握好,那么我想,掌握一些投机取巧的方法也没什么不好。因人而异吧。

3月30日 作高练习

数学课进行了三角形作高过关练习,习题是我针对昨天知识的重难点设计的。

1. 过点 P 画直线上的垂线。

2.

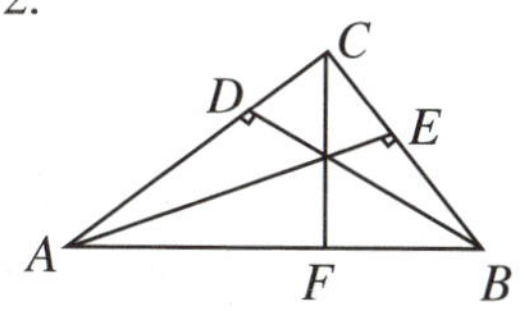

   (　　)是(　　)边上的高。
   (　　)是(　　)边上的高。 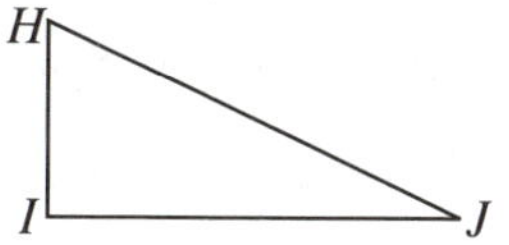
   (　　)是(　　)边上的高。
   (　　)是(　　)边上的高。
   (　　)是(　　)边上的高。

3. 作指定底边上的高。

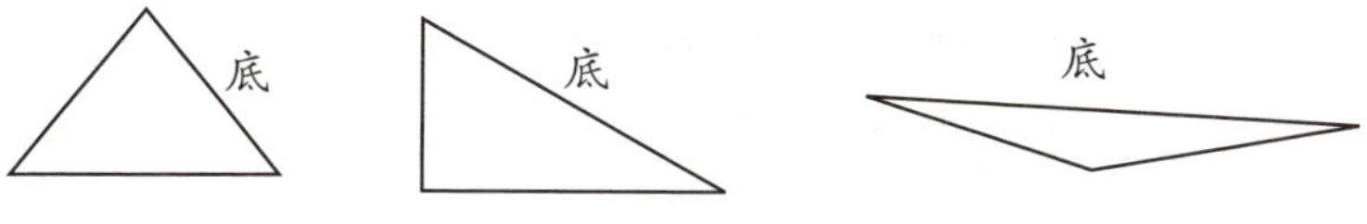

4. 画一个高 4cm,底 5cm 的三角形。(你能有巧方法一下子画出好几个吗?)

第 1 题是三角形作高的知识基础。第 2 题针对底和高的对应关系设计,孩子出错比较多,却必须通过练习掌握。第 3 题关注了"底"边倾斜的锐角三角形、直角三角形、钝角三角形的"高"的不同。尤其是钝角三角形,最长的边上的高最容易画,在另外两条边上作高就是难点了,过关时画容易的,讲解时要画画另外两条高。

4月1日 给三角形分类

今天学习三角形的分类。昨晚每个孩子都制作了好几个三角形。我问:"按角分,你手中的三角形的三个角分别是什么角?"答案有三种:锐角、锐角、锐角;锐角、锐角、直角;锐角、锐角、钝角,分别命名为锐角三角形、直角三角形、钝角三角形。

"如何辨别它是什么三角形呢?"方晨欣一语中的:"关键是看最大的那个角。"根据最大的角是否超过90度,等于90度,小于90度,就可以判定它是什么三角形。

"猜猜它是谁?"的小游戏,我先露出一个直角,学生说"直角三角形","确定?""确定!"接着露出一个钝角,学生说"钝角三角形","确定?""确定!"最后露出一个锐角,学生说"锐角三角形","确定?""确定!确定……不确定!不确定!"……说理由。结论当然是无法断定,三种三角形皆有可能。数一数每种三角形的三个角,发现任何一个三角形至少有两个锐角。所以啊,看见一个锐角,怎能判定它是什么三角形呢?

按边分,三角形有三边都不相等的不等边三角形,有两边相等的等腰三角形(包括三边相等的特殊等腰三角形,即等边三角形)。重点认识了等腰三角形的"腰"和"底角"。左右就是腰?错。相等的两边才是腰,腰和底边所成的两个相等的角是底角。

一个三角形,它在角的层面有一种名称,在边的层面也有一种名称。所以,当角和边交错在一起时,它就成了孩子们学习的难点,比如一个三角形的三个角为45度、45度、90度,这个三角形是等腰直角三角形。

这几天上数学课特别带劲,有时声嘶力竭地发表自己的见解,有时"诱骗"孩子上当,随后哈哈大笑。要加油,课堂是教学的主阵地。没了这块主阵地的光彩,一切的努力都没有意义。数学作业不多,只要求有质量。跟着我的想法去做,学快乐的数学,养一生受益的好习惯。

我自己命名的"401班慢慢行走,慢慢了解"家访活动于昨天正式启动了。第一批家访对象我选定了19个孩子,虽然之前跟家长都有过联系,但是总觉得还需要更深的接触。发了家校通要求家长回复"便于家访的时间",便于我统一协调,计划着以一天一个孩子的缓慢速度无负担前行。家长回复的信息都是满满的感谢,心下几分感动,家长把我们看得多高啊!

4月6日　教学巧埋种

学习图形的拼组,两班上法迥异。

由于402班数学作业之学具制作有十几个孩子没有完成,上课便显得没有探究性了,以我展示教具为主。401班全部完成了学具的制作,我心里多了几分欢喜。板书"两个(　　　)的三角形一定可以拼成四边形、平行四边形、长方形、正方形、梯形、菱形"。带着这些问题小组合作学习,摆一摆,想一想,一人做记录。

合作了10分钟,各小组开始汇报。舒嘉文组认为两个完全一样的三角形一定可以拼成四边形。长方形、平行四边形的结论都容易得到,难的是不规则四边形。通过我的演示以及郐佳笈和竺逸汶的发言,所有的孩子都弄懂了只要两个三角形有一条相同长度的边就可以拼成四边形。菱形是作为额外认识的图形,拼一拼,会用两个等腰三角形拼成菱形就够了。

最后剩下梯形,孩子们一致认为两个三角形不一定能拼成梯形。郐佳笈说一定能拼成,他有个办法能证明。"反过来,我先画梯形,梯形是一定能分成两个三角形的,那么这两个三角形就一定能拼成梯形。"回答真是精彩。尽管这样的反证只能证明"一个梯形一定能分成两个三角形",但这也是收获。那三个等边三角形能拼成什么图形?四个等边三角形又能拼成什么图形呢?

这节课很明显是为了五年级学习图形的面积做准备的,在孩子们心底埋下了平行四边形、三角形、长方形、梯形之间互相联系和转化的种子。

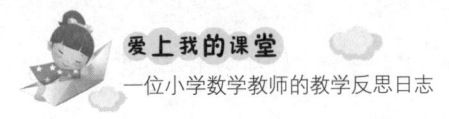

4月7日　当了回灭绝师太

教育在线的红人铁皮鼓先生说:"中国的教育,过分地强调教师之间的竞争,正在把一批年纪轻轻的女教师培养成灭绝师太,男教师当然也好不到哪里去。说回来,大家都在恶狠狠地教书。"

灭绝师太?

不过我今天倒是真有些灭绝之风。

复习课比较吃力,今天复习了三角形的特性、分类、三边关系,明天重点复习内角和与图形的拼组。复习过程中,不断有孩子走神,我这情绪就"唰唰唰"地蹿动而难以自控了。

发了火后,又觉得心疼。让我因你而幸福,可以吗?孩子掉落的眼泪,是珍珠般可贵,落在我的心里,也落在他的心里。

回过头来反思,该是自己的教学设计不对头吧。复习课总是我讲得多,孩子们讲得少。35分钟,听着听着,他们可能就坐不住了。明天还是复习,我得好好想想怎样去复习才好。

4月12日　喜悦之情

今天,没有数学课,因为上周要了王老师的课,今天还给她了,有借有还再借不难。

单元练习成绩整体还不错,这让我初步肯定了自己的想法——向课堂要质量是完全有可能的。有很长一段时间,我觉得数学成绩真的是磨出来的。我对这学期的助教方案也有抵触心理,那么复杂,要填那么多内容,一旦积压下来没有完成又是相互之间抄来抄去地应付任务。

可是,随着每日备课、思考,随着每一环节目标的确立,我觉得自己的课堂又有了一股新的活力。虽然我还是喜欢按自己的想法去教,但感觉真的是有很大的不同。备课,真的不是有思路、有想法就可以了。每一步都有自己的目标,每一个问题都指向自己的目标,效果真的不一样。三角形单元的备课我进入了这种状态,上课开心,测验成绩也相当可喜。

三角形认识单元的检测卷有两面内容。概念性的认识,就怕理解不够深刻,就怕片面思考问题。比如分类块,给10个图形让分类,有的孩子把一个三角形填到了锐角三角形的地方却忘记了它还是等腰三角形。

学校提倡"减负高效",我又总是分配到很多其他任务,静心补差几乎不太可能。抢副课来上,我又会成为只盯眼前利益不顾孩子全面发展的"无良"家伙。所以,我总想探索出一条"作业少,占时少,重习惯,养能力"的数学教学的路。每天的数学作业只布置预习和当堂完成的课堂作业本,这就要求有好的学习习惯的支撑,有课堂上的充分理解作动力。这学期两次测试成绩都比较喜人,让我觉得很振奋。

这份喜悦带动自发的行为。周末我坐下来认认真真地把统计单元和数学广角的课都备好了,只要上课前再回顾一下就行了。儿子则在一旁画画,他没有参加什么额外的辅导班,对此我挺惭愧的。我带给他的最好的东西应该就是看书和自己安静做事的熏陶吧。

好习惯活动表刚批改完。吴雯妈妈说,孩子睡前看书的习惯已经养成了,这让我特别高兴。留言的家长挺多,大多是为孩子的表现感到高兴。

4月13日 培训时间临近

自上周接到省领雁工程的培训通知书后,一直在琢磨该找一个怎样的时机向孩子们、向爸爸妈妈们告知这一情况。

在和爸爸妈妈的接触中,发现已经有不少人知悉了这个讯息。既然如此,该和孩子们好好谈谈才是。在校时,我每天写教学博客,外出学习,我也会坚持写学习博客,会给孩子们写信,让孩子们浏览空间或博客,跟帖,要把每一件事都当作一个教育的机会才好。

省领雁工程的培训报到日期为5月10日下午,脱产学习至7月2日结束。对我来说,这是一个珍贵又难得的学习机会,对孩子们来说是一个难得的体

验过程。

屈指算来,这学期我还有17课时的数学教学时间。培训前打算结束除小数的意义和小数的加减法单元以外的所有内容的学习。

最近,完成了对张禾杰、吴雯、汪咪拉、汪洋、卓挺、骆翊杰这6名孩子的家访工作。家长们在家里为孩子的付出让我有种喜出望外的感觉,还有十来个孩子的家一定要在这段时间去一下。

培训期间,401班的数学课由教他们低段时的老师来上,402班的数学课由庄兵老师来代,万分感谢学校的安排和照顾。对于401班的孩子们来说,汪老师的回归一定是件幸福的事情,而402班的孩子们则可以第一次体验数学男教师的教学了。

明天,一起聊聊。

4月16日 植树问题

植树问题,我一看见"间隔"×"棵树"什么的,就觉得烦。还是那句话,靠公式死套,是走不通那条康庄大道的。画图,一定要画图。

首先,要让孩子理解这样的题目"20米的小路,每5米种一棵小树,一共能种几棵?"明明在二年级时,他们就会做了,为什么四年级才来学?既然能种4棵,请把路和树画一画。

这一画,就冒出知识点了。孩子们都是把路分成4段,把树种在每段路的中间。

第一问:我发现有的同学很有方法的样子,画了一条线表示20米后,并没有马上画树。能介绍一下你们在琢磨什么吗?

此问顺利引出了路的段数。树种在路上,当然和路的长度,每段路长度、路的段数有关系。

第二问:符合题目要求的种法只此一种?

果然,画出来了3棵和5棵的情况,鼓励汇报。

我说,是的,同一要求,种法有三种。在不同情况下可以有不同种法,特殊情况有特定种法。我们就一起来研究这三种植树的变化问题。

"路"和"树"的关系,不需要让孩子记,每一次做题都让他们画一画,想一想,经历一个分析的过程。我越发觉得教学广角的问题重在方法的教学,不在难度的深究,公式的死记。方法活了,再难,孩子都能开出一条比你更有想象力的路径。

4月19日 听公开课有感

早上学习计算植树问题中封闭图形的最外层总植树数和方阵总植树数。

封闭图形最外层的植树总棵树其实和封闭图形的周长相关,从每一条边上可种几棵树到几条边上总共可种几棵树,孩子们发现封闭图形的植树问题,只要一条边的棵树 × 几条边 – 顶点数就可以了。比如,三边形上种树,每条边种 5 棵,总共种几棵呢? 计算方法为:5×3–3=12(棵)。

而计算整个方阵植树总棵树则只要横排棵树 × 竖排棵树,类似于面积计算。如横的 3 棵,竖的 6 棵,则 3×6=18(棵)就是总数。晚上作业是自觉复习数学广角的内容并完成《课堂作业本》第 55 页。

抽象的解说没有用,"缩小数据,作图理解"是重要的解题策略。

下午来到锦屏中心小学,听了徐铿和丁玉成老师的课。由于是二、三年级低段的课,我对教学过程的记录并不详尽,始终在观察课堂教学的亮点,以启迪自身教学。

丁玉成老师执教二年级。孩子们来上课时统一带着一本草稿本,我翻看了一下,草稿本书写非常干净。这一点倒是和我们相似,401 班和 402 班的草稿本上还要求写上了日期。该班孩子回答问题声音非常响亮,这让我非常羡慕。虽然有孩子的年龄特点的原因,但是肯定也有老师的功劳在。我分明是个上课声音洪亮的主,怎么我的课上发言声音洪亮的孩子那么少呢? 盯着丁老师活泼可爱的笑脸,我想"可爱"就是丁老师的法宝了。要学习!

课完,特级教师林良富、沈百军开始评课,评课中又渗透"课堂教学规范和疑难问题解决"方面的理念。上公开课固然辛苦,但确实是需要的,它磨人也炼人。一个老师如果很长一段时间不开公开课,内心就会对公开的课堂产生几分怯意。林老师也在发言的结尾说:"每学期一定要上几节公开课,才能始终把握住'课感'!"

5月5日 数位扩张

早上学习了小数的读法、写法。其实,对孩子来说,读出小数、写出小数是不难的。这节课难是难在数位顺序表的扩张。原本孩子脑海里的数位顺序表是整数数位顺序表,现在它延伸到了小数部分。所以,新授的15分钟紧扣数位顺序表展开。我随意写了一个涵盖亿级、万级、个级的大数,让孩子读一读,再指出每个数字所在的数位,说了说不同数位上的每个数字所表示的意思(计数单位),如十位上的数字表示几个十等。整数数位顺序表,越往左数位越高,个位是最低位,没有最高位。"往左数位无限,那么往右呢?你能把3.3768放入这个数位顺序表吗?"孩子们都预习过了,所以,很容易把小数部分的数位一一罗列,也知道十分位上的数字表示几个十分之一,百分位上的数字表示几个百分之一……

然后,我问陈峰,"万分位上的1大还是十分位上的1大?""万分位上的1大。"这就是知识的混淆点,在孩子们的脑海里"万"自然比"十"大,所以要让他们理解"分"字。毛松泉给了"很好"的解释,他用香甜可口的蛋糕举例,说十分位表示能吃一块,那么万分位表示只能伸出舌头舔舔了。"哈哈……"大家笑成一团。

5月11日 新鲜的体验

我离开奉化,一个人到了杭州,开始为期两个月的省领雁工程脱产培训。早上是开班典礼。先是听优雅的周处长讲话,讲话主要内容是"八个结合",但我印象最深的是她说的"千辛万苦——过程,千言万语——感悟,千姿百态——成果"。再是浙江教育学院的陆院长和高教授就培训力量、培训模式、培训要求等方面作了发言。然后我们就到了自己的固定教室——我们的陈近老师称之为"我们的新家"的地方。

陈近老师信缘分、讲真诚,非常重视学员间的相互了解和交流。所以,在她的引领下,一天工夫,我能叫出班上30位左右同学的名字。我们是怎么做的呢?

一落座,我们就拿到了一张扑克牌。同一数字的坐成一桌,4人一桌。于是,我从认识同寝室的3位学员扩展到了认识6位学员,但这仅仅是坐在一起,说了解还太早。大屏幕开始显示:找出小组的共同点和不同点,等一下每人一分钟介绍。这个介绍非常有意思,按我介绍你,你介绍他,他介绍我这样的循环方式。于是,计时开始后,我们都投入到了积极的相互询问和了解中。"你几岁?哪一年毕业的?爱好?特长?……"我们组的共同点是两两相同:两个姓刘,两个姓郑;两个教四年级,两个教五年级;两个小教高级,两个小教一级;两个宁波地区,两个衢州地区。

全体介绍完毕,已是11:40。下午2点到教室,一进教室,发现座位从早上两张桌子靠在一起变成了三张桌子靠在一起了。墙上贴着7个大组的名单。我在第5组,这次每组有七八人。先玩认识游戏。两到三个小组合并成的一大组。我们四、五、六三组合并,21人手拉手,第一个说"我是×××",第二个要说"我是×××边上的×××",第三个要说"我是×××、×××边上的×××"……自我介绍名字时要说得有特色,我就说硫酸钠——刘善娜,便于学员记忆。每一个学员自我介绍时都是不断地重复前面学员的名字,在不断强化下,我们都能叫出自己这一大组学员的名字了。

回到座位,陈老师又让我们在组内选出"组长、记录员、评价员、创意员、汇报员、计时员、自由人、噪音控制员",7人组可考虑在后两个职务中去掉一个。各人员选定之后,要设计组名、组呼和标志性动作。我被选为汇报员。我们推选了慈溪的周启鹏校长为组长。他倡议组名为"三地缘"。记录员记

录时觉得"地"不太好看,于是,改为"3D缘"。我想了组呼——三地结缘,快乐向前!动作嘛,一句一动,关键是气势。

轮到我们组展示了。我在A4纸上写了大大的组名,辅助介绍用。"相逢是首歌,相聚就是缘,所以我们组取名'3D缘'。'3'的含义:一、我们7人来自三个地级市——衢州、宁波、舟山;二、三地地形正是平原、山区、海岛;三、年龄正好是60后、70后、80后三个年龄段;四、在校角色正好有校级领导、中层干部、普通教师三种。'D',像个半圆,表示团团圆圆聚在一起,真心相拥。所以,我们的组呼是'三地结缘,快乐向前'!下面请看我们的招牌动作表演。"大家动作整齐,声音响亮,博得一片掌声。

我们组第一名!陈老师奖励我们一大瓶怡口莲。我们也像孩子一样兴奋!

接下来,是陈老师对培训方案的细细解读。最后进行班干部的推选,每组推选一位候选人。我成了学习委员。首要的任务是明天要去收齐每个学员的个人简介和照片。

这一天,感觉自己好像回到了学生时代。陈老师所做的激励,值得我学习,我的心情——一份和孩子们相仿的心情更值得记录。

5月12日 再遇丁杭樱

今天是特级教师丁杭樱日,她用一天的时间为我们做了"基于学生学习的小学数学概念教学的研究与思考"的讲座。

坐在第一排,就为了和偶像的距离更近些。如她所言,讲座中最关键的是"基于学生学习的小学数学概念教学的策略"。在讲座过程中,丁老师旁征博引,用自己的理解诠释着一个个枯燥的概念。当她说到"后现代"、"女权主义"、"哲学"……时,我们忍不住惊叹她的博闻强识。正是书籍带给了她无穷的智慧。

她的语言折射出她鲜明的个性。我把她的招牌式理念概括为——"要把简单东西复杂化,复杂东西简单化","同样的东西有不同形式,同样的形式可有不同顺序","和孩子斗智斗勇,不让孩子随便就能揣摩出教师的安排","你喜欢数学,才能感染孩子喜欢数学。不喜欢,就沦为帮助孩子考试的人"。

理念可学。

5月13日 潘红娟风暴

脑子里太混乱了,必须要整理,我才有可能入睡。江干区教师进修学校的教研员潘红娟老师带来的不是一个讲座,而是一场头脑风暴。

她主张"时刻准备着被修正,努力去检验自己的想法",她总是问:"他说的是对的吗?是这样的吗?怎么证明?这样也可以吗?可以得到怎样的结果呢?"她的讲座从四个角度出发,一是命题思考,二是情况分析,三是理性思考,四是改进策略。

她展示了一系列的具体事例,作为教研员,她命题的思路——"数学题要出成不复习也能考,老办法复习怎么都考不好"。粗粗看去好像不是很好理解,看了她的命题就恍然大悟了。

实在是难以详述。好在我的手机、相机全都上场,我把"小数的意义""田忌赛马"等解说片段都录了下来。真希望一天能有30个小时。这睿智的风暴刮来,我需要时间消化,需要时间整理。

5月18日 聆听郑仁东校长的讲座

早上8:30准时到了求是集团浙大附属小学聆听郑仁东总校长的特色讲座。

"孩子在这里学多少知识并不重要!"这话出自这样一位名校校长之口,还是让我愣了一下。随后便领会了他的言下之意——培养孩子学的能力更重要!

大的教育目标、办学特色我不想记录,手上发到的资料上都记得清清楚楚。我很认同他说的这几句话:"孩子们在冲清华、北大等重点大学的路上一批批倒下,身心健康都受到损害","其实,对绝大多数孩子,我们的培养目标是长大后找到一个工作,能有职业的幸福感","我们最大的任务是激活孩子想学习的细胞"。

求是教育的几大特色如下:

德育推崇生活化。专注挖掘身边的德育细节,如吃饭、上厕所、走路……生活中处处可德育。每一个楼梯的转角处都写着"慢慢走,靠右走",这便是践行着对孩子们的"走"育。

评价重视健康。求是的质量评价标准共6条,其中两条是"喜欢上学率大于98%""近视率不高于25%"。可见学校对学生身心健康的重视。

期中竞赛自愿参加。竞赛只颁发一、二、三等奖奖状,把语、数、英考试和各类竞赛等同起来,个人觉得这一点蛮有意思,毕竟优等生也是要鼓励的。以现在孩子的处境而言,主课竞赛他是不可能不参加的,就算他想不参加,家长也不会答应。主课竞赛化,自由参赛,给了孩子更大的空间,更倾向于多元化评价。多元化评价迟早是要铺开的。

5月19日　触摸浙大附小的数学文化

今天上午,学员们共同观摩了浙大附小许小娟、俞伟明两位指导老师的展示课。

许小娟老师执教的是"众数的认识"。她立足于众数在生活中的实际应用,给全体学员带来了全新的众数教学理念。整节课,并不过分凸显众数的优性,而是在不断呈现的生活素材中让学生自己探究、理解、选择"平均数"、"中位数"、"众数"来分析数据,解决问题。

俞伟明老师执教的是"异分母分数加减法"。他用自身的幽默感营造了一个愉快、轻松的课堂氛围。他非常重视学生的感悟,对学生能否进行概念的表达并不关注。"转化"、"分数单位相同才能相加减"这些话并未强调和提炼,只是在游戏中、在练习中让学生有所感悟。练习阶段,俞老师手执红笔一一批改,省去了集体化的答案校对过程,又在批改过程中发现并展示了个别约分不彻底、没用最小公倍数通分的孩子的题例,进行提升和引导,效果极佳。

下午,俞伟明老师为我们做了关于集团数学教研组管理经验介绍的讲座。一对比,我觉得自己学校的做法很多都和他们类似,给我冲击力的主要有以下四点:

一、备课、听课方面

我校和求是集团一样倡导资源共享,他们是集团共享,我们是全大市共享。学期初求是集团四校横向联合,分课时备课。备课稿修改后各人拉出教案,再进行个性化反思。每学期前两周为他们的固定推门课,人人都要上课,谁都不能例外。推门课主要关注两点:一是上课过程是否和教学设计吻合(上课前要先查看你的教案本);二是看学生的课堂常规养成得如何。

二、课堂作业时间不少于10分钟

我也很关注课堂作业的当堂批改,但是35分钟的时间,有时我连让孩子完成课堂教学都有困难,更别提批改了。我想,人或许真的是可以被逼出来的,也许,我也能每天挤出5分钟时间做作业。

三、期中竞赛数学卷设20题

8题基本题,属于较灵活的题目。后12题中的前两题为一般性奥数题,后10题都是相当难的奥数题。这些题目围绕各学期的教学总范围设计,是数学大组划定的,多年下来已经成了一个体系。但是课程安排没有专门的奥数课,靠的是"每日一题",日积月累。

四、设有数学资源仓库

数学组老师有密码可随时提取资源,内容包括各年段、各学年的命题卷、各年段的不同版本的教材和教案、公开课教案、与人教版教材配套的每一课的课件、课题成果、视频录像等。学期初备课不仅要做好设计,还要做好

PPT,一并共享。之所以一律做 PPT,是为了便于教师下载后自主修改。我校多媒体设备也进教室了,PPT 的制作和共享也是势在必行的。

互动环节,老师们问俞老师:"中午时间讲数学题吗?"俞老师说:"我们中午时间一律自由活动,可自己安静看书,可趴桌休息,可去操场上玩……如果哪个班学生集体在教室做题之类的事情,我们校长要点名批评的。"俞老师的最后一句话 —— 因为我们总校长坚持认为放养鸡比家养鸡营养价值高,特别有意思。

我校推广静心阅读,中午时间严禁喧哗,以静为美;他们放任自流,喧哗一片,教师到校后自由安排,唯值周老师关注安全事项。凡事都有优劣,谁能说得清其中的高下?

5月20日 走进竞舟小学

今天,走进了求是教育集团的第三所小学 —— 竞舟小学。学校围墙间隔着铁栅栏,这些栅栏都酷似帆船形状,与校名相应。

教研组长袁霞娟老师为我们示范了一节"等量代换"。低段的课我不熟悉,虽然觉得教学内容是很好理解的,但具体的重难点我就不能很准确地定位了。听完整节课,我就老师的调控能力进行了点评。一是教学语言的调控意识。学生在操作的时候,因为思维层次的差异,有的孩子马上得出了方法,袁老师马上悄悄走到孩子身边说:"你想了几种方法?你怎么想的?"在后来的练习环节,袁老师面对一批先完成的孩子也说:"想出方法了,就再想想还有没有另一种方法,有没有更好的方法,题目是否读得够仔细。老师喜欢会冷静思考问题的孩子。"流畅而自然的语言,很好地调节了不同思维层次的孩子的课堂表现。二是问题指向性的调控意识。在学习完例题之后,袁老师出示两幅图,问孩子:"这两道题有什么相同的地方和不同的地方?第一幅是一只猴子等于三只兔子,一只兔子等于两只鸭子,得出一只猴子等于六只鸭子。第二幅图是一只猴子等于四只兔子,两只兔子等于三只鸭子,得出一只猴子等于六只鸭子。"孩子的心理特征决定了在袁老师抛出这个问题之后,不断地回答"都是猴子、鸭子","都是一只猴子等于六只鸭子"等。孩子眼中的异同点都与老师的问意较远。袁老师马上意识到问题的指向性不明确,追问:"猴子和鸭子并不在一个天平上,为什么我们都能发现猴子和鸭子之间的关系?"这下子孩子们的回答就切中了要点。三是作业展示的调控意识。第一道学生动笔完成的练习题,袁老师选择的是一位字迹端正、思路清晰、方法简明的孩子的作业。毕竟数学广角的内容是不简单的,孩子们在内容上理解了,在具体做时还是需要同伴或者老师的引领的。

我也说了自己的一点想法。在练习环节,袁老师出示了一题"两只羊等于一只猪、一头牛等于(　　)只羊"。学生马上说:"不能做。因为牛和猪的关系不知道。"然后袁老师就给补上了"一头牛等于两只猪"的条件,孩子们便愉快地完成了。孩子的表现充分说明前面的学习是非常成功的,但是,也可以看到因为类似题型的一再出现,他们脑海里已慢慢建立了一种定势。是否能在学生说不能做的理由后,就给他们一个这样的条件——八只羊等于两头牛?这个时候学生可能会上当,可直接算得"一头牛就等于四只羊"。在课程设计上让孩子出错并思考。这个错,能让孩子认识到:只有在两者之间没有直接的关联,但又分别和第三者有关联时,才需要利用等量代换来解决问题。

袁老师也觉得此题的确可以拓展,像她那样处理,题目就只是一道补充问题的简单重复性练习,像我这样处理,学生在领悟之后,可以自己来补充条件,满足那些思维层次高的孩子的学习需求。

一说一议,共同思考探究,收获总是多多。

5月21日　课前心情复杂

七大组都进入了上课实践阶段。自昨日与星洲小学江萍校长通话确定了下周一早上第二节上课后,我心里便像搁上了一块东西,有些忙乱了。因

为临近期末,很多班级只剩下数学广角可以新授,所以大部分组都选择上册内容了。我们小组5人遇到了较大挑战,决定随堂上复习课和方阵问题。

自己想想,好处不是没有。一是自听了潘红娟和丁杭樱老师的讲座后,有一种好好设计习题、挖掘习题的想法,趁这次上复习课的时机可以好好试试;二是如果选择上册内容,范围就扩大了,拿以往上过的课来上,就少了一份实践的真实、焦灼的体验;三是没有试教,学情只能预测,又是复习课,能更大程度地挑战一下自己。

昨天下午基本思路形成。全课特点为时复、时探、时练。没有课件、两个题型、一张练习纸。有一种想跑回学校去探讨的冲动,但是想着我的兄弟姐妹们这段时间该是多么忙碌,思虑之后决定自己细致研课。与同伴几次简单交流后,大家的担心是一致的——是否会因为挖得太深而难以达到课堂目标。会出现这样的担忧,主要是因为不熟悉学生情况。他们对三角形单元到底掌握得如何?当初老师挖掘到了哪个深度?无从得知。

就算上课失败了,又如何?我的思考、我的担忧、我的尝试、我的反复斟酌都是收获。常规的罗列知识、形成小网络、综合分题练习的复习课,试试也可以吧?

反复抚慰了自己。毕竟公开课技能是我这次培训最想提升的能力,充分暴露问题,大家都帮我来分析、思考、指出问题,才是终极意义。静萍小妹会帮我拍摄课堂实录,实录一定能让我发现自己以前不曾发现的问题。

5月24日　今天我上课

历经几日的辗转反侧之后,现在的心情真如窗外的阳光。这节复习课一再受思路和理念的困扰,想尝试又怕出错,想创新又怕难度过高,真是够折腾我的。

早上第二节和第三节分别是我和柳波上课。我上"复习三角形",他上"植树问题"。

课后,江萍校长和我们近距离地进行了交流。她说我的课思路清晰,教材解读深刻,调控到位。虽然知道导师的话多少含了几分客气,但还是很开心。她的建议非常好,说板书可以规划得更加合理一些,这样,可以使孩子在复习之后建构更清晰的知识框架。而我虽然想极力设计出一个漂亮而又有深度的板书,但是受缚于这一单元知识点相对独立、知识点较多而流于设想。

上课都拍了录像,自己看看,真有意思。这刘海怎么斜斜的?这眼睛怎么在看天花板呢?这句话的语气好怪啊。哈哈。自看自乐。

5月25日　要把孩子越教越聪明

早上听了三节课,下午评课交流并聆听了一个讲座。

三节课都有学习的地方。"角的认识"是低段的课,我最钦佩的是老师亲和的教态、动听的语言,第三节课是"直线、射线和角",因为自己在"教改之星"比赛中上过这课,对比着看,想法倒是不少。老师是直接出示三种线,然后归纳三线的异同,再去举例和练习。与我,是完全不同的教学。最欣喜的是第二节"方阵问题",梁老师的教学太清晰、太扎实了。因此,他的孩子们在一次次回答中展现着他们深刻的思考。真的是你能想到的,他们都想得到,甚至比你想得更周到。

江校长说,这个班的孩子被他越教越聪明了。把孩子越教越聪明,该是我们数学教师的一个重要目标吧。观念需要唤醒,聪明不该是华数、奥数的事情,聪明也不是靠习题堆积出来的,能否把孩子教聪明,和老师对教材的把握和挖掘息息相关。

评课时,潘老师一再要求老师们畅所欲言,但是大家都还是比较约束。我主要从第一课的角的"顶点"、"边"的体验和感悟、第二课的情景创设、第三课的难度突破的角度阐述了自己的看法。交流和探讨,多多少少都是在提升自己。

潘老师的讲座是关于练习的设计,其中的想法很有见地。"不要小看了教材中的习题,多利用、多改编,往往会有创造性的收获。"举个例子来说,就是要会把题1变成题2。

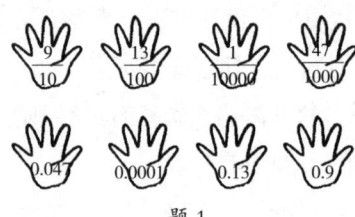

题1

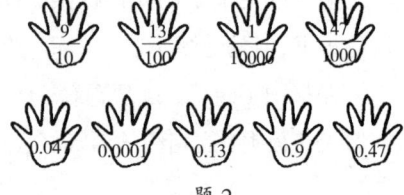

题2

5月26日 这就是幸福

下午,和组员一起去拜见了理论导师陈永华——《教学月刊》小学版主编,我带去了4篇论文,陈老师一一给我们做了点睛式的评论。虽然只是寥寥数语,但那搁置了有些时日已无从落笔修改的论文又变得鲜活了起来。

陈老师说他非常厌恶程序性的培训,希望我们体验写论文的每个阶段,感受完整的过程。即使那时写不出很好的论文,至少知道了写论文是怎么回事。再三感谢之后,和老师告别。走出电梯时,我猛然想到《教学月刊》数学版我没有订阅过,也不知道学校有没有,就算有,一时想要也不方便。于是问身边的柳波:"我可以去讨一本《教学月刊》吗?"他说:"好啊,你快去吧。"

有时候同伴的支持真的好重要,我马上转身又一个人跑上了六楼,敲门入内后向老师说了我的讨要意图。

陈老师非常热情地说:"好啊。我给你找本经典的,再找本这一期的。"看着他细致地翻找杂志,我想我们这些学员真的是很幸福的。"你可以的,要好好去研究,去立课题,去深化自己的思考。"告别之时,陈老师对我这样说。

一路上有些乐颠颠的,真幸福。

5月27日　观赛课之拙评

第一节"垂直与平行",整个环节设计还是比较清晰的,从设问"直线是怎样的"到试着画两条直线,再根据学生作品分类,然后揭示出概念,最后练习。第一个练习是判断,然后是摆一摆。先用两根小棒摆出平行或垂直,再同桌合作摆一个既有平行又有垂直的图形。

我觉得这节课最大的问题是教师对生成资源的忽视,也就是较为执着地履行教案的设计。图形分类时,第一个孩子把图分为4类,有不相交的(平行的)、相交成角(成X形)的,相交于一点(成T形)的,两线未碰触的(八字)。面对不是自己所要的答案,老师没有看到其中的价值,没有合理分析、帮助归纳,为后续学习孕伏下知识点,只是问了一下:"她是以什么标准分的?"学生没有反应。"她分类标准很多哦,谁再来?"老师继续追问第二个孩子说分为平行的、垂直的和相交的三类。这个回答依然让老师以"还有吗?"一句带过。幸运的是,第三个孩子说"分为永远不会相交的也就是平行的和相交的两类。"此时老师才如释重负。这些孩子真的是太棒了,但老师只提取了分为两类的信息,还把"平行"和"垂直"的概念放到了全部分析讲解后由自己再提引出来。所以,课堂显得沉闷无趣。

第二节是二年级上的"两位数加两位数"。只感觉"喜羊羊"们、世博会的图片让孩子们备感惊喜,"啊,啊"直叫。练习设计还是比较精巧的,但是针对学生的质疑,老师没有欣赏和鼓励,而是硬性予以压制,颇为可惜。比如有一题"灰太狼用不到80元的钱买了一件衬衫后,要配一条裤子。衣服的价钱十位上为4,个位弄脏了看不清。裤子有三种价格——24元、41元、35元可选"在阐述各自想法的时候,有个孩子说:"不到80元,也许他买了衬衫后剩下的是1元呢?"老师说:"不到80元,最大可能是79元。"孩子继续说:"那也可能最小是一元或者一角、一分呢?"老师说:"你说他会带这么少的钱吗?"语气已是大为不悦。

第三节是二年级上册的"两位数加两位数"。老师以购买世博海宝为主题设计情境,先提示"几个十和几个一"让学生报各种海宝小物件的价格,再

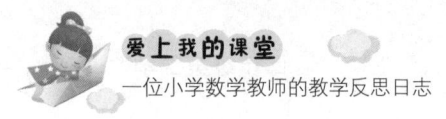

从 35 厘米的毛绒海宝价格为 50 元，猜测 25 厘米的毛绒海宝为 36 元，15 厘米的毛绒海宝为 22 元，然后提出"不超过 50 元，要买一个毛绒海宝和一个其他小玩具，哪个不能买？哪个能买？为什么？花了多少钱？怎么列式？"列式后揭示课题，开始借助小棒展开算法的探究。我觉得导入环节体现出老师的很多想法，特别出彩。

说说别人好像很有"范儿"，轮到自己上课，一样会出现很多失误，共同切磋和思考吧。

6月2日　入校实践最后一天

今天是我们在求是教育集团教学实践的最后一天。

早上第一节课，林老师为我们带来了一节"面积的复习"。复习课平时常常以炒冷饭为主，流程为：练习 — 校对 — 练习 — 校对 — 讲解。林老师探索了复习课的新模式，主体分三大块，即知识点整理 — 错例的回顾 — 典型题巩固。全课体现四个设计意图：一要有知识点的整理，形成一个完整的知识板块；二要有多样的练习形式，包括选择题、填空题等，也要有错例的分析；三要有知识点的开放和拓展练习；四要能激发学生复习的兴趣。

我听下来最大的收获有两个：一是复习课前下发知识点整理表，其中包括知识点整理和错例分析，这可以让孩子自己先行复习，可以培养孩子自己复习和整理知识点的能力；二是教师复习课上的知识点整理、错例回顾、典型题巩固三步学习步骤清晰，为孩子提供了一个自我复习的模式。长此以往，孩子一听到"复习"，就能知道自己要做什么，怎么做。

入校实践一结束，就要开始做堆积如山的作业了。作业速度取决于态度，敷衍则快，深思则慢。

6月4日 从"分数的定义"反思专业素养不足

由于我完成作业的速度可用"驰骋"形容,所以提早空闲,一时精神空虚,开始细阅唐彩斌老师的《思想改变课堂》。这位 1976 年出生的师长年轻、睿智、谦诚、有活力,是一位勇于实践探索、长于理论思辨的研究人员。我和他年龄才差 5 年,这思想的差距可就是 5 光年了。

《思想改变课堂》全书共分三篇,专家访谈篇、理论研究篇、教学实践篇。今天看的就是专家访谈篇。这些专家都是数学界的泰斗级人物,张景中、张奠宙、张天孝……看下来,最大的感受是小学数学知识不简单!我的专业素养大大不足!

平日里也在听我们要关注数学教材背后的内容,要源于教材、高于教材,要全面整体地看待教材,要知道小学数学教材在整个教育当中的地位和作用,可是,每次都是听听就过去了。就小学数学那点知识,还有弄不懂的老师吗?都教了十几年了,没理由弄不明白啊。

有个小片段讲分数的定义。分数教了 N 次了,每次都是怎么引入的呢?

从分数的定义开始讲起。单位 1 平均分为若干份,表示这样的一份或几份的数叫作分数。看起来这样的定义似乎天经地义、顺理成章,我从来不知道这样的定义是有缺陷的,也没去想过定义会有缺陷。原来,从份数引入分数,最后是一份或者几份,那究竟是自然数还是分数? 不太明确。

分数定义必须过渡到"商"定义,即分数是两个正整数 a 和 b 的商。分数是一个商,这个概念教学时强调不多,没想到恰恰是学习分数的核心所在。a 除以 b,当除得尽时,商就是自然数,在除不尽的情况下,我们就得到了一个分数,这才是分数存在的意义。它是一个新的数。商的分数定义比份数的定义要深入,体现了分数出现的必要性,商和除法之间的联系,以及分数存在的价值。分数的第三个定义是比的定义。

在教学中,我们仅仅沟通了除法、比、分数之间的联系,孩子也就只能认识到这一点了。

6月7日　感受认真的美好

"在刚刚相熟的时候，我们就分道扬镳，去了各自的实践学校。现在，为期三周的实践学习已经结束，我们又坐在了这里。你是否对每张面孔又陌生了起来？明明觉得她的名字就在脑海里，却怎么也叫不出来？所以，我们需要聚集在这里，在聆听展示课前先坐在这里听听各小组的实践趣事，听听各小组的实践所感、所得。我们一起来分享快乐，分享思考。先请第七组的黄思海上来发言。"我就这么絮絮叨叨地开始了今天的理论学习开场白。

七大组都汇报了自己小组的实践情况，之后就是可爱的陈近老师总结了。好些天没有听她讲话了，非常喜欢她俏皮又睿智的讲话。"懈怠时要想想上进，紧张时就驻足休憩。学海无涯乐作舟才是。"本子上记下了她的话语。

无论是组长们的小结还是老师的发言，我都听得很认真，感受到了认真的美好。以前去听课，我听着听着会走神，讲座就更不用说了。有时也很懊恼，但是坐着坐着就会觉得没什么可吸收的，渐渐就走神了。如今看来，实在不是因为没什么好吸收的才走神，而是自己缺乏吸收的能力。

下午聆听了两位老师的展示课，都有值得我学习的地方。关于"复式折线统计图"的引入我觉得可以这样：展示两个孩子跳绳个数的折线图（只有折线和横轴，竖轴上没有数字）。让孩子利用已有的对折线统计图的认识初步判断两个孩子谁的进步大。然后，出示竖轴上的数字，促使孩子产生思维冲突，让孩子们发现因为两个图的数据不统一，看上去坡度大的竟然不是进步快的。那怎样比较趋势比较好呢？统一数据，两图合并，制作成复式折线统计图就成了孩子的需要。然后让孩子在已有横轴和竖轴的底图上绘制复式折线统计图。

我还见到了学军小学的袁晓萍老师。这个全身散发着数学活力的女子给人异常干脆、清亮的感觉。她的点评散发着激情，透射出深厚的数学涵养。真钦佩啊！真希望能待在她的身边，好好感受她的课堂。看着她快乐言讲的表情，我开始怀念自己的课堂。脑海中"腾"地闪念：数学教师最重要的就是课堂，我的数学评价体系好像有些问题，乐学币的累积多以作业积分为主，该把课堂表现凸显出来才是。

6月8日　牵手汪培新

　　汪培新是学军小学的校长，作为一名年轻的数学特级教师，他的睿智、感恩和大气由内而外地散发开来。一天半，听他漫不经心地娓娓道来。

　　关于孩子——

　　他说，一个自闭症孩子，也许会改变全人类，一个很脏、很臭喜欢整天抓虫子的人或许会是小法布尔。他欣赏班主任买了一个捕捉飞虫的网兜给这个孩子。他认为，人的成长并不需要那么多基础，抓住最基本的层面是关键，精神层面、身体层面、学习层面，前两个层面相对重要。方向不对，少壮越努力，老大越伤悲。小学一定要保证10小时的睡眠时间。学军订的三好学生标准，重要的一条是"视力5.0以上或者入学后视力不下降"，学初、期末检查两次视力，不放松。

　　人有自我生长性，就如二年级比一年级跑步速度快了，不是你体育老师教出来的。睡眠是成长的契机，不要去侵占孩子额外的时间。

　　如果孩子看到你就怕就慌，是不好的。一个人如果活到78岁，6年就是十三分之一，这十三分之一如果黑暗，人生怎么灿烂？学军一到四年级每周就4节数学课，其他时间禁止教师进教室讲数学，这就要求老师在每周4节课的教学中达成所有教学任务。看着轻松了，老师们反而喊辛苦了。

　　我们要给孩子宽松的环境。宽松是指考试科目的学习宽松，不是指他的学习负担轻松。

　　孩子成功与否，和你没有很大关系。孩子的成长与孩子的"哦哦"有关。"哦"越多，就是"悟"越多，就越聪明。

　　损坏公物要用孩子的劳动来补偿，要他自己来承担责任，要在各个细节之中关注责任感的培养。要借小事、孩子能做到的事情来施教。

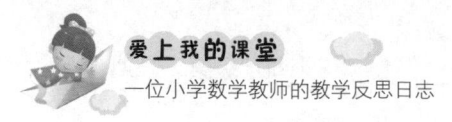

让孩子每年学一项生活技能,如三年级孩子一定要学会用刀削苹果。

关于教研组——

三长——教研组长、年级组长、备课组长管理。

教研组长权力大,责任大。教师外出学习由教研组长安排,有权、有责。组长要关注组内人才结构,每年必须听所有数学老师的课一节。学科组可以提方案,行政要给教研保证时间和物资。一个老师适合教低段还是适合六年一轮,组长都要学会观察。

教研组长是学术权威,要做好组内教研课题化。如研究"统计与概率",可以把每册教材中相关的课都拎出来,从早上第一节一直上到放学,大家一起来感悟。

关于学校管理——

教师成长的关键是教师自己的悟,学校只是搭建一个舞台。教后记,主动写有效,规定写无效,所以不检查。教育是艺术,不是技术。

管理层面很宽松,倡导弹性化管理。都规定要做什么了,规定之外的就没人做了。要减少事务性工作,留给老师和孩子"悟"的时间。

评价很重要。优秀教师的标准是多元的,有的老师课上得好但带班普通,他们是学校的宣传员,有的老师课上得一般但带班好,绝对不能让他们吃亏。行政层面要学会发现老师的特质。学军小学曾有个语文老师,上课在校内都得不到一等奖,根据他的特质让他去参加品德学科比赛,结果在省里得了一等奖。管老师的人已经太多了,要给老师多一些空间。

老师做工作,只要状态好,不违反师德就可以了。课多一节,少一节,学生成绩好一些,差一些都不会影响工资,所以,要大气,要有胸怀。

没有岗位津贴,而设岗位责任奖。班主任的责任大,所以有班主任费。教导的责任更大,自然有更多的责任奖。

国旗下的讲话,环境日,勤奋学习等活动,要求一律讲真人真事。

关于自我——

心情好,多做一些,心情不好,少做一些,以免师德出问题。

要降低自我的成就感,要给孩子悟的机会。

人受表扬很重要。人都是差不多的,就看你能不能挺住。

每个老师调进学军小学的前6年,都要参加学校评优课竞赛,评出一、二、三等奖和纪念奖。

不学习的人胸怀不会开阔。上位思考,关注本原。

写论文,每年一篇,最多一学期一篇。但是,做事情之前要想清楚你到底想要做什么,至少要有一篇对你本人有帮助的论文,深入进去思考。

要有点清高。立足现实,胸怀理想,每天发展一点点。—— 自我定位

该下课不下课的老师最让孩子讨厌。

关于教学 ——

什么是数学?概念的定义决定了走向。

数学是演绎的科学,以古希腊为代表。因为多逻辑推理,所以多哲学家。

数学是量的科学,以古代中国为代表。

现在提出,数学是数与形及其演绎的学科。所以,看到形要会求数,看到长方形要会计算面积。同样,看到数也要会求形。比如看到3×4,想到长方形面积,正方形周长 …… 由形到数,更发展思维。

6月10日　幽默与智慧并存的俞正强

今天,近距离接触了吴卫东老师认为"最有可能走向国际的名师"——俞正强。他用一个个故事向我们传递着他的教育智慧。

错误多彩

我问孩子:看到昨天作业本上的这些错误,你是什么感觉?讨厌?害怕?高兴?孩子们没人说喜欢。我又问:非要你喜欢一个,你喜欢哪一个?为什么?为什么它毫无道理?有道理在哪里?没道理在哪里?

正确是唯一的,错误是多彩的。现在你觉得错误是一无是处的吗?现在你对错误有什么感觉?孩子们不说喜欢,也不说不喜欢。

但是我让孩子们感悟了：错误是一面镜子，能提供很多信息给我们。犯第一次错，错不在我。犯第二次错，错在我。

不抱怨

不要拒绝成为大家，能去评的就去评。我今年第三次去参评市拔尖人才，但我把评比看得很透，可以评了，我就去评，我不去走关系，没评上我就再评。我想总会评上的嘛。反过来想，你评不上总有人评上了，那也是好的嘛！千万不要悲观抱怨，"你们不公平，我不要报了"。你跟谁生气呢？你也太浅薄了。凡事不要搞二元。

多做多开心

老师们都有一个愿望——多发钱、少做事。校长当然希望老师少拿钱、多做事。每次一布置任务老师们就"哦，哦"，那怎么办呢？

六一节排集体舞，要求人人参与。第一年做过，第二年大家都不想做了，大家都觉得太辛苦了。我想这不合算，如果老师把愤怒宣泄到孩子身上，那孩子就不快乐了。那好，自此开始，学校的事情就分两种：一种是必做事情，一种是选做事情。你可以只带班级观看，不参加比赛。每个校长决策的基点应该是孩子。

这下，老师们不好意思抱怨了。结果最后只有4个班级决定不参加，我很庆幸。为了六一节，奋斗一个月。一个礼拜后，有一个老师来说："我还是参加吧。"为什么她改变了主意？因为她看人家都忙忙碌碌的，自己有了一种被遗忘的感觉。后来陆续又有两个班级报名了。等到最后一个班级要求参加时，我说"不同意"，她就来找我了。她说她想参加。我说："小姑娘，不行，女人只能嫁一次的。"她第三次来找我说："你再不让我参加，我要跳楼了。孩子都坐不住了，家长也坐不住了。"家长都不喜欢孩子待在受歧视的班级里。我说："不准跳楼，我会守着你。但是我还是不准你参加。"我就是要压着她，她年轻啊，竟然敢最后一个参加，必须要压她。她就开始动脑筋了，她说比赛结束后统计分数时有一个等待的空间，他们班作为表演可不可以。我同意了。但是我附加了一个条件："你自己也跟着跳。"她非常高兴，孩子们也非常高兴地开始练习起来。

后来,其实他们班的节目最好,但没有奖。他们最后的造型很美,我说不要动,各个班级要在这个造型前拍照。他们全班非常兴奋,站了很久。这不是罚站吗?但他们可高兴了。活动结束后,我让她把这段时间的心路历程和大家说说,5分钟时间。她说得非常好,从抱怨、痛苦到想参加,到感觉到跳舞的快乐,这个过程,她成长了。

我也彻底结束了老师们对任务的抱怨状态。你做了就应该收获一份开心,多做就应该多收获一份开心。其实就算她最终还是决定不参加,也没关系。在彷徨犹豫中,她也会有自己的收获。

运动俱乐部

刚成立运动俱乐部时,老师们抱怨。有一个老师说:"每天这么忙,还要锻炼,神经病啊,哪有时间啊?"我说:"只要有一个老师运动,我就陪着他运动。"我不强迫,我没有权力强迫,一强迫只会更糟糕。可选择,就给了老师空间,因为他原本就有权利不参加,当然要允许他不参加,我坚持参加就是了。后来大家发现打羽毛球对颈椎好,学校就配足了羽毛球。慢慢地,人就多了起来,自发地锻炼了起来,到后来人人参与。

老师太要强不好

老师太要强也不好。比如争五色红旗,我们有三个老师特别要强。"为什么扣分了?""你怎么怎么样了?"搞得去检查他们班级的人特别紧张。这种人要怎么进步呢?他一直是被鼓励着的,一直是模范。我一定要让他"退步",退步就是进步。这种人再鼓励他进步,他就太痛苦了。他会把孩子逼到角落里,结果是老师痛苦,孩子更痛苦。这样的人不够通透。我就对他说这次比赛你最多拿一个第一,不准拿两个第一。

我的"歪理"要让老师慢慢体会。太要强的老师,他不快乐。他不快乐,孩子怎么快乐?他有情绪,他和你对立,那有什么关系?要让他去悟。到现在学校里还是有老师不理我,其实敢不理我也是好的。要是阴险狡诈,他不会不理我。我不会恨他、怪他,孩子也有不理妈妈、恨妈妈的时候。老师也有不理

解的时候，还没成熟嘛。我们要包容，学校是个小社会，要允许发泄各种情绪。

听考试课

某中学引进了一个农村教坛新秀。第一节课校长去听，他没准备过，就不希望校长听课，于是就拿出抽屉里一叠试卷说这节课考试。中学考试本来就多，孩子们没什么反应。于是，他发试卷，站在讲台边监考，孩子们安静考试。他当然是希望校长离开的，下次上课给他听。可校长就是坐着不走，而且还一直在记录。校长会记什么呢？他郁闷得走到门口去抽了一支烟。下课后，收卷。校长让他去一下他的办公室。校长说："你这节课安排考试？"他说："是的，原本就是考试。"校长说："好的，考试，那你做了些什么呢？"老师说："我监考啊，管着孩子不要偷看不要作弊啊。"校长说："考试其实是一门很大的学问，我们要知道孩子是怎么解答试题的。这节课我观察了6个小朋友的答题特点，针对他们的解题方式进行了记录，便于下次教学时进行提升和优化。每次监考你至少要到每个孩子地方观察三四次，监考是有事可做的。"老师说："我从来不知道孩子考试时我要这样去做。"

为什么会这样？因为我们刚成长时缺少教我们规则的人，所以拜师很重要。

俞特的描述总是那么生动有趣，有的故事已经广为流传。但是，每一次回味，都会笑，都会品到不同的滋味。

6月11日　拷问当前教育

可以说何教授是一位当前教育的拷问者，他言辞甚为激动，散发出对教育中诸多现象"恨铁不成钢"的复杂的爱。任何事物都有两面，一旦言语绝对了，肯定会激起一片相对有差异的言论。

哲学是所有科学的母体。哲学永远充斥着争论不休的观点。教育也是一样，谁也不能说自己的观点一定是对的。争论永远存在。对我来说，见识形形色色的观点，开阔自己的视界，循着不同的角度去聆听各种各样的声音，去触摸各种各样的问题,是一种享受。

美发师与剃头匠的区别,在我看来一个有着高层次的追求,一个则是把工作视为谋生的手段。何教授说,人与人最大的差异在于观念,我很认同。同时,我想到了造成人与人观念差异的一个较大因素应该是生活的环境。我们学员之间也有差异,很多差异就来自自己学校的理念。

有些道理是明摆着的,可是,为什么听着还是觉得震撼呢?如"德、智、体顺序应该是体、德、智","素质教育就是会唱、会弹、会跳吗?"这一声声的质问为什么能让我激动得一字一字记录呢?我想,应该是我曾经对这些都关注过,却又仅仅是茫然而过的关系。

一个好老师能激发出孩子的潜能,一堂好课,能点亮孩子的思维之光。我觉得自己要好好往这方面努力。我不想仅仅做一名教书匠,我也想蜕变。但蜕变的过程却是漫长而痛苦的。只有像俞正强老师说的那样,不要怕,不要怕,慢慢调节,调节,总会调节到一个合适的位置,享受到教学的快乐。

6月12日　魅力"泰斗"吴卫东

无限期待,终于等到了吴卫东老师讲座的日子。几乎之前每一位特级教师都提到了曾经在吴卫东老师的引领下得到了什么什么启发。这些站在高高的位置上的名特级教师都由衷地称她一声"小数泰斗",我们这些小辈更是高山仰止。

到了教室我就坐到了第一排,便于倾听和记录。吴老师一袭暗花连衣裙,精致的妆容,真诚的微笑,浑身散发着浓浓的书香气。

一开场,她就问我们:"鸡为什么要过马路?"

我们一时有些摸不着头脑,小声地猜测着"因为对面有鸡宝宝、鸡妈妈","马路对面有吸引它的食物"……她说:"你们说的是生理需要,爱的需要,还有一种情况你们没有想到,就是为了躲避某一种伤害。假如有狗在后面追呢?如果是拿破仑回答这个问题,他会说不想过马路的鸡就不是好鸡。钱钟

书会说,马路这边的鸡会跑过去,马路那边的鸡会跑过来。任贤齐会说,对面的小鸡看过来,看过来……"

笑声阵阵。之后,吴老师说:"这些,说明了什么呢?"又霎时安静下来。

"因为每一个人对问题的回答都是基于自身的经验,这种经验导致了每个人都会有基于自身的表达。我今天的讲座就是基于我自己的经验。"顿时,我就感受到了曲径通幽的美妙。

吴老师和我们探讨的是"有效教学"。第一个问题就是为什么探讨有效教学,有效教学的功能和意义是什么,有效教学相对低效、无效、负效。教育是一把双刃剑,尽管你是好心好意走入教室,却可能起了相反的作用。

会有哪些反效果呢?

一是禁锢思维。数学是关于模式的科学。我们的数学在教什么?游泳池一边放水一边进水,有名人提出这是在教什么,根本不合理。但是懂数学的人该知道在生活中这是属于动态中的平衡问题,如盈亏、牛吃草问题。我们要学会从不同的现象中提取一种本质,这是数学研究的目的。数学是最讲共性的,但我们追求共性的时候常常会限制孩子个性的发展。建构的过程重要,解构的过程也很重要。比如学一节加法的课,课上的习题全部是用加法解决的,这是建构,最后来一道减法的题目这就是解构。长此以往,孩子的思维就会活跃很多。

二是压抑个性。数学的语音、符号表征都是统一的,但思维可以是不一的,规定是一种认同的结果。符号系统在祖冲之时代发展很快,后来停滞了,因为中国的符号系统用中文标识,如天、地、人表示 x、y 和 z。现在数学又发展了,因为中国语音系统的简洁,如三八二十四,德语、英语的表达就麻烦得多。有一节统计课设计让孩子看校门口的录像,然后费力地教孩子用画正字法统计数据。需要思考的是,假如画正字是数学本源性的东西的话,那老外怎么办呢?1111,第五个就横地画一下也行啊。可见,画正字其实是想训练孩子从按个计数向按群计数转化,只要抓住了这一知识本源,不同的表示方法有什么不可以呢?

三是摧毁自信。小学数学教学关键六个字：习惯、兴趣、自信。想一想有没有特有的数学学习习惯，也就是其他学科无法培养的只有数学能培养的习惯。比如估算，做任何事情前都估算一下，事后初步验证；用辅助图示帮助解决问题等。小学的知识其实还没真正走进数学宫殿的大门，可很多孩子却已经在说，数学不好玩，很恐怖的。这怎么行？康德认为人最敬畏的两样东西是浩瀚无穷的星空和内心的道德世界。要让孩子去想象宇宙，知道数学是多么有趣的事情。亚里士多德说，求知是人的本能。到六年级时一定要试着去上一堂课，问孩子什么是数学，看看孩子们怎么说。我们的目的是让孩子明白数学是非常有趣的。老师要多示弱，你弱，他才强。你弱，其实是在做学困生的代言人，帮他们说那些他们不敢说的话。

第二个问题是"我的标准？"有效教学的关键因素有哪些？吴老师让我们每个人思考一分钟，写下观点，以四人一小组为单位上交。

我写的是：①对教材的深度理解；②合理的教学设计；③对学生已有经验的把握；④课堂上有效的互动；⑤精心的练习设计。一时脑子有些混乱，又添了一句"基于教学过程的角度"后忐忑上交。因为我第一个上交，答案就成了吴老师的"教材"。她说："刘善娜的答案，你们怎么看？"下面无声。再问："其中的某些点能不能合并？"一句话点醒了我。①③⑤都可以体现在②里面，其实我只讲了两个方面，我抛出来的点其实是基于不同层面的呈现。

"了解学生的起点，就能有效改变。娜娜，你以后真正理解了，就发展了。"我的名字是班主任陈老师刚提示的，马上她就那样亲切地叫我"娜娜"。轻轻两个字，散发的是吸引人心的教育魅力。教学过程其实包括设想—实施—评价三个过程。我们研读教材，就是定出了教的目标，研究学生，就是学的目标。在定出教学目标后，就要选择学习的内容。吴老师认为执教 5 年以内的教师不必要求自己去处理教材，能教好教材就可以了，理解这套教材到底要我们教什么。要多比较，从几套教材中去选择一些素材。

有效教学，一要关注"对学生已有经验的把握"。要研究学生的学习起点，学习难点，学生之间的差异点。学习起点不等同于生活起点，比如现实生活

中不存在空间图形概念的点、线、面，若一定要去找生活原型就会造成尴尬，但是找生活原型在数与运算体系中就很适合。

空间领域的学习起点，用直觉体验比较好。问孩子：角是一个平面图形，你觉得它会是一个怎样的图形？让孩子用数学符号去直觉表示。再体会生活经验和数学经验的冲突。有个老师问孩子："你心目中的四边形是什么？"孩子说是一个懒惰的正方形。答案很有意思，你不要陶醉，这里就体现出在孩子眼里特殊四边形（正方形）不是四边形。认识四边形的难点就是构建科学的四边形体系，而不是去记忆四个点、四条边。

教学重点是从教材体系来思考的，是学生必须掌握的可以学会的知识点。教学难点是从学生的角度来思考的，孩子什么地方难以把握就称其为难点。老师们对难点的表述往往也不正确，经常写的是"理解什么什么"，应该是"当孩子遇到什么问题时，孩子可能会这样想，会那样想"。比如刚接触除法时孩子真的不理解，它和之前的加法、减法、乘法都不一样。针对难点，例题就不能出现"42÷2"，因为这样的题目孩子也可以和加法、减法、乘法一样摆竖式去做。所以选择素材要避免负迁移，如选择"32÷2"就可以避免，直击孩子们的思维。

总之，起点用来确定教学目标，重难点使课堂更有针对性，差异点用来营造课堂高潮。

二要合理选择学习材料。材料可以是虚拟的，但必须合理，符合学生认知水平，符合教师教学风格，具有数学结构，富有挑战性。最好的学习材料是可进行多次教学创作的材料。有个老师上"上下左右"，设计了一个情境：森林运动会，十二生肖来排队，横着一排，左右第几个是什么？效果还可以。接下来，十二生肖比爬树，动物们跑到树上去了，原本是要教上下的，可有个孩子说"老虎不会爬树的，老虎的师傅是猫，猫没有教老虎爬树"，这下乱套了，"会不会爬树"的动物研究会开场了。

3个小时的交谈很快就结束了，我们意犹未尽，为只有半天时间的安排感到可惜，于是纷纷请求和吴老师合影。啊，一种狂热的追星感。

6月17日　省教研员斯苗儿

大约是在七八年前见过斯苗儿老师,那时觉得她是一个理念新锐、言语爽利的人。这次相见,感觉岁月在无形中会改变一个人的气质,印象中那新锐感觉已不复存在,取而代之的是平和、自嘲、幽默和大气。

说不清楚今天一天的讲座到底在讲哪个核心的理念,一天的内容定位正如她自己所言——轻松自在地聊一聊。

今天感触最深的有以下几点:

1. 李成良老师的"21181方法"值得我去实践和思考。

2. 分层教学很重要。如讲评试卷,考满分的孩子可以去阅览室看书,或者分配一个学困生让他辅导。

3. 开放自己的课堂,开放自己的教室。我是否能做到向家长开放我的课堂?

6月18日　心有大数学的唐彩斌

唐彩斌老师的书——《思想改变课堂》早发到了我们手中,真人今日才见。一天的讲座,阵阵欢笑荡漾课堂。他的语言、他的思维方式让我们有一种被"忽悠"的"会心"欢乐。

开场白:我要送大家一个礼物,这是什么?只有有数学眼光的人才能看见我的礼物。图形移动幻化出新的图形。于是,学员猜测"爱心"、"苹果"。他说:"这是爱心苹果。"学员一阵满足。他又说:"你们错了,它本质上就是圆的移动而已。"又是一阵笑声。

共同探讨的主题是"怎样发展学生思维"。唐老师认为我们的理念都是可以的,就是实践的时候遇到了困难。其实,我们只要能上几节好课,出一点好题就可以了。

针对主题主要讨论交流以下问题:1.什么是数学思维能力?2.有哪些好的思维训练的素材?3.怎样开展教学?4.有哪些值得探讨的问题?

理论资料唐老师都客气地拷贝给了我们。他的课件内容非常详尽，PPT有100多张。他还把自己搜集的小学阶段要用到的超级画板的资料包也给了我们。我想，一个老师要做到这样，愿意把好的东西与人分享，他的心中是有大数学概念的，他希望我们都会用，都成长，希望数学之花烂漫绽放在各地的教学角落。

我的收获：

1. 数学真的很美。我要向我的孩子传递那些美。我要爱上这门学科，让孩子和我都爱上它。

2. 数学可以和科学、德育完美地结合。

3. 除了量，要更关注质。如100以内两位数加一位数进位加法共369题；在多位数乘法计算中，涉及两位数加一位数进位加法的题共60题。如"748×7"时用到"28+5"。练习时，就要多关注这60题。

4. 增强数感。可以学用结合，组块计算。如将"125×8=1000"，"37×3=111"，"25×4=100"作为基本的模块，多建立这样的模块。

5. 分数乘法、除法都可以先化成单位相同的分数后转化为整数乘除法。如"1/2÷1/3=3/6÷2/6=3÷2"就和分数加减法的计算法则一脉相通。以往我都是教"除以一个数等于乘以它的倒数"，至于为什么可以怎样想，压根儿就被我忽略了。

6. 在教学中，要重视学生之间相互的影响。如"下面哪个数与众不同？1，2，4，6"。随后问："班级里谁与众不同啊？"如果孩子讲对方的缺点，要引导孩子从小学会讲对方的优点。

7. 一定要去玩一玩数学游戏——读心术，真的非常有意思。以前也见过，但都没拿正眼瞧它，现在才知道它真的能带给孩子数学的乐趣，还能渗透代数意识。

8. 好题的三个标准：起点低，开放大，可发展。比如用七巧板拼正方形，拼一种也对，总共8种拼法出来就难了。开放题，多种答案，允许孩子借由假设呈现多种结果。

9.车轮为什么要是圆的?司空见惯的答案是:因为中心点到地面的距离是恒定的。其实还有一个大前提,因为路是平的。假如路是这样的,那车轮可不能是圆的了。

10.要学会捕捉有趣的素材。如莎士比亚歌剧的单词字母个数,奥运歌曲中的音符有几个(5个)。多选用能引发深思的素材。如学生早餐营养不充足的占80%,我省学生近视率53.8%,我国的近视率是世界上排名第一。《统计学的世界》中有很多有趣的素材。

6月22日 两日散记

昨天和今天在芳草苑二楼进行通识培训,也就是所有领雁班学员聚集在一起听课。昨天早上是卢真金教授的"科研论文写作",昨天下午是心理学系廖艳华老师给我们进行"教师自我成长"的团体辅导。今天早上是陈晓萍副教授的"合作学习的理念与实践",下午则是高亚兵教授的"教师教育行为与学生心理发展"讲座。

聚集了几百人的环境不比一个班级的小课堂,很难静心倾听。两天下来,小册子上仅仅写下了这么几行字:

论文要写真正在做的东西,写出来要对自己有帮助。

心理测试的结果虽然不能说明一切,但是真有深意蕴含在里面。

每节课都让孩子体验一下合作学习,要有效合作,要思考。

要和孩子说美好的一天开始了!

不要再对孩子板着脸了,不要做伤害他们的人,看看龙应台和毕淑敏的书。

可见,我的吸收能力还是弱得很,很想认认真真吸收很多东西,却始终没有悟到什么。专注的时候,脑子倒没闲着,想了很多,杂乱无章。

想到了儿子。龙应台和她儿子写成一本《亲爱的安德烈》,我也想在乐乐升入一年级开始记关于他成长的日记,到他小学毕业就有《乐乐一年级》《二

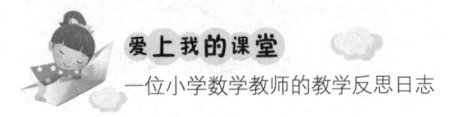

年级的乐乐》……

想到了学生。再不要板着脸训他们了,我只是帮助他们成长的人,我没有那么重要,我没有那么权威,我并非绝对正确,我再不要站到他们的对立面去训斥和苛责。

想到了自己的业务成长。胡子眉毛一把抓的,什么都想做,什么都想做好,可能吗?

想到了自己崇拜的人。他们都是执着教学的人,能感受到他们的快乐,要是能跟随着他们成长该有多好啊。

想到了下学期努力的方向。要好好地思考,慢慢地行走,让教学更有深度,让自己和孩子更快乐,要给教研组带去大量的新鲜资讯。

6月23日 喝了一碗心灵鸡汤

早上听了浙江教育学院骆伯巍副院长的"教师职业压力与心理保健"讲座,甚为欣喜,原觉得空洞无聊的东西,听着听着很有味道。这真的要感谢教授深入浅出的生动的讲解。

是的,人是社会性的动物,有被社会认可的需要,只有被社会接纳,才可能幸福快乐。一个人无论你看他有多么空闲,你去问他忙吗,十有八九会说很忙。就算不忙也喜欢说很忙。为什么?忙碌说明被需要。

首先要让自己成为一个单纯、快乐、善良、优雅的人,再去琢磨教学技巧,才可能培养出自己想要的人。的确,要用自己健康的心理去培养心理健康的孩子,有快乐的老师才有快乐的课堂。整天板着脸就算把快乐教学的规律探究得再深入,孩子也不会快乐。

职业压力的大小和我们自身的承受力有关。压力就像味精,生活中不可少,适当放入美味无比,多放就危害健康,诱发疾病。

不积极的压力主要有两个表现:强度过大,持续时间长。教师的压力不似地震突袭那样强度很大,而是持续时间比较长。所以,我们要有一把"剪刀",把长长的压力带剪成一段一段。怎么剪呢?就是一定要留出一段丝毫不考虑工作的时间来使职业压力带断档。骆伯巍教授推崇两个观点:工作时全身心投入,工作之余不谈工作。我一听就很兴奋,终于有了大师的理论支持啦!上学期我就是这么做的呢。只是有时把工作时间延长了一些,但一定每天留出一段时间休闲。原来我也在用心理学调节自己啊。

调整自己的心态真的是最重要的。首先要学会正确对待物欲,物欲是社会不断发展的动力,但物欲太强对心理健康往往有一定的消极作用。人生道路上不要只往前看,要学会往后看看。其次,是建立良好的人际交往圈,无关原则的事情,不要去争对错。很多人际冲突都是从讨论到争论到争吵的。少说"应该"两字,别老想着对等付出。

心情不好时可以多去运动运动。体力消耗越大,压力的消磨也就越大。歌德失恋成就了《少年维特的烦恼》,要学着把负面的压力升华为做一件有意义的事情。

人性有两个弱点:一是得到的东西过段时间就觉得不好了,二是失去的东西总觉得是最好的。生活幸福,事业成功……有,最好,没有,也要快乐生活,它们不是必需品。

骆伯巍教授讲了很多很多。这半天的心灵滋养,让我觉得甘霖净身般喜悦。

下午是王耀君老师的"班主任的本体智慧"讲座。我印象最深的是三点。

一是批评的目的是什么。教育孩子不能那样做。表扬的目的是什么?孩子你应该那样做。你选择什么?此问令人深思。

二是设想这孩子就是当初的我,我当初最渴望什么?越是有问题的孩子越要加倍关注他,对他好。

三是三年目标"静、勤、竞"。学习环境一定要静。大家都是兄弟姐妹,只要有一个人在学习,你走动的时候就要蹑手蹑脚,不妨碍他人是一种美德。

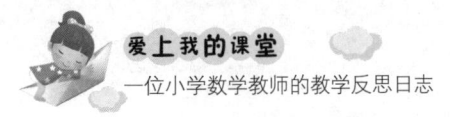

6月24日 走进学困生的世界

早上,是高亚兵教授的讲座,主题是"数学学习困难案例分析",地点变成了我喜欢的教室。

整个讲座,感受最深的是高老师让我们通过"成长三部曲"的活动体验学困生的内心感受。

做游戏,我们扮演小鸡,16人一组。小鸡要蹲着,中等个的鸡要半蹲,大鸡要站起来。游戏开始后,要马上找一个同伴进行石头剪刀布,赢了就升一级,最后会出现一只长不大的小鸡和中等个的鸡,其余全部会变成大鸡。变成大鸡后根据胜负排队,队首队尾拉手,大家围成圈走动,互相拍肩,最后以同心圆结束。活动设计的主旨显然是先竞争后合作。

玩的时候,我来了很多次石头剪刀布才变成了一只大鸡。每一个阶段都是先输几次再赢。输的时候,脑子空白,两眼发光,只想着我要赢、我要赢。我非常投入而且专注,积极快速地寻求着同伴,博取下一个机会。回头看看,我确实感受到了处于较低阶段时人想往上蹿的那种欲望。可见人内心的欲望、内心的力量对成功有着强大的刺激。内心有力量的学困生,他必定只困在一时。

活动结束后,每个人都表达了自己的感受。我觉得从一个小小的活动中可以看出人的很多性格。有的人感受到了残酷,厌恶竞争。有的人把竞争看作游戏,感受每一次活动的快乐。有的人渴望竞争,在竞争中感受成功。我是哪一种呢?我想我至少不是那种感到现实残酷的人,但我渴望自己能成为愉快体验每一次竞争的人。

每一个学困生都会觉得自己很努力,都很想长大,只是,他的努力因为失败而不被人看见,他的努力因为失败而被人否定。我作为教师,要给他一个创造"同心圆"的机会,一个平等交流的机会,一个汲取力量的机会。

6月25日　笑识章宏俊

"地瓜,地瓜,我是土豆。这是我们以后联系的暗号。"一开场,便笑声满舍。我指尖飞舞,记录着章宏俊老师朴实又充满智慧的言语。

"仁者无忧。你对人好,敢于谦让,你就安心无忧。"对,要多谦让。

"不要一直去教啊教的,要多让孩子自己学。"的确,教到底了,就算把我所有的一切都给他们,无非和我一样,我也不是清华、北大的精英。孩子会比我出色,要多让他们把自己的风采展现出来。我没什么了不起的,孩子无须学我太多。这一点感悟让我有些欣喜。

"要有自己的思想,课只要上一点点,做一个懒惰的人,做一个简单的人,做一个合格的人。课堂上,老师少动动,让学生唱主角。要做到这样,必须学会思考。聪明的人,就是人家3小时能做完,你3小时不到就能完成。大气是需要底气来支撑的。小学总共几节新课?180节左右。你想过花多少时间去备好这些课,一生够用吗?后进生不能扔啊,后进生里可能有伟大的科学家啊,不要在小学就把他扼杀了,不要把孩子教得不喜欢你。孩子喜欢数学,就算他现在成绩不是很好,将来还有机会。熟能生巧,熟也能生笨、生钝,要讲究方法而不是增加时间。我们思考的东西一定要让学生心动,让学生乐在其中,多想些方法,不是多想着去抢些课。如毕业考试复习,只要过了计算关,提升1分都不止。第一节课可以'模拟招工',有一个企业要招收10个工人,年薪10万块,现在我们就模拟一下,做对的按速度快慢录取。要有措施让孩子把做计算题当作一次考验,白天计算全部做正确的,晚上就不做计算。"

下午,章老师和我们一起探究教学的有效性。导入、推进……章老师用案例来阐述自己的理念。他的案例文章非常多,大多是听某某课后的思考,两课的导入对比,某课的多种探究方式等。这让我想到写文章若能这样信手拈来,那每一次的教研活动都能写成一份案例,如抽象需要一个过程("搭配问题"),三次握手问题看教学改革。

日常教学中,我们的课堂小结常被忽略。章老师却说小结就像吃白米饭,天天吃却不厌烦。要有知识的小结,学法的小结,学生表现的小结。师评,自

评,他评相结合。你表现如何?你觉得谁比你好呢?表现差的孩子一定要批评,可以摸摸他的头说,为什么这节课表现不好啊,说说原因。相信你下节课会好好表现。下节课上课之前,一定要对他说,这节课就看你的了。教育就是这样,要抓住不放。

最后,章老师说:"不要抛弃自己,偶像有时只是一个传说。"他要我们自己思考,自己琢磨,寻求最佳的状态。

6月28日 有理想、有数学才是生活

早上,是我们组的理论导师陈永华老师的讲座:"反思 写作 成长"。陈老师是一位博学多识的人,是一个曾经在大学里教过20多门课程的奇才怪杰。现在的他又接了一个富有挑战性的工作,对他来说,有挑战就有理想,有理想才是生活。

和这样的理想人士交流,你会觉得生命力在勃发,功利性的东西都可以坦然视之,人要自由地给自己一个理想的状态和空间。

陈老师首先问我们:"老师是什么?为什么做老师?"

顾泠沅说:"名师的产生是追求卓越的结果,从教学技能到教学模式到教学境界皆然。我们教师非常需要反思性思维,要进一步剖析自己的反思行为。"可怎么去反思呢?

反思类型

教学前反思:1. 自己或他人以前在教授这一内容(或相关内容)时,曾遇到过哪些问题,是采用什么策略和方法解决的,效果如何;2. 根据自己所教班级学生的实际,预测学生在学习这一教学内容时可能会遇到哪些新问题,针对这些问题,可采取哪些策略和方法。

像我这样教两班数学的,可以有不同的教学设计,进行一下"好课多磨",对比、反思,一定会有新的感悟。

教学中反思:1. 学生在学习重难点时出现了哪些意想不到的问题,你如

何机智地处理这些问题；2.师生之间、学生之间出现争论时，如何处理，效果如何；3.学生不能按计划完成学习内容，你如何调整原先的教学设计；4.学生在课堂上讨论某一问题时思维异常活跃，如让学生继续讨论下去，就难以完成预定的教学任务。针对这一情况，你如何进行有效的调控？

教学后的反思：1.当课堂气氛沉闷时，你是如何进行有效地调控的；2.哪些教学环节的内容没有按计划进行，为什么；3.在授课过程中，是否出现了令你惊喜的亮点，产生的原因是什么；4.假如你是在教这个内容，教学设计方案还可以做怎样的更改等等。

功底来自不断的反思。平时比较忙的话，就抓住每学期的教研活动，一学期进行一次细致的反思。我想，我可以每日浅浅反思，一学期一次深反思。

教师反思的层次

技术性反思 —— 该如何理解课程标准规定的教学目标；如何尽可能遵循教科书的内容或者根据目标稍作调整；如何使教学方法取得最佳的效果；如何评价学生，使其符合已经预定的教学目标。技术性反思的本质在于以应试教育为目标，通过教学方法和教学内容的改良，提高学生的考试成绩。在某种程度上，技术性反思是需要的，但又是远远不够的。

实践性反思 —— 在预期或不预期的情况下，如何使学生得到全面的成长；如何根据周围环境和学生的需要去选择、组织教学内容；教学方法既是手段也是目的，该如何布置开放的环境，让学生基于经验自由愉快地学习；如何通过质化的评价或者学生的自我评价，让学生理解自我，获得全面发展。教师要学做老中医，望闻问切，及时反馈和调控。

批判性反思 —— 这是谁的知识，知识由谁来选择，为什么要这样组织学习材料并以这种方式施教，这对某个特定的群体是否有利。

很多人常常不努力捕捉当时的情境，却想当然地认为是怎样怎样的。"有太多这样的人，在他们自认为思考的时候，只不过是重复自己的偏见"。

拿什么写？魏书生说过，别小看课堂，它有一千个问题可以探究，它有一千篇文章可写。

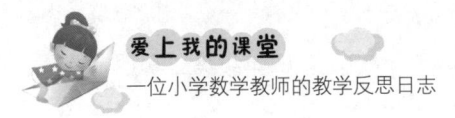

学会把问题变成论文。比如课堂教学过程中的问题《"图形与变换"教学难在那儿》,教材中的问题《关于小学数学新教材中乘法意义的探讨》,学生疑惑引发的问题《不满一格的都按半格计算?》,业界关心的热点问题《解决问题中的疑难问题》。

把做法变成论文。如有关教学叙事的《如何让学生建构平均数的统计意义 —— 平均数的两次磨课记》,有关教学经验的《想说爱你不容易 —— 数学广角教学的实践与思考》,有关指导学生的《复习:让孩子们领略另一道数学风景》。

把想法变成论文。如表达自己正确想法的《活用数学练习活化学生思维》,表达别人不对的看法的《计算错误不等于粗心大意 —— 对一道计算题的分析与思考》,表达困惑的《关于"因数与倍数"教学的困惑与思考》,关于教学反思的《谨防在新旧教材叠加中加重课业负担》。

把课题研究变成论文。如变《提升数学作业批改效能行动研究》为《数学作业批改方式的冷思考》,变《数学课堂教学有效反馈策略研究》为《数学课堂教学有效反馈策略例谈》,变《有关小学数学教材研究》为《基于不同教材对比追寻教学策略》、《对小学数学教材中"数学史料"的品析》。

艰难的论文写作,在陈老师的睿智讲述中显得简单愉快。——记录,希望对自己有更多的启发,可以在撰写论文时为自己的思考提供更多的角度,可以使自己文思泉涌笔端流畅。

下午,是史美华老师的讲座 —— "'数学文化'漫谈"。

美美的老师认为数学无比美丽,数学素养使人终身受益。在一个人的学历教育中,他一般要学十三年的数学课程,也只有语文课能与它相比。大学教师常常感到,从中学升入大学的好学生很会做习题,但不大善于学数学。因为在之前的多年学习之中,教师往往努力把学生变成"类型题"的有效解题者和熟练操作工。如果学生不是从事与数学相关领域的工作,他们学过的数学定理、公式和解题方法可能大多用不上,以致很快就忘记了。而孩子们欠缺的数学素养,才是他们终身受用的。

所以，史老师说，一个人可以不识字，却不可以不懂数，不认钱数；数学，成就了生活的方方面面。

两位老师，一个有理想才有生活，一个有数学才有生活，合起来就是：有理想、有数学才有生活！

6月29日 终于见到朱乐平

"你是来听的，还是来记录的，还是来说的？"这是朱老师抛出来的第一个问题。

他首先点名问我："你是来干什么的？"我说："我是来听的。因为倾听是吸收知识最快的方式，我想大量吸收，慢慢咀嚼。"其次问我身后的方红霞，方红霞说她又听又记，因为一下子接收不了。又问她身后的黄思海，黄思海说边听边记。最后问了他身后的沈聂，朱老师的问题是："你前面的三位同学说了什么？"沈聂说："她们在说听讲座的方式。我自己呢，是想把听到的新的东西记下来，再把想法和您交流。"朱老师转而对大家说："她为什么要说她自己？某种意义上说是答非所问，为什么会这样呢？"

此时，方知朱老师这样的提问是有深意的，他让我们体会到在课堂上如果用开小火车的方式提问学生，一定是有利有弊的。而这些都是值得我们去思考的。

"这个简单的道理因为有了这样一个情境我们才有了一定的体会，否则'开小火车有利有弊'肯定一听而过了。所以，要重视情境的创设。情境需要自由、平等、对话，没有权威。"

从第一句话到现在，朱乐平老师把理念一层一层传递过来，让我们享受着层层递进的上升感。

朱老师说他最喜欢"水滴石穿"这个词，不光是因为它表示持之以恒，更因为它也有目标专一之意。我和大多数人一样，以往听到"水滴石穿"，只想到持之以恒，其实还有目标专一之意。我们要给自己设定一个明确的目标，然后就是相信自己,持之以恒。

问题一:关于算法多样化,你有什么问题?

一个学员提出,花了大量时间在多样化学习上,最后还是要优化,有必要这样做吗。

朱老师把学员的问题都打在屏幕上,随后他问:"我记录的是你的意思吗?"一问之后告诉我们:"可以评判我记录的内容对错与否唯一一个人就是提出这个问题的人。所以,课堂上,你也只是倾听者,不能去评判学生的转述理解是否正确。"

我也提了一个问题:"我是教高段的,有时新知难度比较大。新课时,我比较注重算法的优化,而在练习课与复习课中才去拓展多样的方法,这样的处理是否正确?"我这样问,是因为写过一篇题为"新授算法琐思"的文章,当时发表在《小学数学》上,文章里我肯定了自己的做法。当我们在学某种东西的时候,比如大学里学如何进入"DOS 系统"时,老师说可以从这条路径进去,也可以从那条路径进去,对此,我们有一种喊停的冲动,心想请告诉我一种就够了,等我会了这一种,并融会贯通了,我自己都能发现很多种进入的方法。对此,我想要问问这位大家的想法。

范映青随后提问:"我和刘善娜相反,新课时,注重多样化,练习课与复习课时,则优化。只是经历了多样化后,后面的练习时间不够,如何解决?"

当提问达到一定数量后,没人再举手了。

朱老师马上又引导我们:"提问进行到现在,似乎停滞了。大家是不是觉得再提问只会重复,没有新意?要积累问题,表达问题,多说多写,写下来以后,你才知道自己真正在想什么,再交流问题、请教问题。"

他眼中带笑,似乎讲每一句话时目光都有和我对视。我相信所有的学员都和我是一样的感受,这份流转的目光,让每个人不得不融入其中,足见一位特级教师的功底,钦佩感满溢。

"教育科研是从问题开始的。一定要想办法让你的孩子有问题。平时来问你问题的是谁?一定是优生。聪明人才知道自己哪里不会。孩子有问题,要说'我来想想,几时你再来找我!'把记忆的负担放给提问者。尤其是得意门生,问题越多越好。算法多样化与优化是不是一对矛盾?这么多的问题你是怎么看的?"

朱老师说:"你们是想我先说,然后没涉及的问题再讲,还是大家都讨论,没讲到的我再讲?"大家一致选择第一种。他朗声而笑,尊重了我们的选择,开始了小学数学算法多样化的理论与实践研究的讲座。

你是怎么学会"7+6=13"的?有谁能十分清晰地解释一个小孩到底是怎么学会"7+8=15"的?不同地区、不同文化、不同民族的小孩是怎么学的?这样的研究都可以是一篇博士论文。

原来的许多小学数学教材和教法中存在着的"忧":

1.原来的多数小学数学教材,常常对问题的解决只提供一种解法。

思考:准备题,可否死去活来?准备题为什么会被淘汰?因为准备题只做了一种准备,只提供了一条路。可是,我们想看看孩子真实的想法,所以新课程来了,它被淘汰了。

2.许多教师在数学教学中,常常要求学生用一种标准的方法解决问题,如引导学生用凑十法解决问题。如果让学生独立思考解决问题,可能会出现哪些方法?

好教师会想学生可能会怎么解决问题,根据可能出现的情况,再制订教学的过程,这是教学思路上的大变化。稚嫩的教师就会想我要给他什么。

不能总想着我是为你将来好,现在你要怎样怎样,人当然要想明天,要想未来,可更要想孩子的今天是不是幸福的。不要老是因为明天而压制今天。做教研组长,要让教研组慢慢变,你还要想,总有一天你要退出这个岗位的,你能留下什么给继任者?每一次教研活动的资料都要保存好。哪怕教研组的资料再破再烂,那都是自己的孩子。

"16枝铅笔与9枝铅笔相差多少?"朱老师让学员回答怎么做。赵多农被点名,站起来说:"16-9=7。""为什么呢?你是怎么做的呢?"大家忍不住都笑了起来。朱老师马上说:"这就是告诉我们,凡是技能到了熟练的阶段,

你就不需要再把学生拉回来再来回答为什么。"

每一问,都有深意。

"那学生是怎么想的?想加法等等。大家说了很多方法。好,根据大家的方法,如果表达出来就是这样的,那如果他就这样列式了 9+7=16 或者 16-7=9,你怎么处理?如果是考试,怎么办?高段教过方程的老师可以体会,而一直在低段的老师就无法体会。"所以,朱老师说,他当校长的时候,一定让老师先一到六年级带一轮。有的老师一到三年级带同一个班级,四到六年级换一个班级。因为一个人带六年,不一定适合每个人。一轮之后,让老师自己体会,再综合考虑,看看哪一段适合他。

所以,是不是可以这样处理:

1. 要求学生在求出的这个数上做一个记号,如 9+7=16,16-7=9。

为什么要在求出来的数中做上一个记号?为了交流,为了公共的表达。每个人都有自己的思维过程,当他要与其他人交流时,需要让他人看得懂,这就是人的社会化。不但让他人看懂,而且还清楚符号是可以任意选的,这里就有了个性的问题。

2. 统一成小括号。9+(7)=16。统一有必要吗?

人类在交流的过程中,有许多约定,这种约定会方便人类的交流。学生需要学习这种已经有的规则。极小的事情,放大了看,你还可以看见做人的道理。

3. 既然要统一,为什么还要先让学生自己先做上一个记号?

自己选择一个符号表达自己的思维结果,这是一个学习表达的过程,也是尊重学生个性的过程。自己选择符号去表示结果,能使学生感受不同的人可能会选择不同的表示符号,这给交流带来了不方便。这是一个强调经历的过程,学生能更好地感受"统一"的必要性。人活着就是一个过程。

4. 问题看上去已经彻底地解决了。如果学生这样做,那你怎么办?16-9=(7)。人活着就是这样,不断遇到问题,解决问题,又遇到问题。

话到这里,上午的学习结束了。"水滴石穿"的话语却还在耳边绕。现在的教育生活比我刚被分配的时候实在是幸福得太多了,所以我很满足,但我好像不知道规划,只知道做着就是了。我内心的业务成长的欲望应该是炽烈的,但是,我只知道要成长就得认真做好每一天的工作。怎么去认真呢?怎么去认准朱乐平老师提到的那个水滴石穿的"点"呢?这些却缺乏思考。

6月30日　打开你的数学思维

开始聆听蒋志萍老师的讲座——"打开你的数学思维"。

一开始,蒋老师让我们玩了一个猜奖品在哪扇门里的游戏。我离她最近,老师就让我猜。我看着1、2、3三扇门选择了2号门。蒋老师说:"现在我打开其中一扇门。"她打开了3号门,里面没有奖品。她问我:"你现在怎么选择?"我说:"我不改变主意,还是2号。"蒋老师问其他老师:"和她一样不想改变的老师请举一下手。"几乎所有的老师都举起了手。为什么我们选择不改变呢?因为我们觉得接下来选1和选2的概率是一样的。

可蒋老师说:"你们错了,改变主意的概率比你们不改变的概率要大。"

"啊?怎么可能!"我们无法相信。

蒋老师说:"你第一次选择了2,2的概率是$\frac{1}{3}$,1和3合起来是$\frac{2}{3}$,现在我把3去掉了,则1的概率就成了$\frac{2}{3}$,1的概率就大于2。"

不是错觉吧?

感受了数学思维的趣味之后,蒋老师带我们领略了数学的每一个分支和核心思想的精彩,我们接触了数学的历史,接触了中国古数学的瑰宝,接触了一些重要的数学结论,如黄金分割点、蹊跷问题和一笔画、拓扑学;接触了函数中的神奇的指数效应(富兰克林的遗嘱、玫瑰花悬案)、蜂房的神奇;触摸了解析几何(用代数的方法研究几何问题);知道了概率的赌博出身;再次听到了微积分的"追龟说"和"结果是错的,但过程句句都是对的"的奥秘所在;知道了还可以用微积分策略解决生活事务。

蒋老师的这段话最为经典——我曾经认为，学数学的人是不应该买彩票的，彩票中奖的概率比突发地震房屋倒塌压到你的概率还要小。现在明白了生活不单是理性的。买了彩票，你收获了对生活的期待，这里面有生活的价值在。有期待的生活和没有期待的生活，质量是不一样的。在一开始的游戏里，因为你们觉得概率是一样的，所以不想改变。但是，既然是一样的，改一下又何妨？为什么大家都不改呢？因为如果最终结果在1号门，你会想本来就不属于我，少了几分遗憾，如果你更改后，发现奖品在2号门，你承受的心理压力就不一样了，有的人可能就无法接受。所以，不改变选择，你就收获了一份安然。这就是说，数学理性选择和生活的感性选择是有区别的。人有时要放弃数学的理性思维，在生活中要感性一些，做一个可爱的人。

7月1日　对比，拓宽视野

今天早上聆听浙大教授祝怀新老师的"英国基础教育改革与发展"讲座。祝老师是搞比较教育的，他觉得现有的教育改革存在很多问题。但是，执行这次改革的很多人认为改革之所以出那么多的问题是教师素质不高的缘故。所以，新的教育标准要下来了，要让"不合格"的老师合格起来，教师培训的"春天"要来了，必将会有源源不断的大量的培训涌向一线教师。

听到这里，我觉得培训也是一门学问，首先要顾及教师过于频繁的进出对教学常态会不会带来影响。

英国有着过于分散的课程发展管理体制，几乎所有地方教育当局都不过问本地区的中小学课程。开什么课、用什么教材、教多少课时，均由学校校长甚至教师决定。

而我们这里，教师没有决定权，只有执行权。

英国的孩子经历很长一段时间的教育后可能还是文盲。那我们要问，他们到底在教什么。主要是因为教育改革之前英国课程是自设的，以育人教育为主。其实，他们也在问我们：你们的基础教育号称最扎实的，为什么教出来的大学生去英国留学,上完厕所还不知道主动冲厕,过马路不知道等绿灯?

　　英国一贯比较自豪自己的教育意识、自己的文化理念。他们甚至会想到他们曾经有过很多的殖民地,正是经历了他们的文化涌入,现在它们才都比较富裕发达,如美国、澳大利亚、加拿大等。即便是印度,它的高端教育和高端文化也比我们强。而西班牙、葡萄牙等一些国家的殖民地都成了非常落后贫穷的地方。呵呵,听听好像还蛮有道理的,那我们岂不是应该渴望被英国"殖民"?

　　英国感叹自己的教育过于轻松,所以选择向中国学习利用考试来提升基础教育的质量。我们则是减负,希望减轻孩子的负担。中考、高考虽然有一考定终身的残酷,应试教育固然有弊病,但是两弊相权取其轻。我国教育的现状不可能选择大面积推荐。

　　对比教育,让我们的教育视野更加开阔。虽然祝老师的讲座内容我们就是吸收再多也很难实践,但是,理念的提升,眼界的开阔,终归是心灵的收获。就像祝老师说的"我的讲座只是带给你们一些观念,一些思考而已"。

7月2日 结束培训之旅

　　为期两个月的省领雁工程培训画上了句号。

　　在小数班,每次特级教师上课,听的最认真的人总是班主任陈近。她总是赶在大多数学员到之前来到教室,坐在最前排,一边听,一边认真地做着笔记。听完课,她很喜欢听学员谈对课的看法,大家也就毫不客气地发表自己的见解。陈近老师每次都耐心地听学员讲完,然后针对大家的看法发表她的观点。在实践期间,陈近老师的足迹踏遍每个实践学校,她总是认真地听学员的课,和指导老师交流,发表自己的看法,带给大家很多的鼓励。她总是努力去了解每一个学员的生活、学习状态,对吕煜的皮肤发炎、沈聂的腿脚扭伤、叶静萍的感冒……她总是在第一时间加以慰问。

　　正是因为陈近老师用真心对待每一名学员,每一位3D缘小数班的学员

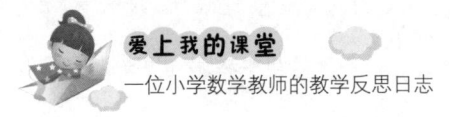

才能如此快乐地沉浸在学习之中。学有所思,学有所获。

当俞正强等数学名家为我们做了精彩的讲座后,学员们人人写下了自己的感悟,大家把这些感悟打印出来贴在班级的"悟墙"上。空闲时大家就会去看看别人的感悟,另有一番收获。

实践培训时,大家都要上课。因为需要课堂实录,我们就相互摄像。摄像的工具自然是数码相机。为了拍摄角度更有利,拍摄的人常常是站在那儿用两手举着相机,虽然累,但没有一个人抱怨。

姜金水老师作为多年的镇校校长,已经有好几年没上数学课了。班主任陈老师考虑到姜老师可能会对上课的事为难,就跟他商榷。没想到他说:"课一定要上的,这次学习的机会很难得。"我们的周启鹏班长也是一位校长,每次听课后都会发表自己的见解,他说要在不断地思考中提升自己的业务能力。

方朝阳和王旭君是我们班年纪最大的男、女教师,总是那么认真地完成每一项作业。在培训期间,他们中途只回家过一趟,其他的双休日都在宿舍里完成作业,执着地践行着早起的鸟儿有虫吃、勤奋出成绩的道理。

学员们各自勤奋着,努力着,尤其珍惜接触名师的机会。每次有了与名家互动的机会,大家都舍不得放过。大家用一股钻劲赢得了讲课老师的一致称赞。

短短的两个月,我们紧紧地捆绑在一起。我们来自不同的地方,有着不同的生活习惯,但为着一个共同的梦想而来。在来去匆匆的每一天里,我们彼此照顾,彼此守望。在候车时间里,在课间休息的10分钟里,在一起吃饭的空隙里,我们彼此交流,彼此碰撞,彼此分享。尤其可贵的是,我们在交流中始终坦诚相对。有时为了解决一个问题,我们针锋相对,我们细细品味。

也因此,我们收获良多,幸福良久。

五年级第一学期

9月1日 五年级了

凌晨三点,儿子突然醒了。"妈妈,妈妈,还要多少时间天才亮啊?妈妈,妈妈,我睡不着……"七点,老公一跃而起,"该起床了,我陪儿子去报名。"难得,每天赖床的家伙,今天动作极其迅速,走出家门最晚的竟然是我。

的确激动,从今天开始,儿子就是一名小学生了。

下午早早来到了办公室备课。插班生陆续到来,看着这些陌生的脸孔,萌生出一种期待。明天,我要开始上新课了,要紧凑迅速地投入到新学期的学习中去。暑假作业就留到空课时间慢慢翻阅吧。

新的学年,新的美好。

9月2日 家常课,直切重点

这学期,我不再担任501班班主任工作,更多的精力将投入到数学教学和教研组工作中去。离开了班主任岗位,开学无琐事,立马上新课。

第一单元是小数乘法。本单元的主要内容有:小数乘法、积的近似值、有关小数乘法的两步计算、将整数乘法运算定律推广到小数。小数乘法的竖式形式、乘的顺序、积的对位与进位都可仿照整数乘法的相应规则进行,只要处理好小数点的位置就行了。

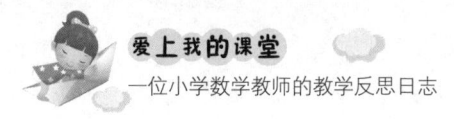

教材安排的第一课时是小数乘整数。这是小数乘法的起始课,是在学生学习了整数乘法、小数加减法的基础上进行教学的。作为起始课,必须沟通小数乘法和整数乘法的联系,在掌握计算方法的同时更要理解算理,我不想把课划分成小数乘整数,小数乘小数,就是学习小数乘法,根据难度的加深和学习的实际情况推进教学,分两到三课时来上。

第一节课就要让孩子归纳出小数乘法的算法。

基于这样的考虑,我决定先复习 12×3,12×30,12×300,口算之后,说说其中蕴含着什么规律。孩子们说:"因数乘 10,积也乘 10。""那么反过来看呢?""自然是因数除以 10,积也跟着除以 10。""是的,这是我们四年级时归纳过的规律,它和我们今天的新课有什么联系呢?等学完新知识你们再告诉我。"

随后,我让孩子们笔算 23×62。一位孩子上来板演,计算非常顺利,复习了整数乘法。

我又补充了这样一个条件:全班 62 位同学,每人买了一本标价为 2.3 元的练习本。"那么刚才的'23×62',算的是什么?题目中是 2.3 元,这个式子里却是 23,这是什么意思?"

孩子们说:"当作 23 角来计算了!最后的答案就是 1426 角。"

"那如果要用 2.3 这个小数来计算,最后的结果是多少元,你会笔算吗?"

这一次的尝试,孩子们对答案是心知肚明的。"1426 角 =142.6 元嘛。"只是,23 变成了 2.3,有的孩子受小数加减法中不断强调的小数点要对齐的干扰,将两个数字在对数位;有的孩子看见因数中有个小数点,在笔算的过程中也茫然地一路点着小数点下来,但不管过程中到底有多少错,孩子们演算的结果都是 142.6,忍不住暗笑。

让孩子说说是怎么算的。"把小数点蒙住","当作 23 去算"。很好,就是按整数乘法来计算,然后按照四年级学习的积的变化规律得到正确的积,最后观察发现因数的小数数位和积的小数位数之间的联系。初步得出规律的同时,我进行了规范的板演。接下来要及时巩固,我又板书了两道题目让孩子们做,其中第二题出现了末尾有0的情况。这个0要不要去掉呢?要孩子们来说。

观察黑板上的三题小数乘法,因数中都只有1位小数。为了后续的学习更连贯,我提问:"因数中只能有一位小数吗?""不是的!"孩子们马上举例。根据他们举例的小数乘式,我让他们说说积里应该有几位小数。

没有计算的必要,能正确对积的小数点定位才是重中之重。家常课,快乐地直切重点。

"因数中小数的位数一多,计算的难度就会相应大一些,我们要明天继续学习了。现在谁来说说小数乘法和刚才的因数与积的变化规律之间有什么联系?"小手如林。最快说出这个答案的是陈祉好,他说:"小数乘法就是先把小数扩大变成整数,积也就跟着扩大,最后要缩小回来。"孩子表达的意见虽不是完全精确,但是看得出他们完全理解了。

9月3日 小数乘法新授

昨晚的家庭作业布置了"试做 0.065×1.2,写写积的'0'的处理"。这道题目是小数乘法中的难题,要完成作业,孩子们必须在理解小数乘整数的算理、计算方法的基础上认识到"积的小数数位不够要补0"和"小数末尾的0可以省略"。

把 0.065×1.2 看作 65×12 来计算,因数总共扩大了 10000 倍,积要缩小到原来的 $\frac{1}{10000}$,就要把小数点向左移动 4 位,这里就用到了四下的"小数点移动引起小数大小的变化"这个知识点。

有了这样一个作业的尝试,今天的学习就显得比较轻松。我没有应用书上的例题,而是采用了纯计算的方式。板演,请学生上来批改,集体评论,再练习,再评论,然后完成课堂作业本。

但是,错误却是很多的,尤其是最简单的口算题愈发错误百出。如 0.8×0.2 算成 1.6,0.2×0.3 算成 0.6。可见,"小数加减法,小数点对齐"的负

迁移之强。那要怎么帮助孩子走出负效应呢？我让孩子多说说算理，然后画图理解。0.2 的 $\frac{3}{10}$，就是把 0.2 平均分成 10 份，取其中的 3 份，那会比 0.2 大吗？

课堂作业本的最后一题打了"※"号，有些难度。告知 145×18=2160，让孩子填写（　　）×（　　）=21.6。我们一起分析了这道题目，孩子们说："21.6 别看它是一位小数，它和 2160 相比其实是缩小到了原来的 $\frac{1}{100}$。"于是，想了个办法，给 21.6 末尾添加一个 0，这样，21.6 成了 21.60，可以清楚发现积的小数点有两位了。

9月7日　参加上课培训

今天，没有在 501 班、502 班上课，一整天都待在了阶梯教室里。

早上，听二年级的三节同课异构课"认识线段"。因为自己下午也要上课，心思不定，所以可以说毫无收获。

我对去年自己执教"亿以上数的认识"还有印象。记得当时随意写了个大数，让学生读读，学生会轻声说"个、十、百、千……"和"1，2，3，4……"，我就抓住这些轻轻的细细的声音进行数位表的整理和分级读法的方法归纳，然后读数练习。但这群孩子，直接就把我出示的 40200020 读了出来，一点"轻轻的，细细的"杂音都没有。我就只好问："你们怎么这么快就读出来了？"便从读法复习过渡到读几个亿以内的数。再突然给予一个亿以上的数，学生就愣住了，这就开始展开了新课的学习。读亿以上的数，写亿以上的数，再是改写和省略。每一个过渡都很自然，环节也很清晰。

教完课，我自己的感觉是过了一遍流水账，甚至有些云山雾罩。有那么几秒，我竟然听不见自己讲话的声音。孩子们表现得非常好，所以我就顺利地一路教学了下来。过于顺利的教学使难点不突出，对重点探究不够充分。

柳老师坐在前侧，说大数的读法其实就是一句话，"先分级，然后按个级读"。真有"听君一席话，胜读十年书"的感觉——教师的概括力素养要高。

亿以上数的读法，通常为先分级，从高位读起，先读亿级再读万级最后读个级，每一级末尾的0不用读，其他数位的一个0或连续几个0都读一个0。可是，这么多的语言并不利于学生记忆和掌握。而我们，却没有考虑到这一点。啰啰唆唆提炼的一堆，其实根本不是提炼。学生可以这样说，那样说，而老师却需要最后提炼，让孩子得到提升。

柳老师说，大数的读法、写法以及通过检查提高正确率的方法，都可以用几句儿歌"大数读写先分级，四位一级不能差，读写都从高位起，每级读写按个级，写完大数读一遍"来概括，学生就学得更轻松、更有效。

今天的收获：1.任何方法要学会简单概括，便于学生掌握；2.重点要展开细研；3.练习设计要关注变式和综合，关注趣味性；4.要分解难点（0的读法）；5.课堂教学过于顺利，要思考将练习变式来加深难度，过于不顺，要思考如何帮助学生理解。

9月10日　通过迁移学简便计算

今天，学习小数乘法简便计算，这节课的知识完全是建立在整数乘法的运算定律上。我先出示了一组口算题：

$0.1 \times 8.1 =$　　　　$0.3 \times 0.7 =$　　　　$720-580=$

$0.2 \times 0.34=$　　　　$0.2+0.85=$　　　　$1.5 \times 6=$

$3.04 \times 1000=$　　　$0.4 \times 0.25=$　　　$8.2+1.8=$

$1.4-0.9=$　　　　　　$480 \div 16=$　　　　$2-0.54=$

501班26人全部做对，502班18人全部做对，小小口算要求不低啊。整数、小数混杂，加减乘除挤堆，对孩子来说也不容易。

随后，判断下面每组算式两边的结果是否相等。

0.8×1.3　　　　　　　　　　1.3×0.8

$(0.9 \times 0.4) \times 0.5$　　　　　$0.9 \times (0.4 \times 0.5)$

$(3.2 + 2.8) \times 0.6$　　　　　$3.2 \times 0.6 + 2.8 \times 0.6$

由此猜测整数乘法的运算定律,可能对小数乘法同样适用。到底适用吗?验证。自举一例,展开验证。验证通过后,就尝试完成 0.25 × 0.73 × 4,0.32 × 1.25 两题。第一题的解答基本没有问题,第二题就出现较高的出错率。

502 班先上课,一走进教室,孩子们就齐喊:"祝刘老师节日快乐!"有心的小家伙。每逢教师节,我心里总是暖暖的,职业的幸福感总是满满的。各色零散的小花、亲手做的贺卡、蜡烛、小小的巧克力,都载着孩子们的一份心意。

9月13日 复习也开心

一上课,就问孩子:"第一单元已经学完了,你回忆一下,学了哪些知识?"第一个被回忆的知识就是整数的运算定律应用到小数上,也就是小数的简便计算。这是这两天学的,印象自然最为深刻。随后,积的近似数、乘加等递等式计算、乘法笔算也一一回忆了一番。

这一单元知识点不多,但错误一直如影随形,如"400 × 0.025"这一类口算出错占据了半壁江山。小数点的定位依然是最大的难点。

针对这一难点,我将这一节课的复习重点放在了小数点的定位上,让孩子根据已有的等式填答案,如 32 × 5=160,3.2 × 5,0.32 × 5,0.32 × 500,320 × 0.05……的积各是多少,让孩子多说说自己是怎么想的,并着重强调了 0.32 × 500 的计算方法。把 500 缩小成 5,把 0.32 扩大到 32,32 × 5 的结果就很容易得到了。利用积不变的规律,减少小数点的频繁移动,把扩大的数末尾 0 转移给对方,再写结果。

两个班级上课都很愉快,虽然是复习课,但紧凑有效,孩子们也兴趣十足,做了一道还想练一道。

中午让孩子完成 4 道递等式计算,运算顺序没有问题,主要是小数的计算比较繁复,小数数位多达 4 位,所以重在计算技能的提升。偶尔让孩子这样练练也好。

9月14日 口算大练兵

今天,501班、502班都进行了口算练习。我始终觉得《口算训练》的使用是不够到位的,虽然安排学生每日一页在推进,但是,孩子纯粹感觉这是一件周而复始的无聊的计算任务,没有体验那种与正确率融合的心跳的速度感。真希望能安排一个很好的时间,每日比比速度。

"预备,开始!做好的站起来,整组完成坐下去,全对的站起来,哪一组全对最多,哪一组做得最快!"

一节课总共练习了5页。错的最多的是 $0.9×0.01$, $0.18×0.5$, $12×0.05$, $7.2×0.2×0.1$, $42×99$, $125×(8+10)$, $103×55$, $(1.25+0.25)×8$, $4.5×0.2×0.5$, $2.5×1.25×32$。

小数点真是扰人。

9月17日 尚田一行之收获

今天一大早就去了尚田镇校,早上听了三节同课异构"万以内连续退位的笔算",下午听了两节同课异构"一个数除以小数"。没有细细地记录过程,我觉得过程都是次要的,你想要他们的设计,讨一份就是,关键是自己能不能在倾听中、在观察中、在交流中悟到一些东西。

很幸福,今天收获颇丰。

别让孩子做"数盲"。如学习特别困难的孩子,要教会他基本的计算。要根据学生的不同学习情况,分层对待。

计算课要多估算。估算不是为了完成任务,不要有功利性想法,要当成一种习惯,要自然地浸润孩子,要通过一些方式让孩子认识到估算的作用。

当错例呈现时,让孩子去判断谁对谁错。是否该放弃单向交流的方式?可否变单向交流为群体交流?在错例、正例都呈现的时候,让同桌互相说说自己赞同哪个答案,为什么。

专项练习一定要到位,要完全针对本课的焦点去设计。

准备练习不光要做知识上的准备,也要做技能上的准备,要多想想这些练习对后续学习起多大的作用。

有时要放大矛盾,放大困难,以凸显你要给予的策略有多么简单。

任何一节课,起头非常重要,就像发动机的启动一样。

计算课要有自己的魂。当学生会做的时候,就要让他学会理性地提升,法则要多追问。

小结要分阶段多次小结,小结也是有层次的。最后的小结要涉及知识、习惯、思维。

要让学生体会知识是有用的,这是计算课习题设计时常选取解决问题的根本原因。

9月20日 有助教的日子

由于儿子住院,我无法安心留于学校,尽管待在医院里也出不了什么力,但心里总觉得踏实一点。

今天该上小数除以整数了,请假不上课,也不踏实。于是,陪儿子拍了心电图、做了B超后,打的回到了学校。这节课早已备好,想着课堂该是激情洋溢的。匆匆批改了501班的练习本,铃声便响了,502班的家庭作业便集体分析校对订正。

上课!"请笔算224÷4"。大家都会做。"说说每一步是怎么算的,22表示什么,20表示什么,余下的2表示什么。""这个2表示2个十,已经无法平均分成4份,它拉上个位的4再去除以4,商6。"于是,问题产生了。十位除余的数,拉个位的数帮忙,个位除余的数会拉谁帮忙呢?那十分位除余的数呢……真是这样的吗?试做22.4÷4。最终,全班没有一个人在计算过程中出现小数的情况。"是因为算理的讲解到位了?"暗喜。

遇到组长王辉,他问我有什么要帮忙。我随口说:"能帮忙批改作业吗?"他说完全可以。批改作业,我是真的有困难。作业本都抱给了他,再三说了谢谢,又赶赴医院。

到了医院后,接到王辉电话说,笔算除法做得很好,反而是第一和第二小题移动小数点的口算题错误很多。帮忙批改,还帮忙分析,真是过意不去。

突然觉得,今天,我成了有助教的高级教师了。呵呵,自乐一下。

9月21日 爱添麻烦的"0"

课还是往后移了两节,赶到学校时,上课的铃声已经响起。

课堂作业本都已发到孩子们手中,心里便又感激了一遍"助教"王辉。上课伊始不想分析作业,直奔上课主题。

出了四道笔算题,四个孩子上来板演,其余草稿本上做题。前两题的解答只涉及昨天的知识点,而后两题则是本课的新知识点。第三题遇到整数部分不够除,如3.24÷9,不够除先添0,小数点对齐,再往下除。第四题遇到除不完,如25÷16,除不完添0再除。上来板演的孩子显然没有能力做对新知习题。

他们的表现就是在告诉我们这两道题是本课的难点。难在哪里?我们一步一步来看。这是一个算理理解的过程,也是一个算法巩固的过程。

针对难点我提了几个问题:以前都是除到哪一位就在哪一位上写商,如378÷38,到了个位够除,就在个位上写商,百位、十位不必写0,为什么现在要先写0?为什么除不完可以添0再除?对商的大小没有影响吗?

从课堂的表现来看,第二个难点导致的出错率相对较低,反而是第一个难点导致孩子们在初步练习阶段频频出错。直到课后练习,大部分孩子才全做对了。课堂小结时,孩子们都提到了0带来的麻烦。我就在黑板上画了一个大小如脸盆的0,以示本节课的重点关注点。

练习环节,先是进行了练习三中的解决问题的练习,随后做了3道笔算,剩余的大量时间用于对计算结果的估算,如43.5÷29,答案比1大,比2小。1.35÷15,孩子们说比1小。"还能不能再缩小商的范围?"聪慧的孩子马上说小于0.1。我觉得如果把估算放在小数乘除法计算的重心位置，就一定能够提高计算正确率。因为孩子的错误常常是这样：20.4÷24=8.5，29×1.5=4.35，动辄相差十倍，甚至百倍，粗略的估算显得至关重要。

节后第一节课是除数是整数的笔算练习课。除数是小数的除法是难点，还是把除数是整数的小数除法彻底巩固后再教学为好。

9月26日 对症的"行为投入"会助推计算方法的掌握

要达成"对症"的"行为投入"，首先就要扣准教学重难点选择恰当的教学例题展开教学。

一个数除以小数，学生的难点在哪里？看一下学生的典型错例。

只去掉除数的小数点，而被除数不变	同时去掉除数和被除数的小数点，而不看它们的小数位数是否相同	虽然被除数的小数点也相应地移动了位置，但商的小数点仍与原来被除数的小数点对齐	移动小数点而被除数的小数位数不够时，末尾没有添上必要的"0"
$21÷0.03=7$	$0.648÷0.8=36$	$62.4÷2.6=2.4$	$12.6÷0.25=5.04$

由从上述4种典型错误可知，除数是小数的除法最大的难点是处理小数点的位置。被除数小数位数比除数多、比除数少（需补0）、与除数相同这三种情况，难点都是小数点定位。

被除数和除数小数位数相同时，看似定位简单，却也容易随之生成"同时去掉除数和被除数的小数点都能变成整数"的负迁移。也许正是出于这样的负迁移考虑，苏教版、北师大版小学教材和新思维数学都选择了直接抛出被除数和除数小数数位不相同的小数除法例题进行教学。

不同版本教材的例题安排		推进顺序
苏教版	**借助购物情境引入** 例5 妈妈买鸡蛋用去7.98元。买鸡蛋多少千克? （每千克4.2元） 7.98÷4.2=____（ ）	被除数小数位数比除数多
	例后练习 4. 8.4÷5.6　　1.71÷3.8　　0.016÷0.25 　　11.5÷4.6　　7.05÷0.94　　0.872÷4.2	被除数小数位数与除数相同
	借助购物情境引入 例6 妈妈购买萝卜、番茄每千克的单价和用去的钱如下表。 | 品种	萝卜	番茄
单价	0.55元	1.2元
总价	1.1元	3元 | 买萝卜多少千克? 1.1÷0.55=____（ ）	被除数小数位数比除数少（需补0）
北师大版	**谁打电话的时间长** 国内长途 每分0.7元　小红 国际长途 每分7.2元　小华 8.54元　45元 哇,花这么多钱,打电话时间太长了吧! 我还没小红打电话的时间长呢! 算一算 小红打电话的时间是: 如果除数变成整数就好办了。 8.54÷0.7＝12.2（分） 0.7)8.5.4 　　7 　　1 5 　　1 4 　　　1 4 　　　1 4 　　　　0 把被除数和除数同时扩大相同的倍数，商不变。 小华打电话的时间是: 45÷7.2=____（分）　　7.2)4 5 0 答:_____。	一个情境同时引出两种情况: 被除数小数位数比除数多 被除数小数位数比除数少（需补0）

	不同版本教材的例题安排	推进顺序
浙教版	6.21÷0.3　6.3÷0.42　41.6÷2.6 0.21÷0.025　0.012÷0.25　7÷0.35	随后的练习中出现各种情况习题
	1. 一张芭蕉叶的面积是0.48平方米，一天蒸发水分36克。平均每平方米蒸发水分多少克？ 36÷0.48=□（克）	被除数小数位数比除数少（需补0）
	2. 36.96英尺大约是多少米？ 36.96÷3.3=□（米） 36.96÷3.3＝369.6÷33＝11.2(米) 　　×10 3.3)36.96　　33)369.6 　　×10 　　　11.2 33)369.6 　　33 　　　39 　　　33 　　　　66 　　　　66 　　　　　0	被除数小数位数比除数多
人教版	一个数除以小数 奶奶编"中国结"，编一个要用0.85米丝绳。 这里有7.65米丝绳　这些丝绳可以编几个"中国结"？ 7.65÷0.85=___（个）	被除数小数位数与除数相同
	6 12.6÷0.28=___ 被除数位数不够怎么办？　0.28)12.60　在被除数的末尾用"0"补足。 　　　　45 0.28)12.60 　　　112 　　　140 　　　140 　　　　0	被除数小数位数比除数少（需补0）
	1. 先说出下面各题的除数和被除数需要同时扩大到原来的多少倍，怎样移动小数点，然后再计算。 2.6)62.4　　0.16)0.544	被除数小数位数比除数多

由上可见,唯有人教版教材是以 7.65÷0.85 这类被除数与除数小数位数相同的除式作为主例题展开教学。唯有浙教版是先教学 36÷0.48 这类被除数(整数)小数位数少于除数的除法笔算。

从学生尝试探究的角度看,人教版的编排更利于学生尝试探究出正确的结果,因为它具备"都扔掉小数点"的"凑巧性"。但从学习结果的角度看,其他版本的编排更有利于学生最终掌握正确的算法,因为它直接切入根本性的笔算法则,使得孩子始终基于根本性算法去分析除式的运算处理过程,也避免了"凑巧"而来的负效应。

那么,当被除数和除数位数不同,又是哪一种先学更合理呢?

浙教版从补 0 展开学习,看似从最难的起步,有些不可思议,其实却是契合学生思维路径的。我们可以对比一下 36÷0.45 与 0.36÷4.5。36÷0.45,学生别无选择,只有把 0.45 变成 45 才能运用旧知进行笔算。而面对 0.36÷4.5,学生会将它转化成 36÷450 或者 3.6÷45,这就产生了"跟着谁变化?听谁的指挥?"的算法优化辨析问题。显然,"别无选择"更适合探究的起步,既能避免"算法优化"带来的"喧宾夺主",也利于突出"商不变的规律"的运用。

由上分析可得,类似于 36÷0.4 的整数除以小数的除式比较适合作为初始例题。

9月27日　积极的"情感投入"助益学习目的的理解

理解学习的目的,不是让学生听　听本节课的学习目标,而是让学生自发地关注并思考如何使自己达成学习目标,并在这一过程中对学习目的了然于心,从而刺激成功欲,产生良性的心理反应。学生处于良性的情感投入状态就能正面影响认知过程,最终影响认知结果。道理几乎人所共知,但在实际的计算教学中,"情感投入"却始终处在边缘化境地。

"昙花一现"的情境 —— 仅仅引出了算式

对一个数除以小数,我们经常可以见到这样的教学:先创设情境让学生探索，学生会想到不同的方法，有的想到转化单位来计算，有的想到用"商不变的规律"来解决等。在此基础上，教师引导学生比较除数是小数的除法算式和前面学过的除数是整数的除法算式有什么不同，有什么联系，使学生体会到如果把除数变成整数就好了。

然而，事实往往没有如此美好。学生常常是既没有联系原有经验通过单位换算将其转化成整数除法，也没有想到利用商不变性质解决问题。

为什么学生自己想不到要应用商不变规律呢？这是因为在学生原有的认知结构中，商不变的规律是与整数除法联系在一起的，虽然他们在整数除法的消"0"的简便计算中已经接触过商不变规律的应用，但这与小数除法遇到的情境不同，学生对于在小数除法中把除数变成整数的同时如何保持商不变的条件并不十分清楚。

我通过前测也印证了这一现象产生的必然性。即便是标示了"被除数、除数、商"，呈现了有着清晰的倍数关系的几组数据，想起商不变性质的孩子仍然不足20%，更遑论要孩子自发想到用"单位换算"、"商不变性质"去进行计算了。情境也就只能昙花一现，只具备引出一个算式的功能，学生的情绪也就随之低落。

你能根据第一栏里的数填出其他各栏里的数吗？这些数字的变化，符合什么规律？你能想起以前的旧知识吗？

被除数	570	5700	5.7	0.57
除数	5	正确率89.4%	0.05	正确率
商	114	114	正确率31.9%	114

想到商不变性质的仅19.8%的学生。

"由算到算"的教程——仅仅展开逻辑顺序

计算教学的情境创设若达不到预期的目标，不如摒弃，直入主题，这几乎是所有对情境创设存疑的教师的教学主张。于是，我们常见由算到算按逻辑顺序展开的教学流程。

1. 回顾，笔算"32.4÷4=8.1"

笔算时有什么要注意的地方吗？①商的小数点要和被除数的小数点对齐；②按整数除法计算。

2. 引新，"32.4÷0.4"，这一题与前一题有什么区别？

引题。当除数是小数时，我们该如何计算？今天这节课我们就来研究"一个数除以小数"。

3. 初步探究

（1）估一估，这道题的答案可能是几？如果精确计算，你有什么好办法？

（2）独立笔算。

（3）挑选典型进行分析

问1：哪个答案，我们第一时间就可以排除？（根据估算）

问2：这道题，除数和被除数为什么都要同时乘10呢？（引出：商不变性质）

问3：哪一位同学的计算过程展现了这一步？（适当优化并呈现规范格式的书写）

问4：商的小数点到哪里去了？（渗透商的小数点要和被除数新的小数点对齐）

小结：刚才我们通过"商不变性质"成功地将除数是小数的除法转化成了除数是整数的除法，然后按整数除法的计算方法计算出了结果。这样的转化思想，是否能应用于所有的小数除法呢？

4. 深入探究

笔算"1.54÷1.4""12.6÷0.28"。

整个过程看上去简单有序，由算到算，按逻辑顺序展开，学生更多的是行为投入，缺少"我想算"，"我想研究"的情感投入。

无论是创设情境还是直入主题，我们都难以依据其外在形态来判定有效性。看似平淡无奇的言语或许能挑动学生的情绪，简单常见的情境或许也能激发学生的热情，能否引得学生的情感投入才是评判优劣的标准。

　　五年级的孩子仍然处于具体运算阶段,有趣、直观、形象更容易被他们理解。有的时候,一个直观的物体、一个形象的比喻可能胜过滔滔数言。我自己在教学小数除法时,就尝试了将这一单元的计算情境设计为"小数点闯入除法王国"系列故事情境。从"小数点混入被除数"即"除数是整数的小数除法"的拟人化情节,到"小数点不仅混入了被除数还混入了除数的队伍"的"除数是小数的小数除法",将整个运算的过程比拟成了"收服小数点"这样类似反击战的趣味活动。一次次的"反击战"解决的就是小数点的位置问题,学生学习情绪比较高,学习效果也比较理想。下面简单交流一下以下两个环节。

　　我能!——情节扣合儿童心理,激起学生尝试欲望

　　师:同学们,这段时间我们遭遇了小数点王国派遣小数点潜入被除数队伍的事件,给除法王国的正确运算带来了不小的麻烦,我们用什么方法帮他们收了小数点做俘虏?

　　生:捣乱的小数点躲在被除数的什么地方,我们就在商的什么地方也加个小数点,结果就不会错。

　　生:小数点混入被除数不用怕,我们一样能得到正确的结果,只要在商里面也点上小数点就行。

　　生:先除被除数的整数部分,除完再除小数部分,商的小数点要和被除数的小数点对齐。

　　师:举个例子来说说吧。(生举例)

　　【方法回顾、举例说明,都进一步突出了小数点定位这一学习重点】

　　师:大家很厉害,找到了制服小数点、求得正确结果的方法。只是,小数点王国派出了更多的小数点,还潜伏到了除数里面,现在,我们该用什么计策去收服小数点,得到正确结果? 板书:36÷0.45。你还能收服这些小数点吗?

　　【故事情节中,直接呈现被除数小数数位少于除数的例题,将学习目的聚焦在"收服除数中的小数点",激起学生的尝试欲望。】

　　生:能!

　　我会!——策略提供刺激儿童的征服欲、好奇心

师：那就动笔试试。如果实在有困难，可以举手求领一份"收服策略"辅助包。（不少学生笑语"我要自己去收服！"，开始动笔尝试探究。几分钟后，部分小组的学生讨要了"收服策略"辅助包，继续开始探究。）

【有能力探究的，涌起了独自征服的欲望，遇到困难的，非常好奇老师的"收服计策"，并在收服计策的帮助下完成例题的探究。整个学习过程中，学生有各种情感的投入，关注了学习目的——小数点的"收服"问题。】

9月28日 多元的"认知投入"会助力计算方法的掌握

认知投入，包括积极的投入和表面的投入。小学生的认知策略主要表现为跟从老师的教学策略。所以，如果我们的教学策略是单一、单薄的，学生的认知策略也就跟着浅层化，认知投入也就止于表面了。

"想当然"的策略引导

如在引导学生自主探究笔算算法的时候，常常看到这样的问题设计：

师：如果让你来笔算，你有什么好办法吗？

学生尝试笔算。选取个别算例集体交流。

师：为什么被除数和除数同时扩大了10倍呢？这样变的依据是什么？

老师显然已经预设到学生很难自发联想到商不变的规律，因此发出了"同时扩大10倍"的言语暗示，果然有一部分学生会接老师抛出的"绣球"答出"商不变的规律"，但这样的认知自然是流于表面的。将四年级上学期的在整数范围内建构"商不变的规律"扩展到小数，是否合适，有必要加以说明。除法扩展不像加法和减法的扩展那么直接，学生难以真正理解。这也是为什么学生会常常搞错小数点的位置，为什么学的时候会了，过一段时间又错了的一个重要原因。

估算 + 笔算 = 多元策略？

计算课寻求策略多元。但是，估算加上笔算就显得策略多元了吗？

出示"14.4 ÷ 1.2"。

师：请你估一估，这道题的答案可能是几？如果让你精确计算，你有什么好办法呢？

显然不是，而且，对一个数除以小数而言，估算并没有什么意义。即便把 2÷0.5 算成了 0.4，学生也估不出答案有误。需要进行对比、估计的应该是一个数除以比 1 大的小数与比 1 小的小数后商的变化。了解这种变化之后，他就知道了一个数除以比 1 小的数，商会大于被除数。以往的除法总是越除越小，现在竟然越除越大了，这对学生来说是一种认识上的飞跃，就需要进行细致的理解。理解之后的估算，才可能避免因本节课小数点移动不当而导致的错误。

因此，要促成有效的认知投入我们还需要进一步思考以下两个问题：

1. 商不变的规律是直接应用，还是理解其在小数除法中的拓展？

在学生尝试独立探索"收服小数点"的同时，为学习困难的孩子提供"收服策略"辅助包。辅助包为学生提供三组素材，让学生在理解算理的基础上深入地理解"商不变的规律"，理解转化、怎样转化，感知多层次认知策略。

素材一	素材二	素材三
一块小橡皮0.5元，2元能买几块？	2里面有几个0.5，你能圈一圈吗？	填一填 被除数 200 20 2 除数 50 5 0.5 商

凸显转化思想。从一开始对"36÷0.45"的研究转化为"2÷0.5"，复杂问题简单化，化繁为简思想得到孕伏，从 2÷0.5 汇报交流转回到 36÷0.45 的研究，学生经历了转化的过程，感悟到转化是极其重要的数学策略。

彰显探索过程。"素材一"依托情境，化新为旧。这样的生活素材，学生能自然地将其看成 2 元和 5 角，通过单位换算很快得到答案。"素材二"数形结合，通过操作感悟算法。借助小数的意义，建立直观模型，使学生在动手操作过程中感悟算理。素材三是一组关于整数除法中商不变性质的素材，涉及一个探究性的问题,让学生利用规律迁移引申。三组素材留给学生很大的思维空间。反馈交流时,我们可以先呈现最基本的,然后逐步抽象化,让学生清晰地看到商不变的性质从整数扩展到了小数,并能将其运用到小数除法当中。这样就比较符合学生认知规律的思维发展进程的认知引导,有助于学生真正理解算法。

2. 多样策略是教师提供还是学生主动生成?

一个数除以小数,无论是在教材编排上还是学生学习过程中都是重点、难点。当我直接抛出"36÷0.4"时,一部分学生能顺利解决。尽管我们知道仍有一部分学生很难主动解决问题,但我们仍然要试着让学生主动联系已有经验、借助生活背景解决问题。在他们实在难以解决的时候,我们再提供帮助。把现成的东西给他们和当他们意识到这一问题的重要性并有意识去做,两者是有区别的。

所以,让孩子在独立思考后自己决定是否需要"收服策略"辅助包。辅助包不仅能为有一定学习困难的学生降低探究的门槛,还能让基础好的学生在算完之后,有机会通过素材去反思、验证自己做题的方法及结果是否正确,培养学生"面对数学知识时能寻找其实际背景"的思维习惯,从而形成良好的数学学习素质。

9月29日 "解决问题"带来的冲击

这几日计算时偶尔会有应用题出现,如1.5吨花生仁可榨0.63吨花生油,每吨花生仁可榨花生油多少吨? 榨1吨花生油需要多少花生仁? 这类题目的解答情况可以用"死伤无数"来形容。因为是通病,即便焦急思考对策,我还是能坐得稳稳当当的。等到看见个别孩子给"三天修路12.9千米,每天修多少千米"列式为"3÷12.9"时,我才觉得坐不住了。还上什么循环小数,必须要理理数量关系了。

走入教室,直奔主题。让孩子分析错例,梳理数量关系,小结方法。然后,

打开课本和家庭作业本,选做了练习四和练习五中的 6 道应用题。

马上批改,501 班 6 人全对,502 班 2 人全对,真让我有"潸然泪下"的冲动。

错得最多的是"王奶奶上半年节约用电 34.5 度,李奶奶第二季度节约用电 21 度,哪户人家平均每月节约用电多?"上半年是 6 个月,第二季度是 3 个月,这一隐含的条件有的孩子没有提取因而出错,更多的错误,竟在计算。

于是,又呈现错例,一起查错,小结注意点,再查一例,再小结注意点。以错规例。

明天真的要学习循环小数了。

9 月 30 日　学习循环小数

今天真的该学循环小数了。这节课内容较多,要认识循环小数、循环节、循环小数的读写法和给循环小数取近似值。孩子们要理解循环小数的概念,掌握循环小数的简便记法,掌握求商是循环小数的近似数的方法,知道有限小数和无限小数的区别。概念多,又抽象。

我选择了类似课堂作业本中第一道题作为开课第一问。题目要求孩子们找出循环小数,这就需要先掌握循环小数的特点。我在黑板上抄了 7 个数,问题也改为"如果给这几个数字分类,你想怎么分?"

孩子们很自然地将数分为两类,理由是一类有省略号,一类没有省略号。"有省略号是什么意思?""一直一直都有数字,无数个!""循环小数!"

指着没有省略号的数字问:"它是几位小数?"再指着有省略号的小数问:"它是几位小数?"孩子们马上感知到有的小数数位是有限的,可数的,有些小数的数位是无限的,到底有几位,不可知。

再告知,小数数位有限的小数叫有限小数,而这些小数数位无限的小数则是——"循环小数!",这便是略略知道今天的学习内容却又不深知的孩子的回答。而对新知一无所知和预习非常到位的孩子都马上回答——"无限小数"。

不过，循环小数确实藏在无限小数里，"你知道这些无限小数哪几个是循环小数吗？根据它的名字猜猜看"。0.7272……，4.606606……最先受到认同。0.933……则是在我问了"还有吗？"以后才勉强被提到。新知已经展开，这一课很多知识只能是给予。于是，"到底什么才是循环小数呢？"先计算"32÷6，2.7÷11"，在计算的过程中自然能发现循环小数的特点。果然，实练后孩子们的语言便丰富了起来，"循环小数的余数会不断重复"，"商也不断地重复出现"，"怎么也除不完"……

认识了循环小数的特点，了解了概念，再让孩子把黑板上的三个循环小数和计算得到的两个循环小数改成简便记法，教授简便记法时顺带告知循环节的知识点。一般写法和简便记法之间用"="连接。如果要求保留三位小数呢？这就是求商是循环小数的近似数的知识点了，要用"≈"连接了。

新知展开结束，巩固练习。本课练习自然少不了"判断"、"简便写法和一般写法互改"、"四舍五入得到循环小数的近似数"等内容。紧紧凑凑地，一节课下来了，留了5分钟做课堂作业本。这及时反馈的结果如何，心里还没底呢。

11月1日 "66"是36！

开始学习"用字母表示数"，安排了"用字母表示特定的数"、"用含有字母的式子表示运算定律和运算性质"、"用含有字母的式子表示常见的计算公式"、"用含有字母的式子表示常见的数量关系"这些内容。前三项内容非常简单，最后一项内容是学习的难点。内容安排上由易到难，层层递进，使学生逐步感悟字母代数的特点，为学生克服这一难点创造便利。

今天一课，学习了前三项内容。没有什么精巧的教学设计，直接从《课堂作业本》的练习引入，让孩子先完成第22页。这一页的练习仅涉及在一个有规律的式子里字母表示的数是几，孩子完全有解答的能力。5分钟后校对，果然正确率极高。

字母可以表示一个数字,字母还可以表示运算定律和计算公式。有的孩子能脱口而出加法、乘法运算定律的字母表示方式。——板书后……

师:关于乘法,它还有自己独特的表示方式。这个表示方式要你自己通过思考来发现。$a \times b = ab$,你发现了什么?

生:字母之间的乘号可以省略。

师:好的。我把这个发现写下来。那么$2 \times a = ?$

生:2a!(非常响亮)。

师:那么$b \times 4 = ?$

生:b4!

师:错。4b。你又有什么发现?

生:数字要写在字母前。

师:对。我把这个发现也写下来。那么$b \times 1 = ?$

生:1b。

生:b!

师:为什么?

生:1×任何数还是等于任何数,1要省略。

师:那么$a \times a = ?$

生:a的2次方。

师:非常好。a的2次方和2a一样吗?

生:一个是$2 \times a$,一个是$a \times a$。

生:2a是两个a相加,a的平方是两个a相乘。

……

字母与字母、字母与数字间相乘的简便写法在对话交流后进行了针对性练习。孩子们说得不错,做起来还是错得比较多。两题练习之后,基本趋于正确。

然后,对运算定律进行简写。孩子们看到(a b)c = a(b c)竟然都忍不住发笑,原是为了简写,对孩子们来说,却又多了一个修正原有认知的负担。老实说,我自己也没弄明白,乘号这样省略意义何在。

批改的时候,发现好多孩子出现了这样的错误:s=a²=66=36cm²

66 缘何成了 36?看来"乘号可以省略"已"深入人心"了,连数字之间的乘号也省略了。我赶忙跑到 501 班,502 班,呈现错例,及时分析订正。所有的教参都说:数与数之间的乘号不能省略,数字和字母、字母和字母之间的乘号才能省略。为什么要省略呢?省略有什么优点?仅仅是少写一个符号省力一些?那么,多学一种规则要多花多少精力?

11月3日 "用字母表示数量关系"真要命

"用字母表示数量关系",我借用了教材的例题,给出了两个较简单的又是孩子们所熟悉的实例——"我和孩子的年龄"、"月球和地球的物体质量关系",从具体的数逐渐引出用字母表示数,让孩子们明白含有字母的式子既可以表示数量关系也可以表示结果。

用字母表示数,对小孩子们来说比较抽象。从具体的数和数与运算符号组成的式子过渡到用字母和含有字母的式子表示数,是从个别上升到一般的抽象化过程。孩子们在近五年的学习中大量接触的是具体的数的认识和运算,对字母表示数虽有一些生活经验和接触,但对其意义并不理解。

于是,课堂上出现了能让人"疯狂"的回答。

原来车上有 x 人,下车 5 人,现在有几人?答:$5x$ 人。

每袋有金鱼 a 条,有 3 袋,一共有几条金鱼?答:a-3 条。

有 m 枝铅笔,每盒装 10 枝,能装几盒? 答:10m 盒。

匪夷所思的回答,却是正常学情的体现。

于是,让孩子选择简单的整数举例,用数字做字母的脚手架。比如车上有 10 人,下车 5 人,现在有几人?孩子们都会做。然后,更换数据,原来 20 人呢?原来 30 人呢?原来的人数和现在的人数之间有什么关系?谁能表示它们之间的数量关系?

孩子们说，现在的人数总是比原来的少5人。原来的人数－5人＝现在的人数。

好，知道了这两个量之间的关系，我们再快速口答一下，原来有50人，现在有几人？原来有60人，现在有几人？原来有x人，现在有几人？

要让孩子明白，当原来的人数不再是具体的确定的数时，我们可以借助字母表示出关系。

用字母表示数量关系，要多借助具体数字让孩子明确两个量之间的关系，要让孩子认识到字母能表示某个确定的数。要让孩子理解能借助字母来表达它们之间的关系，要多进行一些从整数抽象到字母的练习，逐步掌握用字母表示数的方法。

11月4日　数量关系要多分析

练习课以"我来说，你来写"引入。我只说一遍"8与a的和、30减去5个x、比b的2倍少1.5、a与b两数之和乘a与b两数之差、a=5则2a和a^2分别是多少"。马上同桌之间交换校对，果然错误不少。如果这些题目是以常规的视觉方式呈现，错误必定减少。可见，集中注意力听记解决问题能力的培养是一个长期而艰巨的任务，但因其重要，值得我们为此付出精力。

让孩子自己分析了错因后，着手完成书上的练习。之后的大量时间用于解决我补充的这两道题目。

一是五年级学生站成x列，平均每列20人，六年级学生有a人。说说$20x$、$20x+a$、$a-20x$分别表示什么意思。

小结点明：$20x$与a分别表示五年级和六年级学生人数。两数相加表示总人数，两数相减表示相差多少，可以用谁比谁多（少）几来表述。

二是一年级平均每班捐款2500元，共有a个班级。二年级共有b个班，共捐x元。三年级平均每班捐c元，共捐y元。让一个孩子说式子，其他孩子猜他心里想解决的是什么问题。

孩子们兴趣很足。由于信息量大,孩子们可以列出很多式子。

其中,李恒旭说:"bx。"石珊源说"$x÷b-y÷c$"。我没有点破式子有误,还是让孩子猜他想解决的是什么问题。

孩子们说着说着,就说不下去了,越来越多的孩子发现式子存在问题。于是大家再一起分析,指出问题到底在哪里。

我笑着说:"原来他俩挖了个陷阱,我们却义无反顾地扑通扑通掉下去了。"

11月5日 辛苦,总有收获的那一刻

今天认识方程。认识方程,也代表着孩子们将重新审视"="。以往的教学,我总是先借助课件让孩子认识天平,通过天平上物品的摆放列出式子,再将得到的这些式子分类:

① 20+30=50;② 20+x=100;③ 50×2=100;④ 50+2x>180;

⑤ 80<2x;⑥ 3x=180;⑦ 100+20<100+50;⑧ 100+x=3×50

思考:你是按照什么标准分类的?

孩子会呈现两种分类方式,一种是按等式和不等式分,一种是按是否含有未知数来分。接着发现等式和方程的特点,再思考两者的关系,两者的关系类似于长方形和正方形的关系。借助以往的认识对孩子来说比较容易建构新知。

但自从确定了方程的核心是等量关系后,总觉得这样"顺利"地教学欠缺了点什么。"="不仅表示运算的结果,也表示左右两边相等。所以介入 7+5=(　)+4,5×9 = 3×(　),80÷4 = 20÷(　),还是有必要的。

我很喜欢这道练习题——"张强也列了两个式子,不小心被墨水弄脏了,猜猜他原来列的是不是方程?(1)6x+◆=78 (2)36 + ●=42"。

孩子们的回答也很精彩。(1)肯定是方程。根据等号确定了是等式,又含有未知数"x",所以无论◆是数还是字母,都是方程。(2)则不一定,如果污渍处含有未知数就是方程,污渍处不含有未知数,它就只是一个等式。

布置完周末作业后,又下发了一张计算练习卷。允许选做,甚至允许不做。但是,要相信,每个人在用心地付出辛苦之后,总会有些许收获。练习卷计算题数量较多,不花点时间真是没法完成,计算本身又枯燥,对孩子来说,挑战也不小。对自己,也是抱着这样的念想。

11月8日 平衡

要怎样才能平衡?放低要求,少计较,记着有舍得,心理便平衡了。

那天平要怎样才能平衡?两边摆放的东西等重。通过课件演示,让孩子先发现平衡的天平上存在的数量关系,再想一想当天平"两边同时加放一个杯子、同时拿去一个花瓶、同时把原来的物品增加一倍(即扩大到原来的2倍)、同时拿去物品的一半数量"时,还会平衡吗?再类推到等式两边同时加上、减去、乘、除以相同的数字,等式依然成立。

又通过展示 $x+8=10$,$x-8=10$,$x÷8=10$,$x×8=10$,体会像给天平左右加减物品一样拿去8、加上8、乘以8、除以8,仍然相等。

新授顺利完成。原本这节课是可以放到明天的解方程一课中去的,但是,方程历来是计算的难点,天平原理作为方程的"根",值得我为此专门花一节课时间去感悟。毕竟,感悟过和没感悟过,孩子们的收获是不一样的。

上个周末的作业分两种,一种是学生必做的,一种是学生选做的。我也是考虑到孩子之间学习水平的差异,又觉得周末作业也不能过多,因此期中过关样卷下发后允许孩子选做。实在是胸有成竹的,甚至可以不做。偏偏忘记了有几个学习能力弱又不自觉的孩子应该另外叮嘱,帮助他选定一些题目完成,否则,他们一定会搭乘"胸有成竹"的便车。

果然,早上统计。501班全部完成达47人,502班全部完成达27人。一题都没有做的501班5人,502班6人,且都是学习困难的孩子。我倒不是希望人人都完成,内心真的允许有差异,但是一题都不做还是让我心里有些失衡。

当心情的天平左边失望沮丧的情绪加重时,只好努力往右边加放"毕竟有这么多孩子在乎自己的学习啊"、"毕竟计算对于孩子真的无聊啊",于是,内心就平衡了,快乐了。

11月15日　如何让 x 变成"孤家寡人"

解方程的知识在初等代数中占有重要的地位。教数学这么些年,教新课程的五年级却是第一次,用天平原理教孩子解方程自然也是第一次。以前,都是让孩子利用四则运算各部间的关系来解方程,要求孩子熟记"加数 = 和 – 另一个加数","被减数 = 差 + 减数""减数 = 被减数 – 差","因数 = 积 ÷ 另一个因数","被除数 = 商 × 除数","除数 = 被除数 ÷ 商",然后根据未知数在式子里是什么数选择相应的公式计算。

仔细研读了教材,发现用平衡原理去教孩子解方程还是有很多好处的。为了减轻孩子的记忆负担,课标教材没有给出"等式基本性质"的名称,也没有用文字概括出等式的性质。只是通过天平平衡的实验帮助孩子理解天平保持平衡的道理,以此渗透等式的性质。而由于"天平平衡的道理"只停留在直观层面,没有与等式直接联系起来,也就是没有概括出等式的性质,而解方程,又必须利用等式的性质,即"方程(或等式)两边加上或减去同一个数,左右仍然相等",所以现在教学解方程,仍要借助天平演示去求解。

有的老师认为不如直接给出"等式的性质",并概括两条性质的内容,这样,教学解方程就不用再借助天平演示而可以直接利用等式的性质去求解。

而我认为,给孩子一个具体物象的支撑是需要的。在教学"天平保持平衡的道理"时,可以结合天平和等式来概括"等式的性质"。如,当孩子观察出"天平两边同时加上(或减去)相同数量的物品依然保持平衡"时,我就可以对照天平,结合直观的等式说明"等式就像平衡的天平,在平衡的天平两边加(或减)相同数量的物体,就相当于在等式两边加(或减)同一个数,等式仍然相等。"比如用"当左边 = 右边时,左边 +a= 右边 +a"这样的式子帮助孩子

理解。

刚学解方程,数字都很简单,如 $x+3=9$,对孩子们来说,需要的不是答案,而是对方程求解过程的理解。左下角先写上"解"字,然后思考如何让 x 变成孤家寡人——让方程的左边只剩下 x,这是解方程的实质——消去其他的项。对孩子来说,又有几分趣味。把方程的左边抄下来,再添上"–3",为了让等式平衡,方程的右边也要"–3"。这样,左边就只剩下 x 了,右边 9–3 是 6,$x=6$。

两课下来,错误还是不少,主要是格式问题。今天的课,又加了检验的格式,书写就更麻烦了。

突然又想到一个问题,我教的方法变了,不知道家长们在家里指导孩子们解方程的时候,方法有没有变化。如果他们还是用四则运算各部分间的关系来指导孩子解方程,那孩子们就要糊涂了。我得去发条校讯通。

11月19日　解方程中的脱衣服

今天,学习稍复杂的方程。由于前几日为了巩固简单方程的解答,使学生掌握正确的格式,教学进程异常缓慢,但是,无形之中,已经对稍复杂的方程有了一些渗透。因此,新课内容掌握起来比较容易。

关于 $2x-4=20$,为什么要先消去 4,再消去 2 呢?从意义上去理解,20 是一个差,是 $2x$ 和 4 的差,要先算出一个数的 2 倍是多少,即先求出 $2x$ 是多少。解方程,都是要先消去已知数,再解决未知数。

作为教师,想得很多。孩子们却是拿来就做,做得顺顺当当。问一个孩子:"你为什么先消去 4?"他说:"因为 4 离 x 比较远,就先去掉,把亲近的人留到最后去掉。"

"亲近的人留到最后去掉",虽然和算理相去甚远,但是,作为一种方法的解读好像也未尝不可,有点意思。不如打个更轻松的比喻——脱衣服,最外面的衣服先脱去,一件一件脱,最后露出"x"。课堂顿时生动了起来。

11月22日 不用教却要做的练习

一上课,先出示了两道上周五的题目"4+2x=18,21-5x=12,求 x 的值",让孩子们完成。随后,圈出了 4 和21,改成 2×2 和 3×7,提问:现在你会不会做? 亲眼看着我改编题目,孩子们自然觉得容易。简单地说了一下步骤,总结出稍复杂的方程完全是建立在简单方程的基础上的,按运算顺序把能算的部分算出来,没学过的方程就变成了学过的方程。

选择课堂作业本上的题目及时练习后,进入第二个环节——解有括号的方程。比如:2(x+2)=12,编成文字题就是 2 与 x 加 2 的和的积是 12。要先算出 x 加 2 的和。那么怎样去掉"×2"呢? 这不难。

及时巩固,做得也不错。此时,已经临近下课。

开始分析课堂作业本上的应用题。数量关系一一分析出来后,就下课了。课后批改作业,发现第三题孩子们基本都能列对式子,$12×12-12x=36$,x 的值应该等于 9,结果等于 15 的人两个班级加起来有 40 多人。孩子们是怎么做的呢?

$$12×12-12x=36$$
$$解:144-12x=36$$
$$144-12x+144=36+144$$
$$12x=180$$
$$x=15$$

简单方程中 x 处于减数、除数位置时,孩子们先"减数变加数",如 $39-x=20$,先 $39-x+x=20+x$,$39=20+x$,再两边同时消去 20 就可以了。可遇到复杂方程,孩子们就不知该怎么变了。一个孩子说:"我心里想着不能消去 x,那只能消去 144 了。已经有一个 '−' 在了,再减 144 的话,就是连减了,好像不对,那就用加法好了。"

教材的问题就出在这里。教材明确规定规避未知数在减数和除数位置的方程。解方程是教材出题,可以规避,可是列方程解答应用题是孩子们自己列方程,谁能规避未知数出现在减数和除数的位置?

看来,老教材利用四则运算关系来教学方程还将具有持久的生命力。除非新教材对这一类问题有明确的指导意见或者练习编排。这种规定不必教的内容实际上却常常出现,让老师和学生如何把握?

还是需要让孩子具备这样的能力:能迅速识别未知数在减数和除数位置的方程,并将其按运算关系迅速变形,再用天平原理解决。或者掌握先消去未知数,迎接新生未知数的方法去解决。

11月23日　前方有陷阱

今天,练习"稍复杂的方程"。

在分析了家庭作业后,对课堂作业本上的习题进行了一组一组地分析训练。解决问题自然不忘分析数量关系。其中,两道题目的"设"都写对的孩子凤毛麟角。

"声音在空气中的传播速度是多少?"孩子们基本这样设:"设声音在空气中的传播速度为 x",或者"设声音在空气中的传播速度为 x 秒",或者"设声音在空气中的传播速度为 x 米",而正确的应该是"设声音在空气中的传播速度为 x 米/秒"。

"2004年欧洲人口大约有多少?"孩子们基本这样设:"设2004年欧洲人口大约有 x","设2004年欧洲人口大约有 x 人"。正确的应该是"设2004年欧洲人口大约有 x 亿",少了这个"亿",孩子们的答案就成了"欧洲人口大约有7人"。

以前做题都是带单位的,做这两题怎么就不带单位了呢?"题目的问题里没有带单位,我做题也就不带单位了。"题目可以说是挖了陷阱,只是大家又都"扑通扑通"跳进去了。

11月25日　双 x，要先合并再解决问题

今天学习列方程解和倍、差倍应用题，我修改制作了一份很好的课件，准备练习非常到位。

501班先上，我在完成这些准备练习后开始进入例题的教学。本节课讲的内容是问题里含有两个未知数，用两个已知条件说明两个未知数的关系。"和倍"、"差倍"问题用算术方法解比较困难，改用方程解，都可归结为解形如 $ax \pm bx=c$ 的方程。思路统一，解法一致，学会其中之一的解法，其他几种就很容易类推掌握。本节课的重点是设谁是 x，并推算出另一个未知数是 ax。

对孩子来说，以前的列方程"设"都是抄问题再把"多少"变成" x "而已，而今天的"设"与问题不再"搭界"，问题是"两种树各有多少棵？"，"设"却是"设梨树有 x 棵，则桃树有 $4x$ 棵。"要根据对题目的理解来设未知数，这与原有的知识相比，提升了难度。

在和倍问题解决后，我安排了一组解方程的练习。想再展开差倍的尝试练习时，下课铃声已经响起。

顿时，懊恼。显然，这样的教学过程不行啊。

办公室里交流，其他老师比我上得快，她们当时把这节课的内容分成了解方程和列方程两节课来上。我已经不可能再这样来上了，否则刚才一课成了无效课，那么要如何调整？

思考之后，我走入了502班教室。先让孩子们打开课堂作业本。第一大题是解方程。$9x-3x=120$，问孩子该怎么做。有的说除以9，有的说除以3，显然都行不通。该怎么办？看准备练习第一题。口算之后，再返回课堂作业本第一题，完成6道习题的第一步——两个未知数合并成一个未知数。

这样就解决了"双 x "解方程之难。随后进入和倍的教学、差倍的独立尝试，顺利完成课时任务。

和倍、差倍教学，还是要先让孩子们接触"双 x "的解方程练习，再去思考如何解决问题。

11月29日 我为方程狂

方程对小学生而言是个难点,毋庸置疑。

孩子们常喜欢问:"可以用算术方法做吗?"我的回答是:"不行,必须掌握列方程的方法。"

孩子们无奈低头答题的模样彰显着他们是极不喜欢用列方程来解答问题的。为什么不喜欢呢?是因为"解、设"太麻烦,还是因为多年的算术解法成了习惯?

回忆自己小时候,我似乎也是极不喜欢列方程的。几时喜欢方程了呢?中学。为什么喜欢了呢?因为题目深难了,方程解题的优势凸显出来了。这么想来,小学时不学习方程又如何?并且小学的解决问题并未将方程的优势完全体现出来。因此,用列方程来解答应用题成了教师硬要学生去运用的技能。

这学期的期中计算过关,我们批改的是六年级的计算卷。我当时正好批改解方程这块内容,愕然发现六年级孩子解五年级时学的方程仍错误百出。那时我便想,无论如何要在方程的起步阶段让孩子学扎实了。

一层一层推进,感觉孩子们学习上的差异日趋明显。个别孩子得专题辅导了。

11月30日 求解路径要一致

本次过关共20题,如下:

$4x-3.6=1.2$　　　　　$0.5x+1.3=3.8$　　　　　$5x-12\times3=14$

$4.2(x-2)=8.4$　　　　$(x+0.032)\div0.4=1.6$　　$8.7(x-5.9)=0$

$x-1.4+0.6=2.4$　　　$x+2.5x=0.7$　　　　　　$x-0.8x=60$

$2.4x+1.6x=3.6$　　　$9.2x-x=49.2$　　　　　　$9x-4x=24.5$

$34-28+x=40$　　　　$3\div2.5+1.2x=4.8$　　　$8x-3.7+5.2=6.3$

$(x+8)\div2.5=16$　　　$2x\div0.6=4.5$　　$6x-1.25x=3.87$　　$(x-2)=0.35$

中午吃完饭，我马上批改。501班10人全对，502班8人全对。出错最多的是"$x-1.4+0.6=2.4$"，"$8x-3.7+5.2=6.3$"。孩子们把"$x-1.4+0.6$"变成了"$x-2$"，把"$8x-3.7+5.2$"变成了"$8x-8.9$"。我们是利用天平的平衡原理解方程的，这样的题目无需对方程左边进行计算，应该采用左右两边同时加一个数或同时减一个数来得到未知数的值。

如：$x-1.4+0.6=2.4$

　　　$x-1.4+0.6+1.4-0.6= 2.4+1.4-0.6$

　　　$x =3.2$

出错这么多，显然是受到了"能算的先算出来"的干扰。"–1.4"和0.6都是具体数，"$x-1.4+0.6$"也是同级运算，按理是可以先算的，可因为涉及负数，"$-1.4+0.6=-0.8$"，对孩子们来说就不可以先算了。但如果是"$x-1.4-0.6=2.4$"，就又可以变成"$x-2= 2.4$"，"$x+1.4-0.6=2.4$"也可以变成"$x+0.8= 2.4$"。这让孩子们如何辨析清楚？

所以，求解路径必须一致，要强调求解的方法。含有字母的式子里，先看运算顺序，轮到先算又能算出来的就算出来，如"$x-7×2.1=91$"，"$7×2.1$"就要先算出来。如果是"$(x-7)×2.1=91$"，"$(x-7)$"应该先算，但是"$(x-7)$"未知数算不出来，那么只能把其余的数消去，则两边同时除以2.1。像"$x-1.4-0.6=2.4$"和"$x-1.4+0.6=2.4$"，都要先算"$x-1.4$"，"$x-1.4$"含未知数算不出来，就只好先消去"–0.6"和"+0.6"，再求x。这就和之前的解法统一了，孩子心中也就有了清晰的思考路径。

12月1日　孩子之间的学习差距越来越大

早上，让孩子完成12道列方程解答应用题。进行针对性练习是掌握知识技能所不可缺少的环节。

1. 爸爸今年42岁，比儿子年龄的3倍小3岁。儿子今年几岁？

2. 饲养场养鸡和鸭共1260只，鸡的只数是鸭的3倍。养鸡和鸭各多少只?

3. 饲养场养鸡和鸭共1260只,鸡的只数比鸭的3倍多20只。养鸡和鸭各多少只?

4. 一个长为13厘米的长方形的面积比边长是11厘米的正方形面积少30平方厘米。这个长方形的宽是多少?

5. 甲乙两地相距200千米,一辆货车从甲地开往乙地,行驶3.5小时后离乙地还有7.5千米。这辆货车平均每小时行驶多少千米?

6. 师傅和徒弟两人用25天共同加工完1500个零件。师傅平均每天加工36.5个,徒弟平均每天加工多少个?

7. 一个运输队第一天运货78.5吨,比第二天的1.1倍还多1.5吨。第二天运货多少吨?

8. 甲乙两艘轮船分别从相距1455千米的两港同时相对开出,15小时后在途中相遇。甲轮船每小时行驶48千米,乙轮船每小时行驶多少千米?

9. 饲养场养的鸡的只数是鸭的5倍,鸭比鸡少180只,养鸡和鸭各多少只?

10. 一个长方形的周长是180米,长是宽的3.5倍。长和宽各是多少米?

11. 鸡和兔一样多,它们的脚加起来共有90只。鸡和兔各有多少只?

12. 一个服装厂原计划10天生产童装1200套,实际只用了8天就完成了任务。实际每天比计划多生产多少套?

做对一题计一分,中午批改完毕。

有些孩子做题速度非常快,而且正确率很高,有的孩子连"解、设"都不会,抛出一句"鸡和鸭各有x只"。随着数学知识难度的日益提升,孩子间的差距愈加明显起来。"12分"的孩子学习轻松,而得了"0分"、"1分"、"3分"的四五个孩子满面愁容,讲解后订正还是错误。如今减负警钟长鸣,老师放学后都不敢留孩子补差,加上一周又只有"5×35=175分钟"的教学时间,所以家中有个关心孩子学习的好妈妈对孩子很重要。有一个安静的作业环境,能自己认真完成作业,遇到难题有家人可以请教的孩子逐渐步入学习的"轻、优、乐"行列。

12月6日 平行四边形面积一课重点是"转化"

终于可以上新课了。

孩子们已经认识了三角形、平行四边形和梯形,理解了面积的概念,会计算长方形、正方形面积了。在学习了平行四边形、三角形和梯形的面积后,就要求孩子掌握有关多边形面积的系统知识。这一单元,孩子们要探索并体会所学多边形的特征、图形之间的关系、图形之间面积的转化,要掌握平行四边形、三角形、梯形的面积计算公式及公式之间的关系,要体验图形平移、旋转等变化……任务不可谓不艰巨。

平行四边形面积一课,重点是"转化"。但为什么要转化,如何转化,需要让孩子经历一个思考的过程。

邻边相乘(长×宽)的面积计算方法是学生掌握的已有经验。如何让停留于"邻边相乘"这一概念上的学生悟到"剪拼转化"呢?如果仅仅提问"你能通过剪一剪、拼一拼的方法,将一个平行四边形变成长方形吗?"并加以引导,学生注意力会更多地停留在正确实施剪拼的活动上,难以深入理解"平行四边形的面积、底、高、邻边与长方形的面积、长、宽"之间的联系和区别。

经验出现差异式断层,就必须让学生发现差异、感悟差异,并追本溯源,以经验原点的同一性助推再认性经验的改造,沟通"教"与"学"的通道。

在学生坚信这个平行四边形面积=底×邻边=9×6=54平方厘米时,呈现格子图。

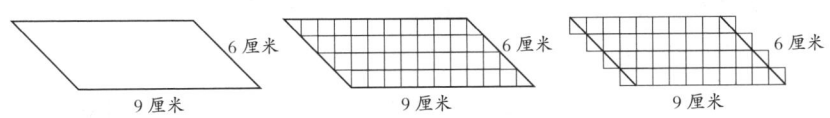

于是,学生将平行四边形的面积锁定在(8×4)32平方厘米和(10×4)40平方厘米之间。这一过程不仅让学生认识到长方形面积和平行四边形面积

的差异，也让学生在面积的度量层面沟通了平行四边形面积与长方形面积的计算方法，即"每行摆的单位面积数 × 摆的行数"。接下来，让学生自己利用格子图探究得到平行四边形的面积计算公式就水到渠成了。

12月12日 倍拼法怎么教？

如果推导三角形的面积计算方法能照搬平行四边形面积推导经验，依然用割补法转化推导，学生就可以将已有经验迁移来解决此问题了。但教材采用的是将两个完全一样的三角形进行拼接（简称倍拼法）这与学生的割补经验出现了差异，学生无法直接迁移。

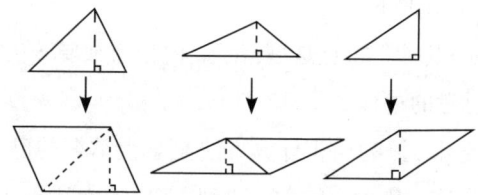

无论是等腰三角形还是不等边三角形，都能通过割补法转化成平行四边形或长方形，那么，教材为什么放弃了割补法，选择了倍拼法？就认知发展水平而言，学生已经完全具备对等腰三角形进行割补转化的能力。但对不等边三角形，需要沿中位线割补转化，超出了孩子已有的知识水平，凭他们自己的能力很难想到这一方法。即便是教师告知了方法，如果不辅之动态直观支撑，学生依然难以理解其中缘由，难以操作成功。而教材选择的倍拼法，无论是哪一类三角形，都非常直观形象，学生很容易理解。

割补法与倍拼法的差异，使我们在教学三角形面积时，常常彻底放弃了平行四边形面积的推导经验，以一种"从头开始"的状态切入学习。

要将新旧经验有效联结，我觉得可以让学生利用已有的割补经验获得成功体验，再引导他们发现有些三角形不容易割补转化，从而使他们形成寻求"其他方法"的学习需要。给孩子们提供一个等腰三角形、一个不等边三角形，他们会拿起三角形就沿着高剪,然后拼。在这一过程中,学生发现其中一个三角形能成功转化,顺利推导出"三角形面积＝底÷2×高",但另一个三角形却转化失败。

于是,一起观察剪开的图形。"为什么这个三角形能很容易就成功转化了?"原来它是等腰三角形,沿着高能剪成两个完全一样的三角形。

"有什么方法也能使这个不等边三角形转化?"孩子们想到了"也使它变成两个完全相同的三角形"、"再找一个和它完全相同的三角形",也得到"三角形面积＝底×高÷2"。

此时,我抛出第三问"'底÷2×高'与'底×高÷2'有什么关系",抓住它们的联系和差异,就能让学生顺利将三角形面积推导经验与平行四边形面积推导经验有效联结起来。

12月13日 孩子解题是否灵活,教给他们何种策略是关键

课堂作业本上的题目难易度常与课堂教学内容的深浅度不一致。比如,在课堂上刚刚探究出梯形面积怎么推导得到,课堂作业本上的作业就是"估计,测量有关数据再计算"、"稻田可收稻谷多少吨"、"梯形上底增加1厘米,下底增加1厘米,面积怎样变化",可以说都是变式题。刚学习了面积如何计算,是需要再做一些基本练习来强化的,技能总需要通过一定的练习才能形成。

今天,讲做课堂作业本。其中一题"一个长1.2m、宽0.8m的长方形能做底0.2m、高0.3m的三角形小红旗多少面?"大部分孩子都想到了"1.2×0.8÷(0.3×0.2÷2)",即大面积里包含几个小面积的方法。在直观图示下,个别孩子呈现了"(1.2÷0.3)×(0.8÷0.2)×2"的方法。

我们必须清楚,第二种方法是更上位的解题策略。"大面积÷小面积",能解决密铺的图形个数,在四、五年级尚有一定适用性,可一旦题目灵活或结合了生活实际,出现"浪费""有多余"的情况,就不再适用。等到不再适用时

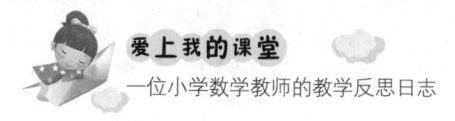

再去讲其他方法，孩子对第一种方法的印象已根深蒂固，其他方法掌握起来就不容易了。所以，一开始就要让孩子掌握最好的策略。

第二种策略，先针对长方形和正方形的长最多能放几个"小长"，宽最多能放几个"小宽"，再根据面积计算方法，求出小图形摆放个数。即便将来拓深到了立体图形，比如一箱能放入多少瓶饮料，利用体积计算方法，根据长最多放几个，宽最多放几个，高最多放几个，就能求出饮料的瓶数。可见，这道习题和六年级总复习时的题目求解思路一致。

因此，无论从方法的灵活性还是后续的发展性考虑，都是第二种策略占优，需要学生重点掌握。我们可以借助草图理解为什么要"×2"，因为按照"长最多能放的个数 × 宽最多能放的个数"算出来的是两个三角形合起来的小长方形的个数。草图一画，孩子们就明白了。

另一题，已知平行四边形面积为18平方厘米，高4.5为厘米，求与它同底等高的三角形面积。这道题目不难。如果孩子是用"18÷4.5×4.5÷2"的方法来做的，说明三角形的面积计算方法在孩子脑海里已经转化成了一个公式—— 三角形面积 = 底 × 高 ÷ 2。因此，他希望得到基础数据底和高，再求面积。如果孩子是用"18÷2"来解答的，说明孩子对三角形面积的推导过程，对三角形面积为什么是"底 × 高 ÷ 2"的理解已深刻。

通过这道题目，我还希望孩子领会到：计算图形的面积，除了可以画草图辅助外，常用的还有两种方法，一是抓住基础数据，利用公式解答，二是利用模块解答。利用模块解答的方法较抽象，在六年级运用较多。既然是后续要用的重要方法，自然不能放过渗透的机会。

我先问："求三角形面积需要什么基础数据？"学生说底和高。我出示题目："已知平行四边形面积为18平方厘米，求与它同底等高的三角形面积。""你会求吗？现在没有给你底和高，你怎么求三角形面积呢？"

一个学生说："因为这个三角形和平行四边形是有特殊关系的，它们等底等高。所以，可以借用平行四边形的面积来求三角形的面积。"另一个学生说："这个平行四边形的面积是18平方厘米，就是'底 × 高 =18 平方厘米'，再除以2,就是三角形面积了。"

这时,就可以帮助学生小结:是的,计算面积,如果知道图形的基础数据自然可以利用公式计算,可有时题目不给我们基础数据,我们也要能利用内含的关系来求得面积。像这道题就不需要再去想底是多少,高是多少,而是可以直接用底和高的积18来计算。我喜欢把这种解法称为模块解法,就像是几个数据成块状合起来用,不必一个数据一个数据拆开来利用。随后呈现这道题目:圆和平行四边形大小一样,已知圆的面积是16平方厘米,求平行四边形内最大的三角形的面积。这道题目还是没有可利用的基础数据,要利用模块解法。圆的面积没学过,有问题吗?没有。平行四边形内最大的三角形可以画一画,它其实就是和平行四边形等底等高的三角形。有了前一题的铺垫,后一题对孩子来说没有什么困难。孩子解题要灵活,就需要我们常常拓宽他们的思路,挖掘简单习题背后的思想方法,尽可能教给他们最好的策略。

12月17日 同门兄弟

中午,我拉了把椅子坐在两班教室的中间,隔一会儿向窗里喊一句:昨晚作业快来订正!

坐在阳光下,深切感受到雪后阳光温暖的力量,觉得自己思绪蹁跹,不知欲往何处。作业订正过程中发现孩子们的错误主要源于对组合图形不会合理分割。当毛松泉写着"2+3=6"给我看时,我实在忍不住笑出了声,问2+3等于几啊。他立马回答"6"。"数一下手指,2个加3个。"他还真一本正经地数了一下,"啊!是5!"

过了一会儿,502班的郑梦蝶递过来作业本,上面也是这个错误。坐在窗边的他听见了,还探出头来一句:啊,我的同门兄弟!

12月21日 过关前渗透一下并无妨

多边形面积单元过关就在今天。这张单元过关卷的难点主要是：

一是单位不统一的陷阱频现，如："一块梯形水稻田的上底是120米，下底是180米，高是30米，这块水稻田的面积是（　　）公顷。""一块平行四边形稻田，底是220米，高是150米，如果每公顷施肥90千克，这块稻田需要施肥多少千克？""李老师要配一块平行四边形的玻璃，底边长5分米，高6.8分米，这种玻璃的价格是25元/米^2，李老师付出10元，应找回几元？"

二是未出现过的题型较多，如"一个直角三角形的三条边长分别是6厘米、8厘米、10厘米，它的面积是（　　）平方厘米"。这就需要孩子自己考虑哪两条是直角边，可以作为三角形的底和高。

我想，单元过关的目的应该是考查孩子们对本单元的重点知识有没有掌握，他们能不能灵活解决问题。单位换算根本不是这一单元的重点，但却成了本卷失分的重点。这种"陷阱"导致的低分对孩子的发展，对学习成果的检验都没有积极的意义。开卷前的提醒是最高效的，发卷后的倾听永远比不上开卷前的讲解。

再三思考后，我走进教室开始了过关前渗透。

首先，请找一找卷子上有单位陷阱的题目，说一说是怎么发现的。孩子们聚精会神，把全部的陷阱都找出来了。有好方法才会有好的成绩。找出陷阱后要及时标注，可以用画线的方法，也可以用加点的方法。

其次，回顾这一单元解题时最常用的方法：图形题及时标注数据法（计算图形面积）、抓基础数据法、画图思考法、模块解题法（解决问题）、添加辅助线法（组合图形），这些是我们自己归纳的方法。

好。动笔吧。

解答的技巧也是非常重要的。如果在每次开卷前都让孩子想想本单元的内容哪里特别容易出现什么错误、习题常会有哪些陷阱、解题的常用方法有哪些，或许，久而久之，孩子会将这些深深印入心里，形成一种良好的思考习惯。

现在，我越来越觉得过关前自己必须细看练习卷，要根据教学内容和日常学习重点灵活使用过关卷。过关卷若是基础知识,题目又适度灵活,完全可以扔给孩子自己解答。而遭遇偏离重点的,我还是要在过关前渗透一下,一切视具体情况而定。

12月24日　悠悠然的日子

早上 10:30,代表奉化参加宁波市优质课评选的任务终于完成了。这个压在身上足足两个月之久的任务一完成,我就觉得浑身轻松自在。站在报告厅的台上,只感觉灯光强烈,心情却很平静。虽然课堂没有自己期望的激情洋溢,但我还是缓缓地顺利地完成了所有的教学任务。

无所谓成绩好坏,我终于可以开启一段悠悠然的日子。

502 班继续编码教学。从让学生了解邮政编码到区号到身份证号,到编写自己的学号,整个教学都很轻松,我自己也很放松,所以,谈及了自己的身份证号,读师范时的学号"99251"。说到学号的好处时,甚至想到了自己读师范时的脸盆、牙杯上都印着"99251",寝室的模样也顿时浮现在了眼前。

501 班今天要做"新思维数学"的实验检测卷。高难度,不知道孩子们能解到何种程度。

不着急,不担心,过悠悠然的日子。

12月29日　准备杀尾

今天学习"可能性"。对于可能性,学生有很多生活经验的支撑,因此学起来比较轻松。本课重在理解"公平"、"等可能性"的含义。我从"举行足球比赛,裁判用抛硬币决定谁先开球。你认为公平吗?"引入可能性教学,学生对此都认为是公平的,都认为两队开球的可能性是二分之一。

"那抛两次,一定是一次正面,一次反面吗?""不是。""抛的次数少,偶然性就大。如果抛的次数多……"孩子们猜测大概就该是二分之一。于是

呈现历史上的数学家掷硬币试验的数据统计表,发现的确是二分之一左右。

在课堂上可以清晰地感觉到孩子们对解决如"三名同学玩跳棋,每人选一种颜色,指针停在谁选的颜色上谁就先走。小丽选择了红色。你认为这样的方案公平吗?"这类题目都毫不费力,也能重新设计一个公平的方案,这说明他们对"是否公平"的判断没有难度。

公平,是因为等可能性。可能性有大小,要算出不同的可能性再来判断公平与否,就难了一些。如"数字3,6,5,如果摆出的三位数是单数我就赢,否则算你赢。公平吗?"区别单数、双数,目前可以依个位的数字予以判定。要发现单数有365,635,563,653四种可能,而双数只有6在个位的356,536两种可能。因此摆出单数的可能性是六分之四,摆出双数的可能性是六分之二,所以不公平。如此完整地阐述颇有难度,但是还是有孩子阐述了,其余孩子理解起来还是比较容易的。

一节课,没有用来做课堂作业,也没有用来讲解书上习题。可能性的知识完全可以在课堂上掌握。

2011年1月4日 学习密铺问题

早上,学习密铺问题。街道两旁的路面常常要铺一些几何图案的砖,地砖的形状往往是正方形,也有长方形、正六边形。因为正方形、长方形、正六边形的地砖都可以将一块地面的中间不留空隙也不重叠地铺满,即密铺。

怎样的情况能密铺?孩子们说有直直的边,能重合的边,这一点是从圆形无法密铺中得到的启示。但正五边形不能密铺的事实给孩子们带去了思维冲突。显然,从内角度思考密铺问题就困难了。

要能密铺,图形公共顶点上几个角的度数之和就要是360度。因此,每条边相等的正三角形、正方形、正六边形在角度上独具优势。正方形每个角都是直角,那么4个正方形拼在一起,公共顶点处的4个角,正好拼成一个360度的周角。正六边形的每个角都是120度,3个正六边形拼在一起时公共顶点上 3 个角的度数之和也正好是 360 度。正三角形的每个内角都是 60 度,6 个角的度数之和就正好是 360 度了。

这一点应该有很大一部分孩子不太懂。但画一画,看一看密铺图,孩子们就能初步理解了。

1月5日 "缉凶"有收获

今天,进行了"统计与可能性"单元测试,有些错误实在让我百思不解,决定做一次警探揪出致错的元凶。

解决问题:从写有 5,6,1,8 数字的四张卡片中任意抽出 2 张。①它们的积是 2 的整数倍的可能性是多少?②如果它们的积是单数,小明就赢,如果是双数,小刚赢,你觉得这个游戏公平吗?为什么?

首先列式,5×6=30,5×1=5,5×8=40,6×1=6,6×8=48,1×8=8。然后,判断积是 2 的整数倍的有 5 个,所以"它们的积是 2 的整数倍的可能性"就是六分之五。第①小题出错的孩子非常多,他们当中认为积是 2 的整数倍的数只有 4 个,故认为可能性是六分之四。

孩子能想到可能性是六分之几这一步,显然他们算对了积有 6 种可能。出错的原因自然是在"2 的整数倍"上了。2 的整数倍不就是偶数吗?也就是说,30,5,40,6,48,8 这 6 个数,难道他们还分不清哪些是双数?可以结案了?未必。

按理说,这一部分孩子应该也做不对第②小题,可是,这些答前一小题是六分之四的孩子却偏偏答对了这一小题,说:"不公平。因为积是单数的可能性是六分之一,积是双数的可能性是六分之五。"

很邪门吧! 在孩子的概念里,2 的整倍数不等于双数?那么双数这个概念在孩子的脑海里到底是怎样的? 孩子又是如何判定单数和双数的?

于是,找了几个在这个问题上出现了错误的孩子询问:"旭斌、胡凯腾、楼兰、舒嘉文,你们认为怎样的数是双数?"宋旭斌说:"双数就是 2,4,6,8 这些数。"胡凯腾说:"双数就是个位是 0,2,4,6,8 的数。"舒嘉文说:"双数就是能被 2 除断的数,就是偶数。"从孩子们的回答中,我感觉到他们对双数还是有较清晰的认识的,双数不就是 2 的倍数吗?那么出错的原因到底是什么?也许就是毫无理由地做错了吧。对于揪出出错"元凶"我已经不抱什么希望了,随口问道:"那么 2 的整数倍是什么意思呢?"

舒嘉文说:"不太理解,应该比 2 的倍数又复杂一点。"

哈,原来如此,问题在这儿。在孩子心中 2 的整数倍不等于 2 的倍数,"2 的整数倍"比"2 的倍数"多了一个字,是复杂了一些。

那么,导致孩子认为"2 的整数倍不等于 2 的倍数"的元凶是谁?

因数、倍数是五年级下册的内容。自己班因为赛课关系,提前试教过。连这么优秀的孩子都不知道 2 的倍数就是 2 的整数倍,自然有我的过错。可也不全怪我啊,教材、教参都是从乘法式子引出因数和倍数的概念,无论是哪一道习题,都未出现过"整数倍"一词。

那么,孩子们遗忘或是弄混概念皆情有可原了。以后,我要记得从"整数倍"这个层面上加以拓宽,这样既可以区分几倍和倍数,也可以进一步理解因数和倍数的概念。

1月6日 今天开始期末复习

今天,开始期末复习。于是,老套的开场白又用上了。

先看看这学期的学习内容可以分为几块,结合课堂作业本,很清晰地呈现出 4 部分内容:小数乘除法,简易方程,多边形面积,统计和概率。期末考试在 1 月 20 日,除去双休日,只有十来天,除去练习时间,最多上 8 天复习课。8 天就是 8 节课,每部分可以复习 2 节课,合计 1 小时多一点……

说着说着,孩子们的眉头开始打结了,说着说着,我自己心里也直打鼓了。

立马开始复习小数乘除法。

从计算法则开始讲起,乘法的,除法的,积的近似值,简便计算,应用题……讲一例马上练习,个别孩子板演。一个知识点,一个知识点讲过去,每个知识点只能练一题。

感觉501班有三四个孩子基本不会计算了,502班整体还可以。

总复习,需要家长的关注和指导。知识汇聚在一起,对有的孩子来说掌握应用起来有很大困难,而站在庞大的集体里,有时我觉得有心无力,关注不了每个孩子。

1月11日 "不可能!"的背后是轻视细节

昨晚的作业是4道列方程解决问题。按理说,应该会有很多孩子全对,现实却很残酷。发作业前我告诉孩子"501班做对7人,502班做对9人"。

很多孩子嚷道:"不可能!不可能!"不可能?

发下作业,孩子们看到自己的错误后,虽然不嚷嚷了,但还是不甘心地咧嘴皱眉。

错误主要有三:一是很多孩子在"设"时,未知数后面没有跟写单位;二是解出未知数后,在方程的解 x=(　　)后面写了单位;三是"答"句不够完整。

明明打着叉叉,为什么还是不甘心呢?因为他们觉得这是小问题,发现自己的答案是正确的。但正是对细节的不关注,才导致了这些本可避免的错误。

1月18日　数形结合是救命稻草

昨天早上还在优哉,身上的任务只有两个了,下午记事本上的事情就增加到了5个,真是如同"不能讲我从来不长冻疮"的冻疮效应一样,说不长,马上长。

今天早上,我真是"呕心沥血"了。早上两个班级各上了两节数学课,四节课下来"声嘶力竭",但愿"劳苦能够功高"。

时分的单位换算还是有很多孩子要错,比如把150分钟化成2.3小时的孩子就有十几个。

不过,错误最多的还是求多边形土地面积上的稻谷、小麦产量。"总产量÷公顷数=每公顷产量","公顷数×每公顷产量=总产量",这两个数量关系靠死记,的确存在问题。

我只能把数据缩小,画一个九宫格,每个格子代表1公顷,每个格子里画上两棵稻谷。每公顷有几棵稻谷,怎么算?自然是总共18棵÷9公顷=2棵/公顷。然后,数据扩大、扩大、再扩大,最后归纳公式。数形结合,是我们的救命稻草了,但愿有效。

1月19日 构思寒假作业

还在502班分析计算题的易错之处,语文老师便匆匆推门而入,说接领导通知,因明后天下大雪,马上进行期末考试。

天哪,话才讲一半,想说的还没说完呢!悻悻然回到办公室,转瞬又笑逐颜开。

透过窗户,望向走道上的孩子们,他们的兴奋溢于言表。提前考试,大家很兴奋。坐下来,开始拟订寒假作业。

寒假作业本已经反复翻了好几次,题型也做了摘录,尽量做到不重复选题,也不漏好题。下学期的课本目录也查阅了,觉得用写日记的方式去探索分数对孩子来说难度太大,万一留下错误的印象反而得不偿失,还不如探究长方体和正方体。再细阅了大队部下发的寒假倡议书,敲定了本学期的寒假作业。

数学寒假作业

姓名：_____ 总得分：_____

亲爱的孩子们：

寒假数学作业分为三部分——

1.《寒假作业本》每题4分,共计80分。

第4页 直接写出得数(　　)(　　) 化简(　　)(　　)

第5页 求阴影部分的面积(　　)(　　)

第10页 解决问题(　　)(　　)根据商不变规律填数(　　)(　　)

第11页 按图列方程并求解(　　)(　　)

第16页 盒子里卡片的可能性(　　)(　　)

第22页 解方程(　　)(　　)

第23页 填空(　　)(　　)

第29页 列方程并求解(　　)(　　)

第34页 用简便方法计算(　　)(　　)解决问题(　　)(　　)

第46页 解决问题(　　)(　　)

第52页 算一算(　　)(　　)

第53页 搭一搭,找出形状(　　)(　　)

第59页 解决问题(　　)(　　)

第64页 在□里填上合适的数(　　)(　　)

第76页 用简便方法计算(　　)(　　) 解决问题(　　)(　　)

第77页 图形计算(　　)(　　)

2. 制作一个精巧的元宵灯笼。计10分。(　　)(　　)

3. 撰写两篇数学日记。每篇5分,共计10分。

(1)《我会求表面积》。找一个长方体和正方体纸盒,通过拆拆剪剪等方式,尝试求出它们的表面积,把这个过程生动地描述出来。(　　)(　　)

(2)《体积是什么》。什么是体积？你会求谁的体积？长方体？正方体？圆柱体？把提出疑问、求索答案的过程写成日记。(　　)(　　)

注意：每项任务后面的两个(　　)的用处是,完成后,在第一个(　　)后打√。第二个(　　)里填写开学批改后的得分。

打印出来,一一粘贴到每本《寒假新时空》的末页。啊,一个学期,真的要结束了！

五年级第二学期

2月19日 又是一个新学期的开始

昨天开学了。我见缝插针地对两个班级的寒假作业共20题都进行了答案的校对,个别难题作了简单分析,还给501班的孩子们带来的灯笼打了分。两个班250余篇数学日记的批改直到昨晚20:12才完成。对两班寒假作业列表总结时,发现寒假作业本还有3个孩子没交,数学日记还有8个孩子没交,灯笼还有15个孩子没带来,看来,总结要留到周一去做了。

在批阅各项作业的过程中,心情越发地愉悦。孩子们的寒假作业做得真好,尤其是501班的作业。最让我惊喜的就是陈渊生了,在上学期期末考试获满分佳绩之后,这个寒假里他做的习题作业,写的数学日记,还有做的灯笼,在班里都是数一数二的好。他是扬起了快乐的学习风帆了啊,我可一定要保护好他这股劲,让他趁着这劲儿蹿上来。竺逸汶的习题作业无一处错误,是两个班里唯一的满分。说真的,寒假作业本中挑选的习题不简单,能做到如此细致,其中的认真是可想而知的了。其他孩子的良好表现要留到作业总结时进行点评了。

周一打算上新课。孩子们在二年级时已经初步感知了生活中的对称、平移和旋转现象,初步认识了轴对称图形,他们能在方格纸上画简单的轴对称图形,也能在方格纸上画出一个简单图形沿水平或垂直方向平移后的图形。现在则是要让学生进一步认识图形的轴对称,探索图形成轴对称的特征和性

质，学习在方格纸上画出一个图形的轴对称图形和一个简单图形旋转90度后的图形。难点在第二课时，要求学生将一个图形按一定方向绕一个定点旋转一定度数，并画出旋转后的图形。

2月21日 课堂上不应有孩子受挫

昨晚翻读窦桂梅老师的《玫瑰与教育》，看到小红花背后的故事，被一句话——课堂上不应有孩子受挫折撼。

曾经想过，要不要模仿儿子的班级做一些印着数学公式或者数学概念的小卡片奖励给上课回答问题积极的孩子，因为懒，而搁置了。现在看到窦老师面对印着拼音和词语的小红花坚定地表达"小红花传递给孩子太多的情感牵扯，害大于益"时，我就不知如何表达情绪了。积极主动、勤奋认真经常被表扬的孩子总是那一群，如果他们总是得到奖励，那么其他的孩子收获的又是什么？而学习积极、态度认真的孩子，又是否真的需要这些奖励呢？教育真是个复杂的问题。

今天学习轴对称图形。看着单元始页美丽的图案，问孩子们在里面看见了哪些数学知识。最初，孩子们说"对称"，追问之下才想到了"平移"、"旋转"。今天学"画轴对称图形"，明天就要画旋转图形了。

画一个图形的对称轴，孩子们早就会了。一个图形是对称图形的一半，画出这个对称图形的另一半，才是这节课学习的核心。一节课，感觉很轻松，孩子们举手很积极，真好！口头表扬和赞许的目光传递着我的喜悦，而回应我的是孩子们满满的喜悦。

2月22日 对比中凸显核心问题

今天学习"旋转"。昨晚花了一个多小时才备完今天要上的课，觉得这课真是不好上。画出绕顶点按一定方向旋转若干度后的图形，对孩子来说着实不易。教参明确指出本课教学目标为"能在方格纸上把简单图形旋转90度",也就是按顺时针/逆时针方向画90度旋转就可以了。但是,作业本上赫然就有"把三角形旋转90度、180度、270度"的习题。

教学从旋转的三要素入手。

第一次对比。从钟面上抽象出两条线段A、B,让它们都绕点O分别按顺时针、逆时针方向旋转90度。一样的线段都在旋转,为什么情况会有不同?大家一致得出旋转的方向不同导致旋转后所形成的图像不同。然后大家做做动作,用手臂顺时针、逆时针转一转,感受旋转方向的不同。

第二次对比。"现在我让它们都按顺时针方向旋转,得到的图形一样吗?有什么不一样?"孩子们会发现角度不同。一个按顺时针方向旋转90度,一个按顺时针方向旋转180度,得到的图像自然不同。

第三次对比。"好,现在我让它们都按顺时针方向旋转90度,应该会得到一样的图形吧?"让学生预测。孩子们有的说这次肯定一样了,有的说还是不一样。为什么还是会不一样呢?

坚持说不一样的孩子,却说不出为什么,原来仅仅是猜测。

那就看一看吧。一个绕A点旋转,一个绕B点旋转,啊,真的不一样,顺利引出第三要素:中心点。

在对比中凸显核心问题,这一环节流畅高效。接下来画旋转的线段,再画旋转的角,最后画旋转的三角形。图形的旋转一定要先画出与中心点相连的两条边,再去连接剩余的边。一个直角三角形,如果以直角的顶点为旋转的中心点,旋转后的图形就不容易画错,如果以其中一个锐角的顶点为中心点画旋转后的图形,难度就大了,错误也就多了。另外,将一个长方形按逆时针方向旋转90度的错误率也是极高的,因此,一定要抓住与定点相连的两条边进行旋转。

多画画,当作技能培养吧。

3月1日 因数、倍数概念引入需要借助直观吗？

关于"因数和倍数"的概念，新老教材编排发生了很大变化。老教材通过算式分类抽取出"a÷b=c（a、b、c都是自然数，b≠0）"来揭示概念，也就是说，因数和倍数的概念由原来的定义式变化为描述式。这种概念方式转变的倍数隐含着什么？

在整个小学阶段，由于数学概念的抽象性与学生思维的形象性存在矛盾，大部分概念没有下严格的定义，而是从学生所了解的实际事例或已有的知识经验出发，尽可能通过直观的具体形象，帮助学生认识概念的本质属性，呈现较强的直观性。描述式概念，一般借助于学生通过感知所建立的表象，选取有代表性的特例做参照物而建立。"表象"是否意味着如今引入这两个概念必须借助直观了呢？

"因数和倍数"一课，人教版小学数学教材提供了2行飞机，每行6架的直观图，北师大版小学数学教材提供了学生们熟悉的水果购买情境，苏教版小学数学教材、浙教版小学数学教材都采用了小方块摆长方形直观图的方式。

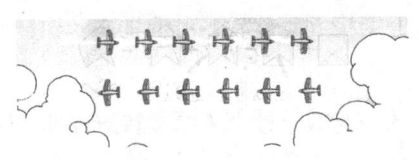

2 × 6 = 12

2和6是12的因数。12是2的倍数，也是6的倍数。

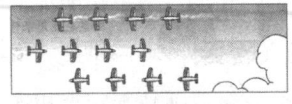

3 × 4 = 12

3和4也是12的因数。12是3和4的倍数。

注意：为了方便，在研究因数和倍数的时候，我们所说的数指的是整数（一般不包括0）。

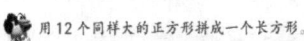

用12个同样大的正方形拼成一个长方形。

每排摆几个？摆了几排？用乘法算式把自己的摆法表示出来，并在小组里交流。

4 × 3 = 12   6 × 2 = 12

12 × 1 = 12

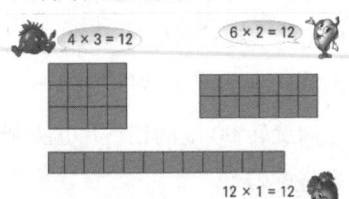

4 × 3 = 12，12是4的倍数，12也是3的倍数，4和3都是12的因数。

根据6 × 2 = 12，你能说出哪个数是哪个数的倍数，哪个数是哪个数的因数吗？根据12 × 1 = 12呢？

* 为了方便，我们在研究倍数和因数时，所说的数一般指不是0的自然数。

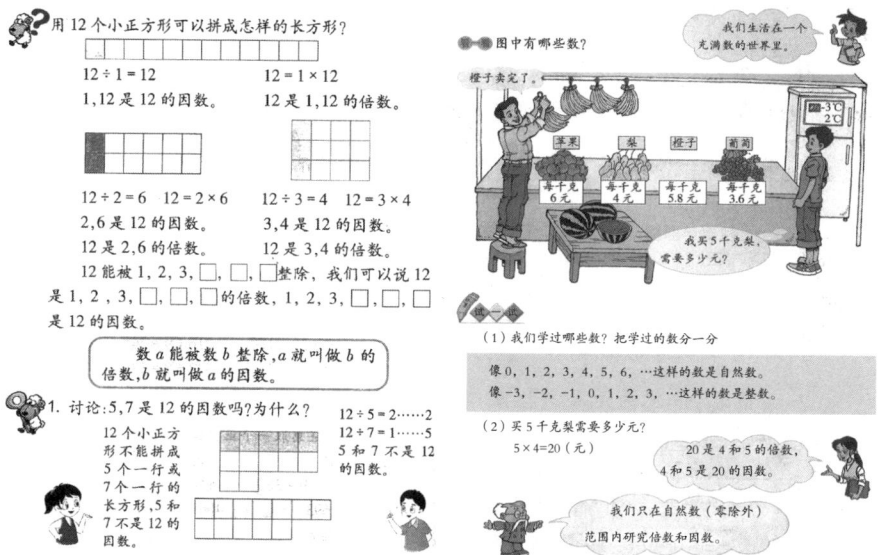

各版本教材似乎都在告诉我们因数和倍数概念的建立需要借助直观。可因数和倍数的概念本身似乎与形的结合并不紧密。直观摆图之后告知学生概念和直接告知学生概念有什么区别？直观图无非引出整数相乘的乘式，对五年级的学生来说，他们完全具备直接从抽象的概念中得出乘式的能力。直接引导学生发现整除特性获取新知，有何不可？于是，就形成了这样的困惑：不直接告知数学规定，而是以直观为例，到底有什么意义？

于是，在两个班级实施了不同的概念引入环节：

【设计一】

1. 出示三个数：5, 7, 10, 你觉得哪两个数中存在倍数关系？

2. 为什么认为10和5之间存在倍数关系？你是怎么想的？会什么不选5和7？7是5的1.4倍啊！

3. 看来同学们认定的倍数关系指的是两个整数成整数倍关系。我们以前认识的"倍"可以是小数倍也可以是整数倍。"倍"和"整数倍"，谁的范围更大？

4. 我们今天研究的就是这种范围较小的"整数倍"关系，即因数和倍数关系。我们可以说，10是5的倍数，5是10的因数。

5.加数字30变成四个数：5,7,10,30

现在谁是谁的因数，谁是谁的倍数？和同桌说一说。

6.看来可以从式子中找到一种关系。你能从下列哪个式子里发现因数倍数关系？

12÷2=6　3×4=12　12÷5=2.4

【设计二】

1.用12个正方形摆成一个长方形。能不能用一道简单的乘式表达出来？

2.猜猜看，他想的是每排摆几个，摆几排？还有吗？能摆5行吗？

3.我们只研究整个整个的图形拼摆，也就是说，这节课只研究整数之间的关系。就在这样简单的整数之间、图形之中还蕴含着一种到现在我们还没有学过的关系。揭题：因数和倍数。以2×6=12为例，因为2×6=12，所以，2是12的因数，那么6也是（　　）。我说一句，你就能通过迁移得出下一句，很好。反过来，12是2的倍数，12也是（6的倍数）。那这两个式子中所蕴涵的因数和倍数关系，请你和同桌说一说。

4.你发现12有几个因数？刚才用12个小正方形摆出了几种长方形？得到了几个乘式？（12有6个因数，3个乘式，3种长方形——最多6个因数）你有什么想法？

5.我们通过举例、观察发现了一个规律，但我们需要多举几个例子来验证。

试试"2"，想象2个小正方形能摆成怎样的长方形吗？你想到的式子是哪个？它的因数有哪些？2的因数有1,2。

"1"呢？几种摆法？式子？它有几个因数？怎么只有一个了呢？

"0"呢？0个正方形去摆放没有意义，数学家也觉得没什么意义，就把0从因数和倍数的研究范围中剔除了。（借直观理解为什么研究因数和倍数不包括"0"。）

课堂实践之后，借助直观的优点便明显显现出来了。设计一，直接给予一个乘式引出因数和倍数的概念，学生的感知是表层的。而且，必定连带硬性规定：因数和倍数只研究整数且不包括0。学生的思维停留在记忆层面，部分学生因为其抽象性不能切换数字之间的关系。设计二有了形的支撑，以直观为例引出概念后，教师只要报出一个数字，学生的脑海中就会出现3个小正方形，迅速摆成长方形，得到一种摆法，找到它的两个因数1和3。学生也能很好地理解1为什么只有1个因数，研究因数和倍数为什么不包括0。以直观为例，就将学生形成数学概念的过程变为在问题情境中尝试操作而形成思考和分析的过程，学生就经历了从"数学描述"到"合理定义"的概念形成过程。

3月2日 规避不如辨析

因数和倍数一课，此因数非四则运算中的因数，此倍数又不同于二年级时就已经认识的"倍"。这无疑会给概念的理解带来负效应。吴正宪老师曾做过测试：

请试着选择有因数和倍数关系的式子
（1）12÷0.4=30
（2）28÷7=4
（3）32÷5=6……2
（4）1.8÷0.9=2
（5）0.5×24=12

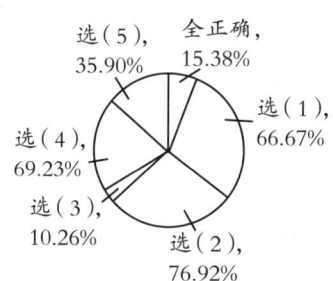

（1）（4）选择率都超过了60%！

我也做了这样的前测：

你听说过"倍数"和"因数"吗？你怎样理解？试着举例说一说。

答：我听说过"倍数"和"因数"，比如30÷6=5,5是倍数,我认为倍数是除法算式中的商,比如：4×6=24,4和6都是因数。

你听说过"倍数"和"因数"吗？你怎样理解？试着举例说一说。

4.5是9的倍数,3.5是0.5的倍数,81是0.9的倍数

孩子们的回答表明他们受到了前认知的干扰——此因数非彼因数,此倍数非彼倍数。如果在因数和倍数概念的教学中规避小数的出现,不出现"0.5×24=12"这类题目,不让学生辨析,课堂教学应该会顺风顺水。但这样是否真的有利于学生建立概念系统呢?面对知识难点一味回避必定不利于概念的深刻理解。昨天初触概念,我没有安排"倍"和"倍数"、"乘法中的因数"和"因数"的辨析,是出于正向推进概念的考虑。今天的练习课上要进行较为深入的辨析和梳理,是为了让孩子全面地理解和掌握概念,我再次展开了以下环节的教学。

师:同学们对因数和倍数关系已经有了一定的认识,那我们先来判断几组关于因数、倍数的话。

屏幕显示:0.9×2=1.8,所以1.8是0.9的倍数,0.9是1.8的因数。

生:对。

生:错。

师:你为什么认为是错的呢?

生:因为0.9和1.8是小数,因数和倍数只研究0以外的整数,应该不研究小数。

生:小正方形都是整个地去拼长方形,0不在研究范围内,小数也不在研究范围内。

师:的确如此,可是,刚才为什么会有那么多同学认为是对的呢?能不能说说你是怎么想的?

生:因为1.8是0.9的2倍。

师:是的,1.8是0.9的2倍,是我们很早就认识的几倍关系。这个几倍关系和我们今天认识的倍数关系一样吗?

生:几倍,可以是小数倍,也可以是整数倍。而因数和倍数关系是整数倍关系。

师:对,当整数之间存在整数倍关系时,才有了因数和倍数关系。同学们,正是由于刚才一部分同学的错误,让我们回忆起了以前的几倍关系,知道了

"几倍"和"倍数"的不同,进一步清晰了因数和倍数关系的研究范围,这就是错误带来的思考。所以我们不必害怕错误,要善于从错误中汲取正确的知识。那么,这句话对吗?

屏幕显示:0.9×2=1.8,0.9是因数,2也是因数。

在已初步形成概念的前提下,依托反例如"0.9×2=1.8,1.8是0.9的倍数,0.9是1.8的因数",让孩子们自己去比较、去发现、去归纳,以例规例,最终清晰地界定概念,同化概念。

3月3日 2、3、5的倍数特征,你问为什么了吗?

2和5的倍数的特征体现在个位,而3的倍数的特征体现在各个数位上的数的和。执教这两课,常见流程是倍数举例 — 发现特征 — 数学化提取、判定组数等练习。

为什么它们的倍数会有这样的特征呢?或许对孩子来说探究这个问题有些难,但不探究或许就永远不会去思考了。我希望能找到适合孩子的简单的探究活动,让孩子知其所以然,懂得特征背后的道理,知道先举例验证,然后思考为什么会这样。

在得到2和5倍数的特征后,我选择了计数器和直观图探究判断一个数是不是2和5的倍数为什么只看这个数的个位数字就可以了。

1. 理解一个数是不是2的倍数,只和个位上是几有关

问1:假如有14根小棒。这1个丨如果2根2根地分,能分完吗?

当十位是1的时候,显然没有剩余,只要看个位上的数能不能2根2根地分完,就可以了。

问2:那么,当十位是2的时候呢?2个十如果2根2根地分,能分完吗?

追问:当十位是n的时候呢?

十位上不管是几,只要2个2个地分,都不会有剩余。

小结:一个数是不是2的倍数,和十位上是几无关。

2. 理解一个数是不是2的倍数,和百位及更高数位上是几无关

问1:那么,和百位是几会有关吗?比如124。100根小棒2根2根地分,会有剩余吗?

追问:那若是200根呢?更多呢?

追问:谁能用一句话来表达?

问2:由此推想,千位上的数、万位上的数呢?2根2根地分,会有剩余吗?

得出结论:一个数是不是2的倍数,只需要看这个数的个位数是不是2的倍数。

3. 迁移认知:一个数是不是5的倍数,只和个位上是几有关

问:谁能用刚才的方法解释5的倍数为什么也只需要观察个位上的数就可以了?

小结:看来,一个数是不是2或5的倍数,不受它十位、百位、千位等高位数的影响,在判断时,只需要观察个位上的数是不是2和5的倍数就可以了。

用计数器进行直观演示,黑板上用图、数配合记录,感觉孩子们很轻松地就掌握了。所以,3的倍数特征探究就可以相对放手了。利用百数表发现特征并验证后,以问题"为什么一个数是不是3的倍数,要看各个数位之和呢?"入手展开探究:

1. 理解十位的"剩余"

问1:我们也从14开始,仔细研究研究好不好?14,十位1个十,3根3根地分,能分完吗?

(1个十多余1根)这1根和个位上的4根加起来总共5根(1+4=5),最后把这5根3根3根地分,还有剩余,所以14不是3的倍数。

问2:那么,24呢。谁来分析一下24,3根3根分的情况。

(2个十多余2根),这2根和个位上的4根加起来总共6根(2+4=6),6根再3根3根地分,没有剩余,24是3的倍数。

问3：从14、24这两个数中，你感受到3的倍数为什么和2、5的倍数不一样，不仅仅和个位有关了吗？（十位分有余）

2. 理解百位的"剩余"

问1：那么,百位上的数又会对3的倍数有什么影响呢？

请看124。百位上的1、十位上的2、个位上的4，如果3根3根地分，分别会余下几？百位1，十位2，个位4。余1，余2，1+2+4=7根。

问2：如果是224呢？请像老师那样分析一下。

3. 推想千位、万位。

问1：如果千位是1，请问1000根，3根3根地分，会剩余几根？2000根呢？10000根呢？20000根呢？

4. 感悟"去倍"法

问1：请你将这两个数228和336从高位起，依次分析一下剩余情况，看看到了个位后一共剩余几根，然后和同桌说说你的发现。

2+2+8=12根，0+0+0+0+6=6根或者3+3+3+3+6=18根

分析：228，完全符合我们理解的各个数位之和。可是336怎么回事呢？

百位上是1，就是100除以3肯定余1，3个100就余了3，按这样去思考，也就符合了我们的发现。但是，如果从简便的角度思考，3个100分别余了3个1，合起来就能除以3了，所以，也可以记作0。因此，我们在判断一个数是不是3的倍数时，就有了一种简便的"去倍法"：哪一位已经是3的倍数了，或者哪几位合起来是3的倍数了，我们可以划去，只要看看剩下的3根3根地分是什么结果就可以。

课堂效果比较满意，发现孩子们做这类难题特别棒，道理也说得特别清楚。最后，灵活判定38，57，3926，272727272727，79，81是不是3的倍数。

3月5日　寻找命题套路

今早去了爱伊美大酒店溪口厅参加奉化市义务段教研组长"命题技术"

专题培训。走入会场,会场大约已有80%的满座率。

命题,总觉得难。该怎么命题?从这样的问题延伸出来的概念和指标,听起来很没有感觉。因为道理往往大家都懂。命题之难,在于如何利用可以利用的资源,能根据一定的步骤或者套路进行命题。或许,对我来说,最想要的就是套路。

来自浙江省教育厅教研室的徐芬英老师为我们带来的是"命题技术与命题规范"讲座。平时,很多老师一个晚上就能完成一份试卷的命题,常常是网络搜索,拼拼凑凑。徐芬英老师从"怎样的试卷是一份好试卷"开始讲座。

好试卷有什么特点?

一有科学性

为师的都懂科学性、严密性。要采取措施提高试题的科学性,一个试题从编制到定稿,每个命题人员都至少独立推敲、解答5遍,多角度审视。

答案是否存在,条件是否充分,有没有多余条件。不是说做出答案就可以了,而是要把所有的答案都做出来,想想学生会从什么角度想。如:一个圆锥的底面半径是4,母线长3,求侧面积。可以按照公式求出侧面积。但是这样的圆锥却是不存在的,底面半径相当于三角形的直角边,母线是斜边,直角边的长度大于斜边了,怎么可能?这种错误我们好像无意中会犯。

二有适标性

试题考查要求有深度、有广度地把握指标,指标把握的好坏直接影响课改成败和学生负担轻重。

三有难易度、区分度

难度估计方法:每人独立估计每道试题难度,分两头估计难度,和往年比较估计难度。

四有教育性

要具备德育功能,内容健康,有意义;要贴近时代特点,符合现实。

考试命题应关注什么?

这块内容相对简单,要依据课程标准、考试说明,要关注试题创新,要依据学科特点编制容易题,把死记硬背的东西降下来。尽可能使题目简约,但要在简约中蕴含新意。日常的检测,要重视单一题,清楚这道题目要检测什么,学生掌握到什么程度。如果是综合检测,就很难知道学生到底错在哪个知识点上。

怎样根据新课程,编好新颖题?

徐老师一再提到了国外青少年测试的 PISA 题,说其中的数学题目很有新意。对此,我印象最深的有以下几点:

一是出卷者容易审题疲劳。这句话提醒我,各年级命题的话,既要安排好命卷的人,也要安排好审卷的人。同一个人操作的话,往往审卷环节形同虚设。

二是校对要做到对校 — 做校 — 读校 — 分项校,反复地校对,才能避免出错。

三是要求命题人填写表格。每一道题目都要求填写类型(如选择)、位置(如第二题)、分值(如1分)、估计难度(如0.8)、考查核心内容与能力(如数轴上点的意义、运用的规则)、考查的技能(如数轴上的点能用有理数表示)、涉及的知识要素(如有理数加减法、绝对值意义)、题干特征(如给出两个有理数……)整整8个要点,仅仅针对一道选择题,真的好吓人。怪不得和徐老师一起命题的老师会说:我帮你命题,你帮我填这个吧!

呵呵,要是布置这样的任务给老师,他们一定也会说:"所有的命题我们来,这个你来填吧。"

寻找套路之旅结束,说不上听了之后顿悟了,摸到了命题的门道了,但是,总算是在自己的原有储备上增添了一些新的感悟。

3月7日 难点一步步攻克

今天,上课很是轻松。周末的作业讲解了一下,质数和合数的分类依然是难点。要是我们给孩子一堆数字,让他们分别把"奇数"、"偶数"、"质数"、

"合数"、"2的倍数"、"3的倍数"、"5的倍数"填入几何圈中,如果孩子能做对,就说明这一单元的知识他已经掌握了。我测试了一下,发现半数的孩子还是会出错,说明他们对概念的理解还是存在一些问题,当然,也有可能是练习还不够。

随后,主要让孩子练习了这些题目:一是分类,如"30"的所有因数中,(　　)是奇数,(　　)是偶数,(　　)是质数,(　　)是合数。这样的题目,既是练习了找一个数的因数,又理了一下概念,直击了第二单元的重难点。二是画平面图形的对称轴。其中平行四边形是个易错点。三是画旋转图形,绕着顶点按一定方向旋转一定的角度,是第一单元的难点。

3月9日　感受数学听课周(一)

在自己授课之余,已经聆听了三节课,要梳理一下自己的收获。

本学期第一次"数学听课周"活动拉开帷幕。"人人上课"是佐藤学在《静悄悄的革命》一书中最为倡导的,是教研组教学风气建设中最重要的一环。人人打开课堂,教学天地才会生机盎然、激情涌动。"开放的课堂"是教师教学的最高境界。

本次听课周活动以关注常规为主题,我们结合数学常规对每个年段的课特定了一条评课时关注的常规——一年级:学情把握;二年级:课堂与助教方案的一致性(听课者提前查阅助教方案);三年级:独立练习时间;四年级:课堂练习本的使用;五年级:学生回答问题的广度、深度;六年级:师生、生生间评价。这可以避免老师们在评课时对细节的泛泛而谈,从关注一点深入思考,达到"窥一斑而知全豹"的效果。

昨天早上第二节课,邬杨光老师打了此次数学听课周活动的头炮,教学"用比例解决问题"。邬老师上课有一个特点,他在问问题的时候,必定是目观全局,而指名一个孩子回答问题时,却是绝对不看这个孩子,总是看着别的孩子,给人一种"酷酷"的感觉。课堂上废话极少,最多的是师生的直接对话。

竖起耳朵听,这评价语也是极少的。通常,走入低段的课堂,评价语俯拾皆是,"你真棒"、"你听得真认真"。随着孩子年级的升高,我们不可能还是重操旧刀,重复这些对低龄孩子适用的语言,那么我们如何评价课堂上各个层次的孩子的表现呢?这正是我们确定六年级"师生、生生间评价"这个听课点的原因。高段数学教师对孩子的评价尤为重要,因为孩子对评价的吸收能力加强,由此引起的行为变化会更加明显。课堂上,有几个地方如果改变一下评价的方式,效果是不是会更好?

复习准备环节第二题"各题中有哪三种量?哪种量一定?哪两种量是变化的?变化的规律是怎样的?成什么比例?你能列出等式吗?"面对第二条信息,有个孩子说:"总页数一定,每天看的页数与看的天数成反比例。每天看的页数×看的天数=总页数。"回答很出色,孩子的脸上显现自信的神采。(我就坐在他的身边)但是,邬老师没有给予肯定,因为他的回答没有按照题中提出的6个问题来答,于是老师说:"一个一个来。"孩子就重新回答,但是次序还是出现了颠倒,反反复复说了几次还是有些小问题,甚至出现了结巴,老师就示意他坐下了。此刻孩子的表情是挫败的。其实,这6个问题起的是辅助作用,引导孩子得出答案。那么,如果我们这样评价他的回答:"你把这条信息所反映的反比例的特点说得很清楚。从他的回答里大家能发现什么量是变化的?什么量是不变的?变化的规律是怎样的?"这样既肯定一个孩子的回答,又引导其他学生思考并回答,达到了教学的目的。这样,课堂是不是会更加轻松一些?孩子是不是会更乐呵一些?

随后的第三题应该是速度一定的正比例,学生回答成了路程不变的反比例,老师一时不注意,进入了第四题。但是在第四题讲解完后,老师和部分同学发现了前面那个错误。此时,教师该如何评价?不如利用自己的小结"同学们,我们刚才分析完了这一大题,我们认为总页数一定,路程一定……一定,对这样的结果你们有什么要补充的吗?"在学生指出错误后,老师可以说:有时,我们会一时不注意,出现错误,及时检查和思考对于我们正确解题是有很大帮助的。这既纠正了教学错误,引导学生再度思考,又给学生提出了很

好的学习方法。

纵观整节课,我的感受是孩子没有感受到用比例解决问题的好处。解正比例的题目,有4种列式方法。有时并不需要细细去思考比值的意义,只要对应着去列式,就可以解题,这是比例式异于以往解题方法之处。如第一天2小时行30千米,第二天3小时行45千米。比例式可以是30∶2=45∶3(比值为时速),2∶30=3∶45(比值的意思孩子就不太会说了),2∶3=30∶45,3∶2=45∶30(后两种比值的意义更难讲了)。如果这4个比例式都呈现,下方注明每个数字的意思,孩子就会发现要列对比例式,只要前项、后项按一定规律对应起来就可以了。如果要这么细细感受,那么这一节课就只能学用正比例解决问题。随同听课的王辉显然不赞同我的这个观点,他认为还是要让学生同时接触正反比例。可见,教学乃百家之言,个人自取一瓢。

昨天下午听的是裴旭亚老师"求最大公因数"的试教课。五年级要关注学生回答问题的广度和深度,尽管是试教,我也关注了这个点。这节课学生有几次非常精彩的回答。

师:为什么不选择边长为3分米和8分米的正方形?

生:因为3和8不是12和16共同的因数。

可惜,当时老师没有听清这个坐在最后一排的学生的回答,没有关注这个"共同"。

师:给你们四组数据,4和8,16和32,1和7,7和8,求出它们的最大公因数。你有什么发现?

生:我发现如果有1以外的公因数,最大公因数就是它们的差。

老师和同学都没有听懂他的话,孩子的这一结论是从4和8,16和32的最大公因数是4(8和4的差),16(32和16的差)中得到的。如果,我们听懂了孩子的话,就可以对孩子说,"你的发现非常有意思,因为这两组数中的两个数字正好是两倍关系。如果是6和36呢?请大家再观察一下,你有什么发现?"

生:我发现1和其他数字在一起,最大公因数是1。

生：我发现相邻两个自然数的最大公因数是1。

孩子回答得非常好，但是很明显，这是个别优秀孩子的有深度的回答。王婵丹建议规律一经发现，就让孩子举例、验证，多几个孩子说说。是的，这样就从个人理解的深度转为了群体的广度。

今早第一节课听107班的"找规律"课。不教低段好多好多年，我对"学情把握"不太有底，只觉得赵老师声音响亮，思路清晰。教师的主导地位特别明显，聪慧的孩子热情参与。每一个中肯的回答都能赢得老师的深情微笑，有一些没有回答过问题的孩子，也许此刻还未显山露水，将来可能也是爱学习、会静听的好孩子。

明天是三、五年级的常规课，继续往下听……

3月10日　感受数学听课周（二）

今天，是两位数学组资深美女开课。

第一节是周孝敏老师的课。眼前依稀浮现出她扎着马尾辫给我上语文课的情境。时光荏苒，现在的我已从二年级的孩子成长为她的同事，她也从一名年轻的语文教师转型为一名扎实求教的数学老师。

周老师执教"平均数"一课，我们重点关注独立练习的时间。这节课曾有很多名家开过课，最有名的该是吴正宪老师了。这节课的重点和难点是理解平均数的含义，平均数的计算对孩子来说并没什么难度。整节课周老师设了三关，层层递进探究平均数，采用了独立练习再集体反馈的模式，总共独立练习的时间多达11分半。三年级的孩子能做到动笔练习，静静思考，对其以后的学习非常有帮助。但是，从课堂上孩子们的表现来看，大家似乎不够踊跃，举手的并不多。那么，独立练习加集体反馈，时间已达二十四分钟，这对于三年级孩子来说，会不会过于沉闷？

随后是裘旭亚老师的"求最大公因数"。课堂上呈现了一个有趣的问答环节：

师:我们通过找出12和16各自的因数,找到了12和16的最大公因数是4,现在请大家试着找找27和18的最大公因数。

师:谁来说说你是怎么找的。

生:我是27-18=9。

师:哦。你是这样找的。××,你呢?

生:我是把18和27的因数先都找出来……

孩子之所以会想到减法,是因为12和16(4的3倍和4倍),27和18(9的2倍和3倍)正好是某个数的两个相邻倍数,这样的两个数,它们的差正好是它们的最大公因数。孩子的绣球真不好接啊!每一节课总有那么多意外,总有那么多可利用的精彩,只是,常常被我们错失了。

自己的课堂上主要分析了这些题目:

1. 20的所有因数中,(　　)是偶数,(　　)是奇数。

有的孩子没有读细题意,题目要求把20的所有因数分类,他们却把1~20所有的数进行了分类。

2. 图形旋转后,位置一定会变化,形状不变。(×)

很多孩子打了"√",日常的练习都是让孩子画旋转图形,位置自然是变化了的。那么,旋转360度呢?

3. 如果甲数的最大因数等于乙数的最小倍数,那么(两数一样大)。

有不少孩子选择了乙数大于甲数,仅仅着眼于"最小"和"最大"。

4. (1)是任何自然数的因数。

有孩子选择了"它本身"。

5. 奇数与偶数的积一定是(偶数),奇数与偶数的和一定是(奇数)。

奇数与偶数的积一定是偶数,有的孩子选择了合数。如果奇数是1,偶数是2呢?孩子们忘了关注特殊数。当然也可能是受到了"两个质数的积一定是合数"这个命题的影响。我用身高和体重来举例"质数与合数"、"奇数与偶数"。它们是不同领域的概念,当然有时也会有所联系,比如个子高的相对重一些。不知道这样的解说是不是能让孩子接受?

3月14日 分数意义教学思考

今天,继续学习分数的意义。

给出一个分数,说一说它表示什么意思对学生来讲没有困难。什么问题可以难倒孩子们呢?错误之一:16颗糖,平均分给4人,每人分到的糖是这些糖的 $\frac{(\quad)}{(\quad)}$,如果平均分给8人,每人分到的糖是这些糖的 $\frac{(\quad)}{(\quad)}$。有的孩子把 $\frac{1}{4}$ 填成 $\frac{4}{16}$,把 $\frac{1}{8}$ 填成 $\frac{2}{16}$。大小的确是一样的,但意义却是不同的。不过,作业本上的习题也的确是自相矛盾的,第一题连线题, $\frac{1}{2}$ 连的是一个平均分成8份涂黑了4份的圆形。认真听课的孩子就觉得这题目没法做了。

错误之二:用直线上的点表示出分数。孩子们初次接触此类题,出现的问题主要在格式上。

明天要学习分数与除法的关系。要能理解"2个饼平均分成3份,每份是这个饼的(　　),每份是(　　)"两个分数的不同,掌握分数的两种意义确非易事。这是分数学习领域中的大难题。

分数的定义一般有四种:份数定义、商定义、比定义、公理化定义。小学分数教学涉及了前三种定义,教材往往强调用份数定义来理解分数概念,且教材中呈现的有关分数的概念都是片面地从分物引入,这对真正理解分数的意义是不宜的。分数产生的真正根源在于测量,增加"测量活动"使学生从多个角度理解分数的产生。在测量中,人们发现,用一个长度单位去测量某个物体的长度时,往往不能得到整数的结果。于是,选择用作为标准的量去度量另一个量,如果量若干次不能正好量尽,就把作为标准的量平均分成若干份,用其中的一份去量,结果恰好量尽。在这种情况下,就需要引进新的数——分数,来表示测量的结果。比如我选择"米"作为长度单位并加以等分,若是10等分,则得到 $\frac{1}{10}$ 米,也就是1分米。作业本的长度是2分米,相当于把1米5等分,是 $\frac{1}{5}$ 米。拿着作业本去测量黑板的长度,一起数" $\frac{1}{5}$ 米, $\frac{2}{5}$

米，$\frac{3}{5}$米，$\frac{4}{5}$米，$\frac{5}{5}$米……"数来数去，就把度量的问题转化成了计数的问题。在这样的测量活动中，学生完全能理解"6个$\frac{1}{5}$是$\frac{6}{5}$"，轻松避免了"分数小于1"的错误观念，为"分数单位"、"同分母分数加法"、"假分数"这些分数知识的后续有效学习打下了良好的基础。

最近的学习必须同时渗透分数的两种解释，以使学生对分数的认识不至于局限于"部分与整体的关系"，不至于局限于"把单位'1'平均分成若干份，表示这样的一份或几份的数，才叫分数"。在"分数与除法"中，指出分数$\frac{m}{n}$可以表示m除以n的商，可以理解为把m个单位平均分成n份，表示其中一份的数，或者表示数m是数n的n分之m（即m是n的m/n倍）。把分数与除法完全融合起来，把分数建立到除法这一已有知识体系上面去。不能仅仅停留在"分子相当于被除数，分母相当于除数"这样的认识上。

3月16日　借助数量关系理解分数意义

上课学习"分数与除法"。除式改写成分数，分数改写成除式，都是简单的，难在哪里呢？难的是分数的两种意义的理解。如把3块饼平均分成4份，每份是3块饼的$\frac{1}{4}$，相当于1块饼的$\frac{3}{4}$。看着课件实物图比较好理解，脱离直观就显现出了困难。

建构一种新知一定要站在原来的知识基础上。分数的教学可以站在整数除法的基础上让孩子来探究，在讲解"一个数是另一个数的几分之几"时，完全可以从"一个数是另一个数的几倍"出发去理解，再让孩子自己观察发现其中的联系和区别。

"12条鱼，重5千克，平均分给6只小猫。每只小猫可以吃几条鱼？每只小猫可以吃几千克鱼？""2千克糖果，平均分成5份，每份占这些糖的(　　)，每份是( )千克。""30分钟走了32千米，平均每分钟走多少千米？平均每千米需要多少分钟？"这三道题目是针对学生学习了新知后出的基本题。在解答时要从问题入手，先分析数量关系。如要解答"每只小猫可以吃几条鱼"就要清楚需要什么条件，数量关系怎样。这是旧知，对孩子来说没有难度，只需知道一共有几条鱼、几只小猫就可以了。关键是看清楚问题，再思考"每只小猫可以吃几千克鱼"需要知道什么条件，数量关系如何。

慢慢地分析数量关系，是为了给孩子一个解题方法的指导，也是为了让孩子能借助早就理解和掌握的基本数量关系来融合分数与除法的内在联系，来理解分数的意义。

3月17日　区分真假分数靠数轴

今天，学习"真分数和假分数"。往年都是让孩子们自学例题，发现分数可以分成两类，一类小于1，是真分数，一类大于等于1，是假分数。然后，让孩子们举例，最后完成书上分数分类的习题。这类题孩子们做得很轻松，但是随后的这个"把这些分数在直线上用点表示出来"的知识点，学生总是掌握得不理想。

这次，先从长方形入手。谁能表示出2分之1？很简单，平均分成两份，每份都是整个长方形的$\frac{1}{2}$。好的。$\frac{1}{2}+\frac{1}{2}=1$。然后出现一条标有0，1，2，3，4的数轴，让孩子表示出$\frac{1}{2}$。

孩子找到了$\frac{1}{2}$，而且找到了8个$\frac{1}{2}$。没关系，追问"这每一个$\frac{1}{2}$都是谁的$\frac{1}{2}$？"这需要弄清楚。学生说："这一段是0~1这段的2分之1，这一段是2~3这一段的$\frac{1}{2}$。"回答正确。从线段的长度上来描述，可以。

"但是,我现在不要你们找长度可以用 $\frac{1}{2}$ 表示的线段。我要你们找像 0,1,2,3,4 这样的点,$\frac{1}{2}$ 这个点应该在哪里?你是怎么想的?"讨论,同桌讨论。

学生说:"$\frac{1}{2}$ 比 1 小,在 0~1 之间。所以,只能是那个点。"很好,数轴的特点自发掌握。然后,找一找 $\frac{1}{3},\frac{2}{3},\frac{3}{3},\frac{3}{4},\frac{3}{5}$ ……

"发现了什么?你是怎样找的?有什么好方法?再找 $\frac{1}{4},\frac{2}{4}$ …… $\frac{1}{5}$ …… $\frac{9}{8}$ ……"

观察并找出 0~1 之间的分数有什么特点。"1"这个点上的分数有什么特点?"1"右边的分数有什么特点?揭示真分数和假分数的概念。

观察完真分数和假分数在数轴上的分布后,再让孩子们进行了一些 $\frac{a}{9}$ 和 $\frac{9}{a}$,当 a 为几时,是真分数或者假分数的练习。一节课顺利完成。

3月18日　化整是基础

今天学习"假分数化整数或带分数",借助直观图形从分数意义理解本课内容,但是最终的化法还是依靠除法的计算。

出示数轴。回忆 0~1 之间的分数特点,处在"1"这个点上的分数的特点,"1"右边的分数的特点。然后问:"2"这个点上会有什么样的分数?"3"呢?也渗透了一下"2","3"这些整数点上有无数个分数,它们都相等,感悟了一下分数的基本性质。

再让学生说说和整数站在同一个点上的假分数有什么特点,分子 ÷ 分母 = 这个整数。小结特点后,然后开小火车举例,轮到的孩子说出一个假分数,其余孩子说出与这个分数相等的整数。然后角色转换,轮到的孩子说出一个整数,其余孩子说出与这个整数相等的一个分数。

看孩子学得挺溜,就开始学习不能化成整数的假分数处于哪两个整数之间。我提问"除了处于整数点上的和整数相等的假分数,还有很多其他的假分数,比如$\frac{5}{2}$,它比哪个整数大?比哪个整数小?你是怎么判断的?""比哪个整数大,比哪个整数小"借助除法很好判断,再利用数轴帮助孩子理解。可见假分数化带分数,完全建立在假分数化整数基础上。

3月22日　立足现有经验,沟通性质内联

今天,学习分数的基本性质。课前,搜寻了很多课件,再三斟酌后,决定带一枝粉笔轻装上阵,利用大黑板来学习这节课。分数的基本性质在分数学习中起着承上启下的作用,与整数除法的商不变性质有着内在的联系,它在整个分数教学中占有重要的地位。通过学习分数的基本性质,可为本学期进一步学习约分、通分、分数的加减法打下基础。我觉得上好这节课的关键是要利用好之前的数轴,梳理好与商不变性质的联系。沟通联系无需课件,大黑板上写写、连连、画画更有效果。

"'2'这个点上会有哪些分数?计时1分钟,看谁写得多。"

板书。"这么多的分数,为什么都在'2'这个点上?因为分子÷分母=2,这些分数都和2相等。""这些分数都相等,可是这些分子和分母在变来变去啊,变来变去变来变去,分数的大小却始终不变。那么,它们是怎么变的呢?"

"同桌讨论,要举例说明你的观点。"孩子们说得非常好,抓住两个分数的分子和分母,来证明分子和分母只要同乘或者同除以同一个数,分数大小不变。

"只要同乘以或者同除以同一个数,分数的大小就不会变吗?从一群与2相等的分数得出来的结论,是不是适用所有的分数?如何验证?"

我提供给学生两个思路。

1.换个分数试一试,看看到底是不是成立?

2.小精灵提供的 120÷30=360÷(　　)=(　　)÷60=12÷(　　)。填什么?为什么这么填?它们和分数有什么联系?

沟通商不变性质后,命名分数的基本性质,并指出"0除外"。

随后要求孩子们拿出昨晚做的三个一样的图形,有的孩子是长方形,有的是圆形,有的是正方形。先用阴影表示出2分之1,接着分子、分母同时扩大2倍表示出4分之2,最后变成8分之4,从不同的图形中都能发现三个分数相等,借直观物象帮助理解。

随之进行相应的模仿练习。

3月28日 从"顶"到"抛弃"短除法

这几日,天气晴好,阳光明媚,但办公室里仨数学老师的交流却是阴云密布。

求最大公因数,教材舍弃了短除法,作业本里出现了一次分解质因数的方法,主旋律便是列举法。裘老师顶分解质因数的方法,理由是作业中零散有出现,还是补一补好。王婵丹课时落后,处于观望状态。

我也有自己的想法。按理说,是列举法最简单,一个一个都写出来,再找一找——很原始的状态。可学起来最简单,用起来最麻烦。分解质因数的方法,学起来也不简单,因为现在教材不教分解质因数了,要学这个方法,那精力也是太太的,要补好多知识。补一补倒也无所谓,学会了以后,用起来还不太方便。综上所述,本人还是倾向于短除法。也许学起来难了些,用起来总方便啊。咱们这一代,可都是抱着短除法来攻克难关的。

毕竟意见不一致,还是仔细再看了教材,阅读教参,翻阅了后续的所有习题。

结果,我改主意了。

以前我们学这个知识点的时候,用的数据很大,而现在出现的数据很小,所以,我之前的思考欠妥当。简单的列举法才是基础和重心,必须人人掌握。

其次是分解质因数的方法。"甲数=2×3×a,乙数=2×5×a,它们的公因数是( ),最小公倍数是( )"这类练习还是出现较多,所以分解质因数的方法必须教。但无需用短除法分解,只需要抓住分解质因数的概念,把一个合数写成几个质数相乘的横式就可以了,因为现在数值小,直接写横式挺容易。

一番分析下来,短除法被抛弃。此一时,彼一时。

3月29日　直入主题学约分

今天,直入主题,学习约分。孩子们学得挺不错,我非常满意。

以前学习约分,都是先好好学习最简分数的。比如,为了使学生对最简分数的概念有充分的感知基础,可以写几组大小相等的分数,像 $\frac{9}{12}$, $\frac{3}{4}$; $\frac{3}{6}$, $\frac{10}{20}$,让学生再说出几个与它们大小相等的分数。通过学生写分数、说理由,自然地复习分数的基本性质。然后提问"在这些大小相等的分数中,你觉得哪个分数最特殊?为什么?"学生找出那个最简分数最特殊,并说明了原因:它们的分子、分母已经不能再缩小了!"这样的分数还有吗?"引导学生不断地说,我不断地写,从直接说一个分数,到说"分子、分母是连续自然数","分子是1,分母是非0、非1的自然数",越来越接近实质……说着说着,学生自己终于发现:只要分子、分母的公因数只有1,这个分数就是最简分数!

但是,之前求最大公因数学了3节课,互质数的概念已经深化,最简分数的概念很容易就得到了,所以开门见山写一个 $\frac{12}{16}$。如何把它的分子、分母变成互质数?这个变的过程就是约分的过程。可以这样变的理由,就是分数的基本性质。理清概念后,练习,初步形成技能。

3月30日 精力优化

关于作业，我曾经花过很多精力。设计打分卡，记录每次数学课堂作业的分数，发告家长书《携手共进》共 1~3 份，指导家长如何辅导孩子预习数学和撰写数学日记，并把如何撰写日记的方法粘贴在日记封页上。预习都有设定的内容，日记经常给予课堂学习相应的题目……

可是，今年我只夯实了口算训练，让学生选做了同步练习和课堂作业本，原因是自己无力顾及。精力有限的时候，只能舍弃很多。

那为什么以前有能力顾及？细细想来，原因有四点：

一是原先将工作精力全部集中在班级管理和教学上，教研组的事情经常搁置一边，现在因为客观原因，不得不参与处理大量的组内事务。

二是儿子乐乐入学后花去了我很多精力。我很认同一个观点，一个从事教育的人，如果连自己的孩子都教育不好（不一定指成绩不好），其教育的所有念想都只能算纸上谈兵。可乐乐同学太过于天真无邪，他爸爸又基本不参与儿子的教育，所以牵制了我大量的精力。

三是数学日记的布置和批改耗力过大。一篇数学日记的批改可以抵得上批 5 页同步训练的习题。写数学日记对于一部分优生的益处非常明显，但辅导学习态度差的孩子写数学日记很是吃力。

既然对自己的作业模式已经无力及时反馈，那么，只能放弃。再三思考后，我决定削枝去节，把有限的精力用在刀刃上，选择和年段老师同模式、同角度、同步骤地开展常规作业。常规作业易批改、易辅导、易反馈，我努力夯实学生的学习基础，帮助他们抓住得分点，尽力在课堂上弥补遗漏和拓展知识，主动反思提升课堂质量。

在应试教育前，我不可能没有压力。作业分层最理想，只是，批改的确是太大的负担。希望儿子顺利适应小学学习之后，有略多精力的我能在这方面作更深入的探究。

3月31日 孩子放开了我的教学视"限"

给出一个分数让孩子约分,好像他们反映还不错。但是,遇到这样的题目他们就懵了。对这些题,125m=(　　　)km,85dm=(　　　)m,2190g=(　　　)kg,应以进率为分母,以原数为分子,然后约分。因为单位换算的进率通常是10、100、1000,它们的质因数只有 2 和 5,约分时只要注意分子是不是 2 的倍数,是不是 5 的倍数就可以了。

现在的教材对带分数不太重视,分数化简的结果如果是假分数也不需要变成带分数。因此,假分数化带分数只学了一节课,带分数化假分数则没有安排学习。在这样的情况下,孩子们转化分数的能力就可想而知了。所以,面对"2190g=(　　　)kg"这样的题目,也只是教孩子先写出 1000 分之 2190,然后约分,而不再像以前那样先写成 $2\frac{190}{1000}$,再约分。

今天的数学课就专项突破这类题目。501 班上课的时候,不时有孩子用带分数作为答题结果。我起先不在意,还以为有些孩子想显摆显摆,就说:"假分数的结果是正确的,如果你要化成带分数,化对了是对的,化错了就错了,你认为有必要多此一步吗?"

没想到,说完以后,还是有孩子出现带分数的答案。这下,我感觉到不对了,难道孩子们有自己的方法,即使我没有讲到过?马上让奕舟站起来说一说。果不其然,他竟然思路清楚地说把假分数先改写成带分数,然后约分就简单了。一个眼神询问下去,竟然一小半人都这么想。

那就放开来讲吧。

先尝试计算 190g=(　　　)kg,以进率为分母,以原数为分子,然后约分。结果大家都会。

再计算 2190g=(　　　)kg。先估计大概是几千克多。2 千克多。剩下的 190 克,如何化成千克?回到已有经验上,顺利解答。

下课后,心底一阵雀跃。感谢孩子的坚持,感谢孩子放开了我的教学视"限"。

4月7日 35分钟的课堂真紧张

怎样求最小公倍数?我先教了大数翻倍法。比如10和15,把15翻倍,15,30,45……找到最小公倍数。简单的数据用这个方法已经能很好地解决了。

再结合求最大公因数时教学的分解质因数的方法,让孩子发现"两数公有的质因数的积×各自独有的质因数的积=两数最小的公倍数。"还通过多组数据,得到了"两数之积÷最大公因数=最小公倍数"(在最大公因数很容易找到的情况下,求最小公倍数非常方便),也就是"两数之积=最大公因数×最小公倍数"(知道最大公因数、最小公倍数和其中一个数,求另一个数时可以用)。这个时候,铃声就响了。唉,35分钟真紧张,高段有40分钟就好了。

课堂作业中,有两道判断题出错很多。

1.两个数的积不一定是这两个数的公倍数。(×)

很多孩子打了"√"。主要是把最小公倍数和公倍数的概念混淆了。

2.两个数的最小公倍数一定大于这两个数的最大公因数。(√)

很多孩子打了"×"。和"一个数的最小倍数就是它最大的因数"混淆了。

判断题如果认为错,就需要反例。孩子们还不服气地举了一堆,当然又被自己否定了,才悻悻然打上了"√"。真有意思。余昕辰还央求着:"刘老师,那你举一个。"似乎就是不想让这句话成立。我哪举得出来啊,它本身就是正确的啊。看来,以后求出两个数的最大公因数和最小公倍数后,要多比较一下数值大小,以加深印象。

4月11日 追寻宁静

今天,把刘墉的这段文字读了好几遍——"宁静如何创造呢?我的答案是:宁静可能反倒需要以迎向喧哗去创造,如同和平常需要以迎向战斗来求取一般。这种例子在美国最普遍,我们经常可以看到老美把五个月的工作,赶忙地在四个半月完成,剩下的半个月便去度假。当你问他:'何不慢慢做呢?'他们必然会告诉你:'慢慢做,也是忙,因为事办不完,心不定,也便难以放松,反不如一鼓作气,将争取来的时间,拿去痛痛快快地享受些宁静的生活。'由此可知,现代人的工作,应该以速度争取时间,再用这个时间去享受宁静,而不是拖泥带水,却永不得真正的空闲。"

慢慢做,也是忙,因为事办不完,心不定,也便难以放松,反不如一鼓作气,将争取来的时间,拿去痛痛快快地享受些宁静的生活。

今天是通分的练习课,感觉孩子们掌握得还不错。

有一道题目难住了他们,比$\frac{1}{5}$小、比$\frac{1}{6}$大的分数你能找到吗?

有的孩子说没有这样的分数。有的孩子试着举例,也没有成功。邬佳笈想到了通分,这样就变成了$\frac{6}{30}$和$\frac{5}{30}$。方法近在眼前了,答案还是没有显现。再度思考后,孩子们把分数变成了$\frac{12}{60}$和$\frac{10}{60}$。啊,$\frac{11}{60}$,终于找到你了。

我随后给分子、分母都添了一个0,现在,更多了。再添一个0,再添一个0……孩子们嚷起来了:"无数个!"是的,在任何两个分数之间,我们都能找出无数个分数。这种体验很重要。

明天要学习分数和小数的互化。互化的方法很重要,常用数的背记也很重要,要列一张背诵的表才行。

作业改完了,可以着手做其他的任务。任务要用最快的速度完成,熬夜也要熬,加快速度,早点拥抱到宁静。

4月14日　学数学有时也需要背诵式"死记"

继续学习分数、小数互化。互化的方法在第一课时已经教学,今天,更多的是题型的拓展和技能的熟练,特别关注了单位的换算。

课末,把常用的分数、小数互化让孩子记下来。然后观察分母是20,25的这些分数化成小数后,小数有什么特点。允许想着背,想一次,记一次。其次,每一次想,都是在复习互化的办法。比如$\frac{1}{20}$,要先变成$\frac{5}{100}$,再化成0.05。

在数学学习过程中,大家似乎都觉得在数学课堂上学懂了就可以了,并不需要背记什么。数学老师耳熟能详的这句话——数学是思维的体操,在一定程度上表明了数学是运动的,是讲策略、重方法的,但这并不表示数学学习过程中没有需要死记的知识。

学数学有时也需要背诵式死记。什么时候需要呢?记最根本、最基础的知识点的时候。并且,要死记到不假思索的程度。比如口诀,最初可以是理解式记忆,理解之后呢?还是去理解、去分析吗?不是,我们需要达到不假思索的程度。常用的分数、小数的互化值、圆周率的常用倍数,4×25=100,8×125=1000这些计算模块等,都需要背记到脱口而出的程度。还有操作性知识,如"三角形的高一旦背记了概念","作高"也就不难了。所以背记,有时不仅能训练记忆力,还能助力于问题解决、技能形成。

什么时候不需要呢?策略、方法的掌握重在理解,重在具体问题,具体分析,无需死记套路。

小学数学中有很多基本概念即便学生死记了,面对灵活多变的问题,也是劳而无功的。这些基本概念是学生进一步学习数学的基础,但也许是因为教学中更注重技能训练的缘故,我发现很多孩子对基本概念识记非常差,不要说质数、合数的概念,就是常用的各种计量单位之间的进率,也常常记不清。如果在"空间与图形"这一块,学生记不得各种图形的特征及周长、面积、体积的计算公式,他又如何能够正确地提取公式解决问题,又如何能够灵活地解决问题?当然,记忆的前提是充分的理解。

4月15日 学生的起点在哪里?

今天要好好去修改一下我的公开课教学设计。因为,昨晚和儿子的谈话体现出我对学生学习能力的预估不足。

昨晚,在床上,我念着自己设计的片段:

我:"请同学们想象一下,如果我把这个圆放平,然后向上平移,会得到一个什么形体?"

舒际乐伸出小脑袋:"圆柱!"

我:"什么?你也知道?"

乐乐:"那当然。简单得很。"

我:"如果把长方形也向后平移,会得到一个什么形体?"

乐乐:"长方体呗。"

我:"如果把这个正方形也向后平移,会得到一个什么形体?"

乐乐:"正方体。"

我:"如果继续后移呢?"

乐乐:"长方体"。

我:"如果这样缩回来了呢?"

乐乐:"长方体。"

我:"要怎样才能变成正方体?"

乐乐开始做手势:"要这样,方方的,都方方的。"

我:"那长方体有什么特征?"

乐乐:"什么叫'特征'啊?"

我:"就是长方体长什么样啊?"

乐乐:"方方的,有6个面。"

我:"每个面都是长方形吗?"

乐乐:"不是的。也可以有正方形的。"

我:"最多能有几个正方形?"

乐乐:"2个啊。"

我：……

儿子都能答得这么好，不禁让我思考五年级的孩子学习"长方体的认识"起点会在哪里。他们对长方体毫不陌生，关于平面图形与立体图形的关系，显然也是很容易弄懂的。长方体有 6 个面，12 条棱，8 个顶点这些特征也不难发现。这些都可以快节奏一闪而过。那什么才难呢？空间观念的拓展才是难点。如何培养、如何拓展？值得深思。

4月22日 空间观念需要积累、需要想象

最近，为了忙课题推介会，一连几日忙忙碌碌。有几分庆幸，因为磨课始于本周一，这就是说，即使再焦头烂额也仅仅是一周而已。

上课倒是缓缓而顺利地完成了，感觉激情没有勃发。课程设计时，想要融入太多的东西，于是 35 分钟几乎处于持续探究的状态。因此，孩子们是疲倦的，我也显现出几分慵懒。

教研员宋煜阳即兴点评，课（例）类：上出一类课的味道（核心、本质）。

学习"长方体的认识"最需要培养的就是空间观念。这节课要培养怎样的空间观念？能由实物的形状想象出几何图形，由几何图形想象出实物的形状，进行几何体与其视图、展开图之间的转化；能根据条件做出立体模型或画出立体图形。

空间观念需要积累，平时就要多想象、多触摸。展开图的想象 — 小棒搭建前的想象（搭建之前有无想象，搭建效果是不一样的）— 二维、三维的想象 — 选面的想象。想象需要思维有从直观图像到实物模型、从实物模型到直观图像的来来回回。想象需要学生用原生态语言去描述。孩子原生态的语言说出来后，教师再给予归纳，如左侧面、后面等。想象需要在整体表象感知中加深核心要素的理解。整体框架拆棱的练习还是必要的。

对长方体的感知，在课件中感知了，在实物中也要感知。比如，观察哪个实物接近长 3cm、高 3cm、宽 5cm？比如给孩子长 6cm、宽 2cm 的长方形和长

3cm、宽 2cm 的长方形,让他们拼起来,想象底面是怎样的长方形。

专家点评过之后,感受真是不一样。

4月25日　期中复习

孩子们做了 12 道解决问题。

错得比较多的有:

1. 一个长方形的周长是 24 厘米,并且长和宽都是质数,这个长方形的面积是多少?

这道题目,有的孩子直接把"24"拆成"11+13"或者"5+19",有的孩子知道要"24÷2=12",但是"12"没有拆成"5+7",而是变成了"3 和 4",周长的含义、质数的概念出现了混乱。

2. 工地上有两根长短不一的钢筋,一根长 20 米,另一根长 12 米,要求截成长度相等的小段且没有剩余,最少可以截几段?每段长多少米?

有的孩子在求最小公倍数,可能是受了"最少"的负迁移。有的孩子已经求出了 4 这个 20 和 12 的最大公因数,却说可以截成 4 段,每段长 8 米。这不是单位的错误,这是理解上存在偏差。

3. 王叔叔有一块长 125 厘米、宽 75 厘米的长方形铁板,要剪成面积相等的最大的正方形,而且没有剩余。剪成的正方形边长是多少?一共可以剪成多少块正方形?

有的孩子没有找出最大公因数,只找出一个公因数 5。

4. 喜羊羊、美羊羊、懒羊羊跑 200 米。喜羊羊跑了 0.75 分钟,美羊羊跑了 48 秒,懒羊羊跑了 5/6 分钟。谁是冠军?谁是亚军?谁是季军?请写出详细解答过程。

这道题的确是不简单,要掌握"分"和"秒"单位的换算,小数、分数的互化,还要认识到数越小就越快。

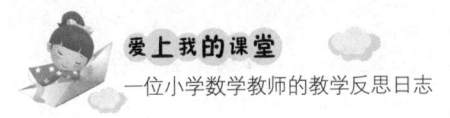

4月27日　一方润泽的课堂

今天，聆听了裘旭亚老师的"长方体、正方体体积的计算方法"一课。裘老师的课，若要论教学技巧，也许可以找出不少问题，但其中展现出来的常态教学的"常规功底"让我由衷钦佩和羡慕。师傅的功力已到炉火纯青的境界了。

"上课"声刚一落，便有一个孩子很委屈地轻轻地说："裘老师，他刚才来弄我。"素知这个班级有几个不够灵慧的孩子，只是不知道他们还会干扰课堂教学。裘老师轻声说："好，老师下课帮你处理这件事，请坐。"孩子满怀信任地点头，不再言语。学习的序幕静静地拉开了。

每个环节裘老师都力求讲解得清晰、到位，也许从教法上讲，老师说得过多并不是优点，但是，我看见的是孩子们从始至终地聆听。举手，没有一个孩子喊"我！我！"，回答都是轻轻的，而且大家都在听，都听见了。这份静，这份持续了38分钟（拖堂3分钟）的聆听让我闻到了润泽的气息。佐藤学推崇的润泽的课堂，便是如此——知识在彼此的身体里流淌，互相传递，互相感觉，静静地思索，静静地解决问题。

练习环节中，两个男生板演，俩孩子的字写得虽小，但非常端正清晰。每一个地方都能闻到默然做事的味道。裘老师一边报题，孩子们一边在练习本上记录听到的关键字词，再解决问题。对此，我愈发激动了。真好啊，在聆听中抓住关键数据，在聆听中解决问题。我惊叹的不是这个环节的设计，而是——老师题目只读一遍，竟然没有一个孩子问"什么？是多少？"，竟然静得只剩老师的声音和孩子们书写时发出的沙沙声。

见过多少课堂里孩子举手喊"我，我！"的情景，听过多少次你刚说完就有孩子马上问"老师，是什么啊？"的声音。在这里，这些现象都没有。孩子们的聆听能力已经在裘老师的培养下达到了非常高的境界。如此之好的聆听习惯，如此静润的课堂，整体的进步是可以预见、可以等待的。事实也证明了这一点。

感谢这方润泽的课堂，向裘老师学习常规教学技巧的心情变得异常迫切。

5月3日　针对学情上新课

今天学习同分母分数加减法。五一期间，我让孩子提前试做了这块知识点的课堂作业。上课之前我把作业批改完毕，把学情归结为三点。

1. 几乎每个孩子都能根据"分母不变,分子相加减"的法则进行计算。

2. 计算的结果常常忘记约分。通常情况下,计算的结果能约分的一定要约分,能化成整数的一定要化成整数,假分数如今已经不要求化成带分数了。

3. 一部分孩子还不能正确分析两个量比多比少的数量关系。解决问题第一题,"比第二天少"求第二天的数量,求量多者应该用加法。可是用减法来解答的孩子为数不少。

上课的时候,我重点关注了分数加减法的意义和借助图画理解计算法则。既然运用没有困难,那就让孩子充分地理解算理。我作图,学生用算式来表示我作图的过程,再通过"为什么用加法做？为什么和是 $\frac{3}{4}$？"的追问进一步让孩子们理解计算的意义。

然后我出示 3 道结果分别是 $\frac{1}{5}$,$\frac{7}{5}$,$\frac{3}{5}$ 的题目,请学生关注结果的约分情况。小结：计算的结果能化成整数的要化成整数,不能化成整数的化成最简分数。

最后出示比多比少的题组练习,列式后再说为什么用加法做,为什么用减法做,有什么判断的诀窍。

整个过程就是根据学情而设计,感觉教学很扎实,很有效。

5月10日　对比,是发现特点的最佳手段

早上,上了"众数"一课,与王婵丹同课异构。这节课,我认为主要有三个教学任务：一是认识众数,知道什么是众数；二是发现众数的特点,以及由其特点造成的优势与局限性；三是在具体情境中知道选择哪个统计量。根据课程标准对四至六年级统计与概率的教学要求,众数的教学要求教师通过

丰富的实例让孩子理解众数的意义,学会求众数,并能解释为什么使用众数。从知识结构上来说,单单求众数是很简单的,但是要根据平均数、中位数和众数的区别,合理选择合适的统计量就相对较难。而且在具体情境中,会有答案不唯一的情况,所以只要能针对自己的选择清晰表述自己的理由就可以了。

我从"王叔叔去应聘,关注公司的工资情况"引入,复习平均数和中位数,引出众数。再呈现一年级三个班级期中过关成绩的数据,在三组数据的对比中发现众数的三个特点:有时数据很集中,众数很明显;有时没有众数;有时众数不止一个。最后让学生统计鞋码数据,找出众数,并解决生活中的各类统计问题。

虽是听课周的家常课,昨晚做课件也费时良久。设计这节课时,自然而然地又用到了对比的方法,通过三组数据的对比来发现众数的特点。对比性的观察,对比性的练习,都能突出所学内容的特点,使孩子更好地掌握新知。对比,是发现特点的最佳手段。

5月11日 补0,是为了什么?

上众数的练习课。感觉练习的不是众数,而是中位数。每一道习题都要求找到中位数和众数。找众数多简单啊,找中位数就需要排序,麻烦多了。一节课扫清练习。

三、四两节听四年级的同课异构"小数加减法"。因其他事务的干扰,只细听了应莹老师的课。从复习引入到新课展开,大情境设计,层层递进,思路非常清晰,课上得清楚到位。有一个片段我觉得很有意思,呈现了第一个竖式计算题"1.25+6.4",上来板演竖式的孩子给6.4补了个0,这就变成"1.25+6.40"。于是,应老师反馈:"这里补了个0,我看大家都补0了,是吧?补0有什么好处啊?"学生说:"计算更简便了。"

计算更简便了?我觉得不是。能不能这样处理,来加深感悟?

呈现学生的两种答案，补0的和不补0的竖式。问：他们的答案都正确吗？他们的做法有什么不同？你为什么想到要补个0？补0有什么好处呢？

按理说，只要小数点对齐，数位就能对齐。为什么还要补0呢？学生既然自己想出来了补0，那么一定有他的理由。要体会此举的作用，尽管只要小数点对齐，数位就能对齐，但是补0后，两个小数的数位就相同了，数位对齐就更容易了。

其实从这个层面来看"补0"的好处是不明显的，只是能有这样一种认识就可以了。等到笔算如"6.4–1.25"，尤其是"10–7.65"这样的被减数的小数数位少于减数的小数数位计算题时，"补0"不仅使数位容易对齐，而且还能在不够减要向前一位退一时有数可退。

仓促感想，也不知道是否正确。我的感受是"补0"一策略既然来自学生自身，就要让他们在不同层次的练习中不断感受这一策略的优越性。这样既能为计算的正确率加分，也能为孩子们的学习主动性加分。

5月17日　复式折线统计图重在理解其优点

学习"复式折线统计图"，关键是要理解它便于比较的优越性。为什么这么想呢？因为根据统计图分析数据、观察趋势、做出预测或其他决策，是学习统计图以来就一直侧重的点，并非只有学习复式折线统计图的时候要关注。

那么，怎么理解复式折线统计图特别方便比较呢？

我还是喜欢用对比的方法，分别呈现了李明、张拉跳绳的折线统计图。没有数据，标准不统一，从折线的起伏状态来看，显然是李明进步神速，跳绳个数多。等数据都显示后，出现冲突——不对了啊，个数还是张拉多。

孩子说，每一格多少不一样，不方便比。每一格都代表一样的个数才好比较。

我再分页出示两幅标准统一的折线统计图。出示问题"第几天两人跳的一样多？第六天谁跳的个数多？"回答问题的时候，只能来回翻转屏幕的页面。

孩子们小声说:"要是在同一面上就好了,翻来翻去真麻烦。"

"是的,正是当初有的人和你们有了一样的体验,所以,他们设计了一种很方便比较的折线统计图。你猜猜是怎样的?"孩子猜测描述以后,我马上呈现复式折线统计图。现在再来回答这些问题,多快捷。

感受了复式折线统计图的优越性后,开始关注数据和趋势的分析。书上有一道关于北京和杭州气温的复式折线统计图,问孩子"从统计图中你还知道了什么?"

结果有孩子说:"我发现夏天热,冬天冷。"

"呵,难道没有统计图,你就不知道北京和杭州夏天热,冬天冷吗?"看图分析的能力有待提升。

5月18日 "电话"拨通"烙饼"

学习"打电话"。"打电话"是利用学生生活中熟悉的素材引导学生寻找最优方案的教学,其本质与"烙饼问题"接近。所以,要让孩子感受到"满锅优化"与"满员优化"的联系,"电话"要拨通"烙饼"。

先回顾一下学过的优化策略:优化安排事务顺序、满锅烙饼、合理安排等候时间、合理安排出场次序。然后,说说"烙饼"时间优化的关键是什么,即"锅不能空,每次都满锅"。

今天继续来探究优化问题:"合唱队在假期接到一个紧急任务,老师要打电话尽快通知到15个队员,让学生帮助老师设计一个打电话的方案。"在这个问题中需要我们优化的是什么?也是时间,打电话通知的时间越少越好。

"关于时间的优化,你们已经很有经验了,自己试一试吧。"

我发现没有一个孩子想到分组,不少孩子能迅速找到答案。"很简单,让知道消息的每个人都拿起电话通知别人,第一分钟后,两个人知道了,第二分钟,这两人能通知另外两个人,就有四个人知道了……"

分组,画图。可有的孩子一样都没用,却都理解得清清楚楚,草稿本子上只记录了:1 师—2—4—8—16,共 4 分钟。

因为经验联通了,孩子就能清楚地展开分析了。

5月19日 找次品,为什么要尽可能均分3份?

学习"找次品",大多从3个零件开始思考,然后5个,再10个,随后发现"均分成三份最合理",并让孩子画图,记录分三份找次品的过程。最后,让孩子记住数据,"4~9个,2次;10~27个,3次……"

为什么要尽可能地均分成三份比较合理呢?

5个,尽可能均分成3份,应分成1,2,2,可分成1,1,3,答案也是2次。10个,尽可能均分成3份,应分成3,3,4,可是分成4,4,2,答案也是3次。那么,尽可能均分3份的落脚点在哪里?为什么一定要从这个角度去思考?如果不让孩子们明白其中的道理,指出尽可能地均分成三份就能找到最少次数,孩子不知其所以然,是不会服气的。

我认为其中的缘由还是"优化"问题,优化的落脚点则是每一次尽可能多淘汰正品,10个(次品偏重)分成3,3,4,称一次,如果3和3平衡,淘汰6个,如果不平衡,淘汰3个,从确保找到次品的最不利原则出发,至少第一次能淘汰3个。而分成4,4,2,称一次,如果4和4平衡,淘汰8个,如果不平衡,淘汰2个,至少第一次能淘汰的是2个。

也就是说,把物品数尽量均分成3份,每一次淘汰的数量就会尽可能地多,找次品的次数才能更优化。

解决了"找次品"的优化问题,还要将其与孩子们之前接触过的所有"优化"策略加以沟通。每次的优化策略虽各有特点,但却有着明显的共通点:要减少次数,就要尽可能多地"占锅"、"占人"、"少等"、"多淘汰"。

5月24日　不该遏制求知欲

昨天，讲解了书上找次品的习题。其中有一题："3个物品，其中一个是次品，但轻重不知，几次下来一定能把它找出来？"这种题偏难，也超出了目标要求。我无意深讲，就简化了随带而过。

结果，方晨欣、奕舟、奕凯几个孩子揪着不放，非要说他们的方法。在课堂上我还是没给他们时间，只关注一些重点题目。

下课后，方晨欣带着她的解题思路来找我。我才觉得自己有多差劲——硬生生遏制了孩子们求解难题的欲望。我细看了她的做法，虽然还有思考不周的地方，但是书写和推理非常清楚。

作业课，我先让有想法的孩子上来呈现写法，再集体交流，一起探究最简单的做法，在孩子们探究的基础上进行了优化。

时间再紧张，也不能不让孩子说话。时间再紧张，也没有权利去遏制孩子的求知欲。

5月26日　观察，想象，迁移——建立体积观念

今天学习体积和体积单位。这一课的重点是让学生感知物体的体积，在脑海中清晰建立1立方厘米、1立方分米、1立方米的表象，初步建立1立方米、1立方分米、1立方厘米的体积观念，能正确应用体积单位估算常见物体的体积。

体积对学生来说是一个新概念，学生对什么是物体的体积，怎样计量物体的体积，以及相邻两个体积单位之间的进率为什么是1000等问题，都不易理解。

我也从孩子们非常熟悉的"乌鸦喝水"的故事引入，让孩子有意识地感悟到物体总是占有一定的空间的。然后通过实验，让学生观察：两个同样大的玻璃杯，先往一个杯子里倒满水；取一块鹅卵石放入另一个杯子，再把第一个杯子里的水倒进第二个杯子里。这时，第二个杯子装不下这些水了，这

说明石头占据空间。石头占据的空间等于多余的水的体积。然后,引导学生观察比较粉笔盒、讲台、课桌的大小,说明不同的物体所占空间的大小不同,从而引入体积概念。

物体所占空间的大小不同,那么到底讲台有多大,粉笔盒有多小呢?怎么求得?

孩子们说,量一量。

我以为会鸦雀无声,没想到他们提出量一量。怎么量呢?

奕舟上来,用尺子量了粉笔盒的长。我说:"他量了一条棱的长度。"奕舟想了想,又量了宽。我问大家:"他量了两条棱的长度,你能求出什么?"孩子们说:"底面的面积。"奕舟又量了高的长度。"现在能求出什么?""能求出粉笔盒的表面积了。"受到学习经验的限制,已知长、宽、高,孩子们想到的自然是能求出长方体的表面积。"那么,体积的大小呢?""体积也能求,体积 = 长 × 宽 × 高。"有孩子预习了。

"为什么'体积 = 长 × 宽 × 高'?"这下子真鸦雀无声了。

课件播放,我配音:当我们想知道一条线段的长度时,我们先寻找了统一的长度单位,1mm 的线段、1cm 的线段、1dm 的线段、1m 的线段、1km 的线段,我们用这些小线段去测量线的长度。1cm、1cm、1cm、1cm、1cm,这条线段有 5 个 1cm,就是 5cm 长。当我们想知道一个面的大小时,我们先寻找了统一的面积单位,$1cm^2$ 的正方形、$1dm^2$ 的正方形、$1m^2$ 的正方形,我们用这些正方形去测量面的大小,$1dm^2$、$1dm^2$、$1dm^2$、$3dm^2$,(宽可以放下)$1dm^2$、$1dm^2$、$2dm^2$,这个面可以放下 6 个 $1dm^2$,这个面的面积就是 $6dm^2$。当我们想知道一个立体的物体的大小时,我们要先——

从线到面,让孩子经历"用线段测量线段的长度,一段一段累积,用正方形的面测量平面的大小,两个方向一个面一个面摆放"的过程,目的就是为了顺利迁移,让孩子自己喊出"找统一的体积单位"。

"先猜想一下常用的体积单位会选用什么立体图形表示?"提问意在培养空间观念。

在孩子们个别回答、互相补充后，课件呈现：常用的体积单位——1cm³（棱长为1cm的正方体）、1dm³（棱长为1dm的正方体）、1m³（棱长为1m的正方体）。

"请比画一下棱长为1cm的正方体，大概是多大？"再呈现1cm³模型。和自己比画的大小比一比，找找和1cm³大小接近的物体，如一节手指。以类似过程建立另两个体积单位的表象。

然后拿出一把1cm³大小的塑料正方体，我把它们摆成长方体，让学生观察后，猜一猜这个小长方体的体积，猜好后，再一个一个数一数，有几个正方体，就是几立方厘米。

猜了两次体积，学生就想到了长的个数乘宽的个数，就是一层的总个数，再乘高的个数（层数），就是总个数，就是长方体的体积。

是的，我设计这个环节的目的有两个：一个就是培养空间观念，让孩子接触大小为4立方厘米、10立方厘米、16立方厘米、8立方厘米、12立方厘米的长方体，形成一定的体积表象，为正确估计生活中物体的体积打下基础；另一个目的是通过猜体积、估体积的过程，让孩子初步接触体积的计算方法，感悟和体积相关的三个维度。

最后，我让孩子选用合适的体积单位去估计粉笔盒、数学书、电视机的大小，引导学生将想与算结合，脑海中呈现刚才那样一层一层摆放的过程。在反馈的时候，我不是只要最后的结果，而要孩子慢慢地说出估计的过程。这一过程是空间想象的过程，是后续体积计算方法的推导孕伏，何其重要。

5月30日　遇到难题，装傻是个好办法

上课学习体积单位的化聚，知识点就两句话，1立方分米=1000立方厘米，1立方米=1000立方分米。可是，一旦把长度单位、面积单位糅合在一起，又放入应用题中，对孩子来说，并不简单。如课堂作业本有一题，主要关键词

是这样：一个长方体，长 2m，横截面是 25cm²。每立方分米的重量是 8900g，共有多少千克？题中 4 个数的单位都不同，而且有的单位用字母表示，有的单位用文字表示，够折腾吧？

课件帮助演示，1 立方分米里面可以一层一层放下 1000 个 1 立方厘米，1 立方米里面可以一层一层放下 1000 个 1 立方分米。在得到"1 立方分米 =1000 立方厘米，1 立方米 =1000 立方分米"后，马上出示上面这道题目。

我对孩子们说："这道题有 4 个数字，每个数字的单位都不同，而且有的单位用字母表示，有的单位用文字表示。我实在是分不清了。你们思考一下，谁分得清，谁就上来当老师教教大家，好吗？先思考。"

方晨欣最快举手要求讲解。

她说："长 × 横截面积 = 体积。单位不统一，2m=200cm。"我打断："米是长度单位，长度单位的进率是怎样的？"一起回顾，我板书记录。"我们都明白了，2m=200cm。请继续。"

她说，我理，依次回顾了长度单位、面积单位、重量单位的进率，重点关注了体积单位的进率。然后，观察板书，说说长度单位、面积单位、体积单位进率的特点。

随后就是针对性练习和解决问题的练习了。

遇到难题，装傻是个好办法。我说"我都分不清了"，他们顿时就来了精神。我若不装傻，讲解得唾沫横飞，不见得有几个人听进去了。

6月3日　再逢袁晓萍

今天和陈慧一起来到了杭州紫阳小学，这是一次取经之行，专程前来聆听袁晓萍老师关于教研组管理的讲座。

漫步校园，发现紫阳小学近依太庙，古迹多缀，悠悠古韵荡漾其中。等待的时间里，大屏幕播放着称为"紫阳纪录片"——清澈的乐曲伴着"紫阳十景"，"紫阳美食节"等校内特色活动的剪影。有这样一部专门的宣传片挺好的，我校外墙上的画面类似于静态的视频，如果我校在举办每次市级或市级以上活动前，在老师们等待的无聊时段里也播放这样的动态宣传片，应该也是件挺有意思的事情。反复看了几遍，感觉最有特色的是新生的入学仪式。入读紫阳，要齐诵"紫阳入泮三字经"，画面上的孩子们穿戴着特制的类似博士服的入学服，手捧印着三字经的黄色经卷轴，非常严肃认真。不由心下暗忖：孩子们幼小的心里是否因这一刻的庄严而提升了入学紫阳的神圣感？

袁老师终于到了。她还是那样，一坐到发言台上两眼就发亮了。随着问题："教研活动变成了校本研修，有哪些经验可以关注？有哪些问题需要探讨？"袁特开始了名为"在校本研修中提升实践智慧"的讲座。我在讲座后整理了以下内容：

每个学校，都会对年级组、教研组、备课组有一个定位。学军的定位是：年级组是个小型行政团体，教研组和备课组是一个学术中介，教研组是教师与教导处、科研室的学术中介。教研组的职能目标就是"突出研究，落实指导，体现参与，强化服务"。

一、突出研究——以课题为抓手，提高教研水准

课题化的教研可以缩短老师的成长过程，课题教研要突出时效性、长效性、实效性。

时效性：个人的课题结合了个人的兴趣点，而教研大组的课题一定是基于整个教研组的诊断，如关注教师教学行为的课题——实施量化评价，优化教师教学行为（即量化式研究，通过几节课来细化研究。袁特特别提到了课堂上提问后的等待，她说让老师问完问题后多等待一分钟，比等待一个世纪还要漫长，原来特级老师，也在烦恼这个问题），如结合老师、学校的需求，结合当时背景的课题——新教师专业化成长，整个课题研究要经历五个阶段——提出问题，归因分析，寻找策略，物化成果，积淀文化。

长效性：研修需要创新，但更应该思考"我该从上一年的研修活动中汲

取怎样的能量？"如课题"新教师专业化成长"在第一学期重点研究了"新教师专业化成长协作制度"，到了第二学期就升格研究"新教师实践＋名师共享＋团队合作联动研究制度"。

实效性：曾经的误区是重立项不重研究，重结果不重过程，是成果驱动不是成长驱动。如果改变这种现状让课题研究成为一种常态，如"在磨课中磨课题"；让学生活动成为一种资源，如"到了第三阶段物化成果时，多思考孩子是怎么思考的"，如"数学博览会"，展览一年级的口算本，二年级的数学日记，五年级的草稿本，六年级的摘错本等"数学作品"，让学生对作业有作品意识，让研究成果成为一种成品。

二、落实指导 —— 科学引领指导，打造精英团队

行为引领：教研组长必须身体力行。如"备课组专题展示制度"，教研组长所在的备课组率先示范名为"寻回教学目标在教师心中的位置"的展示活动。先发预热材料——《人民教育》同名文章，再上一节课"工程问题"。听课的老师每人都要写你认为这节课的目标是什么，上课老师也写自己的教学目标，两者对比，看看哪些地方目标高了，哪些目标低了，于是萌生了怎样的思考。最后进行展示。

制度引领：在硬制度与软文化之间行走，坚持"四定"、"四有"、"四到位"。四定：定时间、定地点、定主讲人、定专题（办公室研讨不会有意思）；四有：有主题、有课例、有预热材料、有反思小结（每一次研修之前，有一份预热材料。听课前要求提前到，细阅预热材料，不能和听课的孩子在一个起点上）；四到位：组织形式到位、述评剖析到位、反思研讨到位、诊断总结到位。

团队引领：建小型学习型团队，让更多的教师行走于能力极限的边缘。备课组是小型教研组，备课组要从教研组的"注重上位的实验研究"变成"有趣＋有效的课堂教学"研究。作为教研组长，要求备课组长提前两周发给自己展示活动的计划与思考，要有序列地在幕后操作,确保活动的质量。

三、体现参与 —— 创新教研模式，构筑弹性空间

教研组评课曾经的尴尬：一围圈，一低头，一等待，一点名，一引领。流

失的不仅仅是话语权,更主要的是流失了主动思考的能力。于是,寻求改变与优化:变讨论别人为琢磨自己;变防御意识为学习意识;变全面涉略为专题研究(一次扎出一个洞就可以了);优化教师的参与方式,活动前预热思考题,活动中互动思考题,活动后简单分析;充实活动形式,主题式听课、诊断式听课、联动式听课、同课异构、同课同构、异课同构纷纷上阵。

教研组必须打造出一堂堂好课,那是属于每个老师的精彩折子戏,要给每个老师打磨几节精彩的折子戏。

四、强化服务——追求专业成长,共享价值双赢

如何为教研组老师的发展提供更有效、更优质的服务?如何从管理统筹型拓展到引领研究型?博见,才能激发潜能;倾听,才能创造机会;反思,才能追求卓越。

整个讲座下来,我感觉最值得思考的是:

如何把课题也融入每一次听课活动、磨课活动中去?这一学期,数学组人人开课,有的老师甚至上了三四节,加上课前的磨课,总课次达四十多节。如果能把课题融入其间,我们该有多少物化的成果收获?

备课组的展示活动。学军的班级和我们差不多,每个年级也就三到四名数学教师,能开展这样的备课组展示活动,真是令人惊叹。对学军来说,袁特以身作则,自己所在的组率先示范作引领就可以了。对我来说,可不是自己率先展示就可以在组内开展这个活动的。这个活动会给备课组带去多少压力?老师们会对其抱有多少的认可度?随着考试压力的逐年增大,如何提升一类内容教学效果(如怎样提高计算正确率)的探讨倒有展示的可能。

6月20日 "舍"之痛

这周只有四天的学习时间,这四天怎么安排呢?复习时间的仓促,让我整天处于取舍之中。这些不讲,那些不做,这一张卷子不考——痛苦地发现

"舍弃"比努力去获取更加费精力、费心神。有限时间效益最大化,就必须舍弃,智慧地舍弃所有无效的练习,只能精选精选再精选。

教研室下发的关于长方体的分类复习卷几次想发下去让孩子做,又搁置在一边。内心时而这样想:"做一做,是个检测,也是个查漏,这一单元终究是重点。"时而又这样想:"还是搁置吧,该练的题型都练过了,实在不会的,还是个别辅导吧,这一块知识再集体性深究也没有多大意义。"

"舍",着实痛。

六年级第一学期

9月6日 分数乘整数,我教什么?

第一次备分数乘整数课的时候,是从情境入手的。从布条的长度,每段3米,4段几米?"3×4"是什么意思?到每段变为$\frac{1}{3}$米,4段几米?怎么列式?式子是什么意思?从整数入手,便于学生理解分数乘法的意义。

再次思考后,觉得还是从简单的文字和式子入手来理解意义为好,在练习的地方加入情境,解决实际问题。5个12是多少?5的12倍是多少?得出整数乘法的两种意义。

突然又反悔了。分数乘整数,难么?孩子不懂吗?懂,很多孩子应该懂,那我扯那么多做什么呢?放手让孩子讲吧。出示例题情境,孩子果然顺利列式。怎么算?为什么这样算?请把理由写出来或者画出来。

有转化成小数的,有画线段图的,有画格子图的,有画圈的……

圆满完成。

至于分数乘分数,算理的理解主要是借助图形。一画图,谁的几分之几是多少很清楚,和整数乘分数一沟通,算理的理解就水到渠成了。

9月8日 明天,练,练,练

今天,按课时计划该是上整数乘分数、分数乘分数的练习课。我也真的觉得应该上练习课,因为部分孩子对于交叉约分掌握得不是很扎实。于是,开始讨论。裘老师觉得学生有能力学好这块知识,不必练习,可以直接学习分数的简便计算。分数简便计算较难,乘法分配律变化多样,到时多花一课时,是否更好?

我抱着看情况灵活机动的想法走进了教室。

一组整数乘分数、分数乘分数的练习题完成后,觉得掌握得还不错了。于是,进入简便计算教学,主要关注了三层难度的乘法分配律。我们一层一层剖析,发现它"万变不离其宗",不管怎么变,最终还是要变到 ab+ac=a(b+c)。

课后,布置了四道习题。中午批改,大跌眼镜。

当我还在为层层剖析的乘法分配律自鸣得意的时候,乘法结合律、乘法交换律、可直接约分的连乘题错误迭出。

明天,练习,练交叉约分,练乘法结合律,练乘法交换律……

9月15日 画线段图是学习分数乘除法的好办法

最近,学习分数乘法问题。老实说,建构这一类应用题的模型,迅速地列式解决并不难,但是,如果就这样轻易过去,到了用分数除法解决问题时,孩子就会混淆不清了。

所以,关键要理解什么是单位1,谁是单位1(标准量),分率是多少。量指的是谁,分率和量是否对应。

理解的关键——画线段图。不能偷懒,多作图,利用线段图来理解标准量,理解"对应"。

9月19日 判断有助于概念形成

今天,学习倒数。先让孩子们计算一组式子,很快他们就嚷着"都是1"。

"那么,像这样的乘积是1的有两个因数的式子,你会写吗?"半分钟写式子比赛。冠军是元侃,写了24个式子。能写这么多,这么快,自然是发现了什么秘密的。这节课就是来探究其中的秘密的。

随后,读概念,理解概念中的每个词的意思。及时做了三道有助于概念形成的判断题:

1. 因为 $3 \times \frac{1}{3} = 1$,所以,3 是倒数,3 分之 1 也是倒数。(理解倒数是相互之间的关系,不能单指一个数。)

2. 1 没有倒数。【孩子一般都会说"错",再问"为什么?"$1 \times (\quad) = 1$,所以,1 的倒数是 1。】

3. 0 没有倒数。为什么?【从倒数的概念入手,$0 \times$(任何数)$\neq 1$,0 没有倒数。】

对概念有了充分的理解后,开始进行口令练习。从最简单的真分数、假分数到整数、带分数再到小数分成 4 步走。每出现一个类型,都让孩子举例,在接触大量例子后归纳找到它们的倒数的方法。

说到带分数,我举例了 $1\frac{2}{7}$,601 班没有出现错误,我就没有展开,直接让孩子归纳方法 —— 先化成假分数,再交换分子分母的位置。

602 班就出来了两种答案:$1\frac{7}{2}$(有 10 人)和 $\frac{7}{9}$(有 51 人)。如何证明你的想法是对的?很简单,$1\frac{2}{7} \times (\quad) = 1$,$(\quad)$ 就是它的倒数。在错误中再一次理解概念,亦是好事。

掌握了一定的找倒数的方法后,又开始了一组判断题练习,"真分数的倒数都是假分数","假分数的倒数都是真分数","真分数的倒数都大于这个真分数",再次利用判断题及时深化概念。

9月21日 啰唆也是手段

这道题目做错的孩子很多。"一条长 $\frac{8}{9}$ 米的绳子,假如剪去 $\frac{1}{3}$ 米,还剩(

)米；假如剪去$\frac{1}{3}$，还剩（　　）米。"

有的孩子两个括号里填写了一样的答案，似乎还在疑惑怎么一样的问题要问两次。

这就需要直观演示。

$\frac{8}{9}$米的绳子是多长？比1米略短些。让孩子们用手势比画出长度。$\frac{1}{3}$米是多长？再用手势比画出长度。现在同桌一个同学用手势表示出$\frac{8}{9}$米，另一个同学表示出$\frac{1}{3}$米，重合比一比，剪去$\frac{1}{3}$米，还剩多长？怎么计算？原来的长度－剪去的长度＝剩下的长度，将数量关系式板书。

现在看第二题，也是剪去一部分，那么数量关系式怎样？孩子说，也是"原来的长度－剪去的长度＝剩下的长度"。好，比画一下，原来的长度，比1米略短些。再看剪去的部分，"剪去$\frac{1}{3}$，是剪去$\frac{1}{3}$米？"孩子说："不是。""是剪去$\frac{1}{3}$分米？"孩子说："不是。""剪去$\frac{1}{3}$毫米？"孩子说："不是！""是剪去$\frac{1}{3}$厘米？"孩子说："不是！""是剪去$\frac{1}{3}$千米？"孩子说："好啰唆啊。不是啦！"

是够啰嗦，我就是要他们牢牢记住"剪去$\frac{1}{3}$"，$\frac{1}{3}$后面没有单位，剪去的具体长度是不知道的。不知道具体是多长，就要通过计算。"剪去$\frac{1}{3}$"是剪去谁的$\frac{1}{3}$呢？要先算出$\frac{8}{9}$米的$\frac{1}{3}$是多长，然后才能剪，才能按"原来的长度－剪去的长度＝剩下的长度"数量关系式计算。

因为此处值得停留细问，所以，啰唆也成了手段。

9月23日　分数除法的难点

分数除法第一课时一般教分数除法的意义和分数除以整数两块内容。但是我觉得如果单纯从算法层面思考，分数除以整数，分数除以分数的方法是可以合起来学习的。整数就是分母是 1 的分数,分数除法的计算方法就是一个数乘这个数的倒数。

但是,分数除法为什么可以转化成分数乘法来做?为什么一个数除以分数等于这个数乘分数的倒数?这个问题,问了三个老师,一时半会儿他们都答不上来。原来这才是真正的难点。

所以,第一节课,就是要理解分数除法的意义,理解算理。要帮助学生理解,势必要借助直观材料。我想圆饼图是最容易理解的。

一个饼,还剩 $\frac{4}{5}$。如果我要把 $\frac{4}{5}$ 的饼平均分给两个孩子吃,每人吃到这个饼的几分之几?

先列式,出现两种式子:"$\frac{4}{5} \div 2$" 和 "$\frac{4}{5} \times \frac{1}{2}$"。说一说为什么两种式子都可以求出"每人吃到这个饼的几分之几?"明白了这个道理,也就明白了将单位"1""平均分成 2 份",其中的一份就是"单位'1'的 $\frac{1}{2}$"。

答案是多少?从图上就可以知道,都等于 $\frac{2}{5}$。于是得到"$\frac{4}{5} \div 2 = \frac{4}{5} \times \frac{1}{2} = \frac{2}{5}$"。

再看图。6 个苹果,平均分给 2 个人,每个人分到几个?列出两个式子:$6 \div 2$ 和 $6 \times \frac{1}{2}$ 说说为什么两个式子都正确,板书 $6 \div 2 = 6 \times \frac{1}{2} = 3$。

再变为"6 个苹果,平均分给 3 个人,每个人分到几个?"意义要从"平均分成 3 份,每次是 $\frac{1}{3}$"拓展到"平均分成 n 份,每份就是 $\frac{1}{n}$"。

"6 个苹果,平均分给 12 个人,每个人分到几个?"又得到 2 个等式:$6 \div 12$ 和 $6 \times \frac{1}{12}$。

观察,左右两个式子哪一部分一样,哪一部分不一样?不一样的又有什么联系?孩子们马上发现一个数除以另一个数,相当于乘这个数的倒数。

于是再问:"是不是除以一个数一定等于乘这个数的倒数?请你试着也写一个这样的式子,画图证明它们的答案是否相等。"

举例,验证,发现恒等。那么为什么除以一个数一定等于乘这个数的倒数?现在能回答了吧?因为把单位"1"平均分成几份,每份可以通过除以几得到,每份也是原来的几分之一。

这一节课,就教孩子理解算理、验证算理、牢记算理了。难点,值得这样费时费力。

10月9日 认识比,比就是分数

教材只提到"两个数相除就是两个数的比。根据分数与除法的关系,两个数的比可以写成分数",于是,分数对"比"而言就成了一种额外的可用可不用的书写形式。学生也就无法用"比"的眼光来看一个分数。

还记得杭州的唐采斌老师做过这样一个调查:在右图中,你看到了什么分数?结果显示看到$\frac{1}{4}$的学生占94.83%,看到$\frac{1}{3}$的学生只占9.48%,看到$\frac{3}{1}$的学生只占1.72%。甚至有一些老师也坚持这个图表示的分数只能是$\frac{1}{4}$不能是$\frac{1}{3}$。

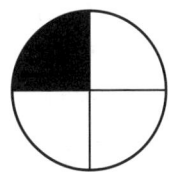

我做了这样一个调查:在右图中,你发现了哪些比?结果显示发现1∶4的学生占91.2%,而发现3∶1和1∶3都接近96%。也就是说,孩子清楚比可以是部分和整数的比,也可以是一部分和一部分的比,却不清楚分数也可以表示部分和整数的比,可以表示一部分和一部分的比,可以把一部分看作一个新的整体。可见,比和分数这两个概念,被割裂开来了。

所以,我通过右边这样的填写练习来沟通分数和比的联系。

我要让孩子认识到,书上说"比可以写成分数的形式"是因为比和分数之间有非同寻常的亲密关系。当它们表示两个量之间的关系时,分数就是比,

3∶4 表示_____

$\frac{3}{4}$ 表示_____

比就是分数,这个时候,可以把比写成分数,也可以把分数写成比。

10月10日　割裂求比值和化简比

比值和最简比都可以写成分数的形式。求比值和化简比,孩子总是要混淆。

求比值,用分子除以分母的方法,求的就是商,所以将求比值转化成分数除法来解决,结果是一样的。

化简比,书上呈现的是依据比的基本性质,比的前项同乘(一般是分母的最小公倍数)或者同除以(一般是两个数的最大公约数)一个数来化简。但是,遇到两个分数的比或者分数、小数混合的比,利用比的基本性质来化简,实在是不太方便。所以,往年在孩子们学习了用比的基本性质来化简比后,我会再引导他们用除法计算的方法来化简比,以提高化简比的技能,并最终归纳秘诀:整数比,直接改写成分数形式,然后约分化简;小数比、整数小数混合比,先同时扩大化成整数比,再写成分数形式,然后约分化简;分数比、分数小数混合比,按照除法计算化简。

看似考虑周全,其实把求比值和化简比的方法都统一起来了,方法一致,过程一致,那么结果的混淆就自然可以理解了。

现在想来,都是我的错。明知那么相似,干吗还要采用一样的方法,用一样的结果表示呢?表层技能的提高有什么用?

求比值是从比的意义出发,将比看作"相除",用除法计算,而化简比,是从比的基本性质的角度展开,必须是前项和后项同时扩大或者缩小相同的倍数(0除外),化成最简整数比,结果用 a∶b 表示。

方法不一致,结果完全不一样,割裂它们,就不会混为一谈了。

10月12日 多问"我有什么收获"

昨天孩子们花了一节课的时间完成了一张练习卷中的计算题和应用题。我一一面批,发现了很多问题。这几天学的解决问题是按比例分配,前些天学习的用分数除法解典型应用题的方法就大量遗忘,线段图也不会画了,找单位"1"也忘记了。

早上去讲解,我先问:"你们昨晚做了这些题后,有什么收获?"基本没有反应。难道做了半张练习卷,什么收获都没有,那岂不是白白浪费了时间?终于有个孩子说:"计算做错很多,把分数乘除法的方法又回顾了一遍。"于是,再次教他们:"做练习的时候,不懂的题目要打上问号,不确定是否正确的,打上'√'。如果当时就有人给你指导,你当时弄明白最好,收获会最大。当时没弄明白的,第二天就要特别关注这些题目的讲解。做题、听讲,都要抱着'我有什么收获'的态度去做、去听。"

讲完后,开始分析练习,分析完,再问:"校对完了答案,你有什么收获?"孩子们说来说去就是一个收获:时间和速度成反比。

收获堪怜。

10月27日 幸福源于自己的体验

昨天下午抵达杭州。早上8点,到报告厅准备听课。展示活动安排表上,执教教师都是小数界的精英,是我们仰慕的大师。早上有丁杭缨老师的"圆的认识"、袁晓萍老师的"圆柱的认识"。汪培新互动评课,真是华丽丽的。

丁特的教学很高效,用圆规作图,知识点几分钟内就解决了,她把重点放到了对圆的深化认识 ——"一中,同长也","圆出于方","没有规矩,不成方圆"。

袁特的课,精彩得难以用语言表述。真是到了把教案给你,把视频录下来给你,你也学不来的境界。课堂上师生间的互动生生羡煞旁人。

她轻轻说一句:"你们不惊讶?"学生就一起笑着喊:"啊!"整齐亲切。她笑着说："把你们的圆柱放在手上，看看它是瘦瘦的，还是高高的？"（其实都是想象，根本没有圆柱）学生就用手托着，一个个说"我的胖胖的"，"我的高高的"……学生毫无惊讶，毫不做作。这说明什么？说明平时他们就是这样愉快地想象着，交流着。

课堂上，学生对数学语言的敏感是个亮点，这源于袁特对孩子数学语言提炼的关注。

晚上，吴卫东先做题为"小学数学教师的专业发展"的讲座。吴老师话语幽默，几个观点引得现场笑声不断，感触良多：

1. 女人要示弱。她说她太强势，所以一直在找自己的弱点，终于让她找到了一个弱点——不会开车。这就迫使老公必须早上把她送过来，晚上把她弄回去。老师也要示弱，试试看，看看会不会改善师生关系。

2. 要改变。再好的东西，重复得多了，就不觉得好了。今天一个动作学生就感叹"啊"，这很精彩吧？但如果课堂上重复了五六次，还会觉得好吗？

3. 不是所有的人都能当老师的。当老师的人一定要会赏识人，看到优点比缺点多的人，才能当老师，看到缺点比优点多的人，适合当医生。（赏识的重要性不言而喻，不过，吴老师也承认，面对大班制，很难实现。如果面前只有25张笑脸，那心情就不一样了。）

4. 反思一下，每天干的活，是体力劳动多还是脑力劳动多？

5. 本体性知识很重要，能吸引学生。有个语文老师边做动作边教："左边一只手，右边一只手，把东西一分，就是掰。"于是，学生问："老师，有没有左边一只手，右边一只手，把东西一合，也是一个字呢？"老师也懵了。这样的字有没有呢？（一时现场无声）有，就是挌（音"格"）。

6. 追求"通感"。不一定要就数学论数学。

7. 背景性知识能增强个人魅力。数学老师能唱很好听的歌，能背《论语》，学生不佩服都不行。

8. 《论语》三句，天下大同。学而时习之，不亦说乎——学习是生活的方式。有朋自远方来，不亦乐乎——学会分享，共享智慧。

9. 学会放弃,才能得到想要的东西。

10. 三色。本色做人(缺点也好,本色暴露,没什么了不起),角色做事(在什么岗位想什么事),特色定位(让自己具备核心竞争力)。

11. 要自我认知。苏格拉底曾对男人说:"假如你娶了一个贤惠的女人,恭喜你,你将一生生活幸福。假如你娶了一个泼悍的妻子,恭喜你,你将成为哲学家,因为你整天要思考人为什么活着,结婚有什么意义。"可见,一个人是否幸福,只是自我的体验,自我的感觉,对职业也要有好的认知。

笑声中,林良富老师上台了,带来了名为"自主学习下计算教学的有效性研究 —— 以除数是两位数的口算、笔算除法为例"的讲座。这个讲座原是放在沈百军和郑水忠老师上课之后的,现在时间提前,讲座就从点评式讲座变成了解析式讲座,等于是提前探味明天的课。一边听讲座,一边做了些记录:

1. 课堂就是家常菜,上课要常态化。

2. 教师总是讲得太多,甚至都不知道自己讲得太多。如果把教师讲课的话全部抽掉,课堂会成为什么样子?对这个问题进行思考,就会明白自己是否组织了完整的学的活动。

3. 组装永远比不上原装。磨课很多时候是优化组合。第一次试教,保留好的环节,四五次试教后,把好的环节组装起来。

4. 好课三磨。一磨课的框架,就像论文的提纲。二磨环节,每一环的细化和衔接。三磨细节,提升课的感觉。

5. 观课文化。听课教师大多关注任课老师的表现,关注手中的资料,却很少看学生。

同时,我还重点关注了"自主学习下的课堂教学流程"的讲述,其中提到教学的核心环节应是组织学生"学的活动","三环六学"倡导以学定教,值得一试。

10月28日　杭城听课受益匪浅

"美好的一天又开始了。"伴随着陈近老师亲切的语调,早上的学习拉开了帷幕。

听了钱金铎老师的介绍,我知道了还有比特级教师更高的级别:功勋教师。全省900多位特级教师,只有20几位功勋教师。

第一节课,邢红琴老师递交的教案资料很是完备,省了我们笔记的辛劳。

老师呈现小熊让学生从正面、上面、左右侧面观察后,引导他们认识从不同位置观察物体,其形状是不同的。左右侧面的区分是个难点。遗憾的是,老师没有明确归结方法,如看到右眼、右耳、右腿、头朝右是右面,而是笼统地概括"通过观察头、眼、尾,就能知道是左侧还是右侧"。我觉得对二年级的孩子来说,清楚地指出方法是不是更好呢?

随后,老师安排孩子们观察一个骆驼玩具,呈现的图片到底是左侧还是右侧,学生不会判断,顿时坠入纠结。老师一筹莫展,课也上了50分钟。

第二节课中出现了一段小高潮:一横排的小正方体,再添加1个小正方体,要求从正面看图形形状不变,有几种添法。学生呈现了两种答案,大多数学生都说无数种,理由也很充分,小部分学生说6种。不太明白老师为什么没有大加赞叹,而是说"我们现在只研究6种的添法",有一种突然冷却断裂的感觉。

第三节课,俞正强老师执教"年、月、日"。他上课,学生和听课的老师阵阵发笑,笑声、掌声交织,真是让人快乐。他的课很难记录,似乎动态生成。他抓住了时、分、秒到日、月、年之间的时间线,对"2月份"展开了重点研究。就记个片段,回顾一下快乐的感觉。

俞:"二月"很特殊,我们叫它"特别月"吧。

生:不行,应该叫"小小月"。(现场大笑)

俞:"小小月"和"特别月"不是差不多吗?

生:特别月,就不知道大小了啊,小小月比小月要小。

俞:你厉害!听你的,小小月。(现场大笑)

俞正强老师总是谦恭待人。课前、课后鞠躬感谢,对孩子也是一连串的谢谢。每一句话、每个动作都显示出他的随意、轻松、温和。

怪不得钱金铎老师说:"俞正强的课你不必学,说得难听些,真是学也学不来。我们要学的是他的教学理念。他带给学生心理安全感,学生发言没有拘束;他喜欢不停地重复,可他的重复和你我的重复是不一样的,他的课是对话动态课。"

11月4日 探析百分数内涵

早上,学习"百分数的意义和写法"。昨晚花了一个多小时做课件,今天的课堂效果还是不错的。因为之前有让学生读课本预习,所以课始就让学生读一读、写一写百分数。我发现每个孩子都会读,也会根据读法写出百分数,于是给出信息:某市高考今年重点本科上线率为86%;电脑在安装程序时,显示为88%,让孩子用自己的话说说这两个百分数表示什么意思。两个班级的孩子都能用自己的语言表述:"假设今年参加高考的人数是100人,那么考上重点本科的人数是86人"。"假设安装一个程序是100格,那么已经装了88格。"

我抓住其中的关键问:"为什么你们还要另外'假设'一个数,用两个数来表达一个百分数的含义呢?"这一问,孩子们才意识到自己在回答时都假设了一个数(100)来解释百分数的含义。虽然他们很难用精准的数学语言来表述百分数含义,但其实他们已经清楚了百分数是用来表示两个数之间的关系。

带着"我们已经学过分数了,为什么还要学习百分数呢?百分数有什么独特之处?它有什么存在的价值?"这些疑问,我们探究了成活率,认识到使用百分数比较数据的大小更加方便,因而百分数在生活中应用广泛。

这节课的难点是百分数和分数之间的区别和联系。认识了百分数的意义后,通过几道"下面的分数能不能改写成百分数"之类的判断辨析题,帮助

学生认识"分数表示两个数量之间的比的关系,也可以表示某个具体数量,百分数只表示两个数量之间的比的关系,后面没有单位名称"。

11月14日 只教一种方法

今天,学习稍复杂的一个数是另一个数的百分之几,也就是通常所说的求"多(少)百分之几"。我借助"东东跳绳200个,明明跳绳160个"的简单情境,从一个数是另一个数的几倍、一个数是另一个数的几分之几引入,再推进到一个数是另一个数的百分之几,引导孩子认识一个数是另一个数的"几倍"、"几分之几"、"百分之几"都可以用一个数除以另一个数来解决。

再探究"东东跳的个数比明明多百分之几"这样的新授问题。"多百分之几",多的是谁的百分之几?这个很容易理解,多的是"单位1"明明个数的百分之几。立即板书:多百分之几就是"多的个数"是"单位1"的百分之几。让孩子从中提取数量关系式。根据一个数是另一个数的百分之几的解题经验,孩子们很快得到了"多百分之几=多了的个数÷单位1"的关系式。

随后试着算一算,"明明跳的个数比东东少百分之几"。把两次的做法对比一下,很快就归纳出多(少)百分之几的解答方法。

解多(少)百分之几其实还有一种很简单的方法,先算出一个数是单位"1"的百分之几,再和"1"比一比多少就可以了。但是,新授课只教一种解法比较好。先掌握基本解法,在专项练习后可以让孩子发现其他的解法,再通过变式练习巩固各种解法。每个人都是在掌握了一种基本方法后才有能力融会贯通、举一反三。

11月16日 思考成功榜

今天开始,两个班级的黑板右角设立了"每日一题专栏",由课代表每日抄上一道我选择的难题,题目下贴着漂亮的五个字"思考成功榜"。所有的孩子都要把题目抄在家庭作业本上认真思考解答,率先解答出来的20个孩子可以直接交给我批改,解答正确的孩子可以把自己的名字写在黑板上,可谓榜上有名。

题目一般都在课后布置,白天没有解答出来的孩子可以当作家庭作业完成。实在无法解答出来,可以空着,等待我的分析讲解。

我选的题都比平日的练习题略难,刺激了一批优生踊跃解题。而分析习题对没有解答正确的孩子多少也是一种学习。每日一题,每日的积累,不可小觑。

11月28日 平实的日子

上周和师傅一起去杭州一小学习,给我感触最深的是浙教版《新思维数学》教材的计算教学体系之博大精深。平日里我们放在拓展块的速算知识点对他们学校的孩子来说是轻松的课堂练习。课堂上,执教老师让学生和我们这些听课的老师比计算速度,我在草稿纸上猛算,还是不得不甘拜下风。

崇拜之余,买了整套的新思维教材,希望能对自己的教学有所助益。

11月30日 感激,反省

早上,上两个班级的鸡兔同笼练习课。除了"对一题加10分,错一题扣6分,两种情况到底有多少差距"造成一部分孩子出错外,其他的题目孩子们都做得不错。

课本最后一题为"100个和尚吃100个馒头,大和尚一人吃三个,小和尚三人吃一个,问大小和尚各几人?"和孩子以鸡兔同笼解法解此题后,正打算布置作业。张凯东说:"我还会一种比例的方法,100÷4=25个大和尚。"

式子如此简单,我不由追问:你说说你是怎么想的?式子是什么意思?

他挠挠头说:"我忘记了。"这下,教室炸开了锅,"凑的!""这是凑答案。"

"你们思考一下,这样做到底有没有道理?"孩子们显然不愿思考,无人举手。

我就在黑板上画了这个简图:大 小小小　大 小小小……有的孩子便立刻明白了,一个大和尚三个小和尚,四个人四个馒头正好一组。感谢张凯东的回答激活了我们的解题思路。

等到去602班上课,讲到这道题目时,情况反了个个。第一个举手的周一帆非常清楚地陈述了 $100÷4=25$ 的意思,即四人一组的解题思路。反而鸡兔同笼的一般方法是在引导之下才呈现的。

有意思吧。

12月9日　表面积和天气一样冷

新课已经授完,开始学习数学教材第十二册的"圆柱和圆锥"单元,今天继续学习表面积计算。基本的计算思路很简单,表面积计算的难点主要是:一是计算。步骤多,数字繁复,计算正确率低。二是两个抽象的长方形与圆柱的关系。一个是圆柱侧面展开的长方形,一条边是高,一条边是圆柱的底面周长。另一个是沿着圆柱的直径切开的长方形截面,一条边是高,一条边是圆柱的底面直径。学生对这一个知识点的理解还是有难度的,需要加强操作。

作业的错误率很高,老师们都是边批改,边哀叹。原定两课时的表面积学习,现在估计要四课时。下周能不能结束这一单元,还有点"生死未卜"的感觉。天气阴冷,批改作业的心也跟着阴冷。

12月13日　少了那声"啊?!!"

今天我在居敬小学301班上了"年、月、日"。上周二我在本校301班试教该课非常顺利,所以,对今天的教学也有一定的把握。

然而,因为生生不同,随之课课也不同。

整节课,感觉不如试教,主要原因就是把自己当作日历的设定者后对平闰年的判断这一高潮部分不够精彩。之所以会不够精彩,是因为学生对一般年份的平闰年的判断不是很顺利,所以出现整百年份时没有那么惊异,没有那异口同声地"啊?!!!"。表面上只少了那一声"啊?!!!",实质上是课堂的跌宕起伏少了,学生的掌握程度低了。

课后,宋老师问了我三个问题:

1. 当学生的能力低于你的预设,你怎么解决?

这个问题很有难度,我不知道怎么回答。我当时就是针对学生的实际能力设计课程的,估计居敬小学的学生学习基础是市内拔尖的,所以设计的问题环环相扣,思考性较强。可现在,该班学生的实际学习能力低于我的预设,导致了"啊?!!!"的遗失。我该怎么临时补救?

2. 学生提早说出"数拳法",你处理得恰当吗?

当我问一个月有时有 31 天,有时有 30 天,有时有 29、28 天,看来我们要梳理一下。怎么梳理呢?学生举手说:"数拳头。"

我当时说:"你还会用数拳头来梳理啊。那大家能用手中的日历把有 31 天的月份找出来吗?"一句话就把孩子的注意点从数拳头上转了过来,回到了自己的教学轨道上。

顺着孩子的想法教,我当时也有过这一闪念,可还是胆小了,因为大月、小月、特殊月的名称还没有讲出来,刚刚要问"31 天的月份是哪些"时,出现记住大小月方法的数拳法,等于要改变这一块的设计。匆忙之下,我选择了走回自己预设的轨道。现在想想,如果此时,我追问:怎么个数法?学生可能会说:一月大,二月小,三月大,四月小……再追问:一月大,"大"是什么意思?估计学生说不清楚,那时我再说"大,就是大月,一个月有 31 天的月份就叫大月。你能从日历上把有 31 天的所有大月都找出来吗?"然后再问:"你知道怎样的月份叫小月吗?再找出有 30 天的所有的小月"。并引导发现二月的特殊性。最后补充完整学生提出来的数拳法。

这样一来,就是顺着学生在教了。

3. 补充"历法"的知识重要,还是补充"季节"、"星期"、"季度"更重要?

这一点,我为自己坚持,我认为历法的规定更应该补充。对待知识,应该知其然,更应该知其所以然。也许有孩子不懂"历法"知识,可是,它是一个科学知识的启蒙,是这一块数学知识的源头。让孩子知道每一个规定都有其原因,也许他更愿意去探究数学,去感受数学的文化、感受学数学的乐趣。而季节、星期、季度这些时间单位在本课之后略加补充,学生就很容易理解。

另一个细节问题:之前每一次试教,学生都能顺利发现2月每4年出现一个29日,即四年一闰,所以,我在PPT上没有进行四年一格颜色分割显示。可是,今天学生是在再三引导后才发现四年一闰的,在这种情况下就需要用颜色分割这种直观凸显加以辅助了。

我今天最大的一个收获就是:在设计一节课时,要全面细致地思考,不能太依赖于自身的试教状况。

下午,是名师们的指点和引导。

说到我这一节课的亮点时,两位名师都提到了数学文化知识的渗透,让学生知道了"所以然"。而我个人认为,通过自己做日历的制定者,让学生自己发现一般的闰年年份"是4的倍数,除以4,没有余数"这一特点是最大的亮点。

宋老师做最后的点评。首先说到时间概念的特点,时间概念,都有其本质特点,具有流动性、连续性、不可逆性、不可视性。这一类课的本质要点是知识结构与单位时间。时间概念间的联系包含了相互间的阶段性和序列性。其次说到上课要关注学生的经验和困难。学生有四个层面的经验,生活经验、知识经验、话语经验、思维经验。因此上课前要多思考"哪些生活经验是需要激发、提炼的?""哪些知识经验是知道的?哪些是理解的?""教学中是否留给了学生思维的空间,积累了思维经验?经验除了可以激发还可以提升,什么时机激发,什么时机提升?"

"年、月、日"一课需要怎样的时间梳理?学生已经得知了哪些知识经验?

是不是记住了这些知识就算完成了教学任务？判断平闰年的方法如何教学？总的来说,我们应让学生在回忆中梳理,在不完全归纳中发现验证,在应用中熟悉掌握,并在熟悉事件中寻找时间感觉,适度体验单位时间。

宋老师说,俞正强老师也上过这节课,他就认为这一块天文知识不需要讲,课后看看就是了。这让我觉得很有意思。刚刚在杭州就听了俞正强老师的这一节课,他整节课就是在讲天文知识,课堂就是以天文知识为中轴,展开一系列的年月日知识探究的。可见,特级教师的理念也是在不断地更新之中。

12月15日　3倍关系

本想上一节手工课——制作等底等高的一对圆柱和圆锥。课程设计为:商量好先做圆锥,还是先做圆柱。一般情况下,孩子都会觉得圆锥难做,先把难的解决掉。确定一个圆锥的底面半径为3cm,侧面的扇形半径为5cm,高为4cm。等到要做等底等高的圆柱时,孩子就需要根据"和圆锥一样的底面"来思考圆柱侧面的大小,这是制作的核心知识点。圆柱的侧面是个长方形,圆柱的底面周长(利用底面半径3cm计算)是长,宽便是圆柱的高,和圆锥一样,圆柱的高也是4cm。

按照以上设计,往年做着做着,有的孩子就理解了,这便是直观动手操作的意义所在。但也会有很多孩子不理解,做出一个和圆锥"搭不上"关系的圆柱。

这次,我让孩子利用书本里的附页直接制作一对等底等高的圆柱和圆锥,又让孩子带一些大米,直接冲圆柱、圆锥的体积关系去探究。

上课的时候,我先用孩子们的学具倒米。虽然大家早就知道了圆柱和圆锥在体积上有3倍的关系,但看上去好像不像是3倍的关系。有的孩子说一圆柱的米好像只能倒满2个圆锥,有的说好像能倒4个,直到真实地观察之后,才发出"哦,真的是3倍"的声音。简单的操作,价值不可小视,对于"3倍"孩子并不如我们想的那样能轻易观察发现。没有一一动手验证过,他们还不

相信呢。

倒米之后，我用透明教具倒水，倒水能让每个孩子清楚观察整个过程，比较直观地巩固认识3倍关系。

晚上作业还是关注3倍关系，用橡皮泥制作一组等底等高、等底等体积或者等高等体积的圆柱和圆锥，然后做一页练习。

之所以对这3倍关系格外关注，是因为这一空间感知影响到后续的很多习题的解答，也因为对孩子来说"等底、等体积或者等高、等体积"过于抽象。

12月21日　评录像课的收获

昨天，受教研员委托去宁波做全大市录像课的评委，我是初次承担这种任务，自然学为首，评为次。在仔细看了来自各县市的十几节录像课后，对于录像课的拍摄有了一些感受：

1. 拍摄录像课，一定要关注学生回答的声音是否清晰。有的课教师自己配挂了扩音器，声音较清楚，可是学生的声音不够清楚，导致观课效果不佳。

2. 当课件显示教学内容时，拍摄的镜头一定要清晰显示课件的内容。

3. 当教师解说题意时，题目的关键句可以贴示在视频下方；当学生回答较难的、信息较多的问题时，可以把课件显示的题目作为屏幕的主内容，把学生回答的影像缩小放在边角；当学生独立思考解答教师提问时，数学题可以显示在边角上……这样的细节处理让观课者觉得教学过程格外清晰。

如果下次我校有教师拍摄录像课，我倒可以做个画面小参谋了。

12月30日　孩子，如果你是没吸饱的海绵该多好啊!

复习阶段，我觉得这学期的教学自己安排得还是相对轻松的，连作业都保持着和平时一样的量，比如今天，作业量还不及平日新授学习时的量。可上课的时候，还是觉得一部分孩子好像再也不吸收知识了，如一块吸饱了水的海绵,疲沓沓,软塌塌。有时声嘶力竭地企图挤压出一些空间,常感徒劳无功。一样的题,今天错,明天还是错,那么,讲解分析有什么作用呢?那么,题海战术岂非让他们更痛苦?显然,一段时间的复习下来,即使我一心减负,他们还是出现了倦怠。

与同伴交流,她们班上的孩子也是呈现出一样的状况。

孩子,如果你是没吸饱的海绵该多好啊!还有好多难题我们可以去分析呢!可是一再重复地出错,我们如何再去思考难题?突破常规题,弄扎实计算题成了最要紧的事。

对于一部分早就掌握了知识点的孩子来说,近期课堂实在是枯燥无味的,我安慰自己那是在培养这些好孩子静心倾听的能力,训练他们的忍耐力。

剩余的几天,就清空一下吧。上课,我们就一起做几道题目。下课,我们就好好玩。放学了,就回家。

六年级第二学期

2012年2月7日　新学期的课前准备

早上报名，我只去教室收了数学寒假作业。从完成作业的角度看，我很满意，十来个孩子称忘带了，但都说明天能交到我手里。知足了。

鉴于明天早上想上新课，学习负数的认识，所以下午窝在办公室里先把已经上交的数学寒假作业一一作了评定，然后备课，打算把"负数"单元先备好。

寒假里，我让孩子针对负数单元出10道习题，形式不限，认为这道题目好就录用。好的标准，一是题目考查这一单元的重点知识，一是题目综合性强。

出题的目的就是要孩子们主动预习，预习得认真的孩子，往往是学习基础不错的孩子，他们可能已经拿下了这一单元知识点的90%。即使预习得不是很认真的孩子，他们的起点也不会是零了，至少也知道了正数、负数，正号、负号，了解了它们在生活中的基本运用了。

从以往学生的学习情况来看，我觉得负数的意义、正负数的表示是重点却不是难点，难就难在两个地方，一个是数概念的扩张导致数概念的混淆，如0是整数，0不是正数，整数不都是正数，还有负整数等数感的培养；另一个是正负数大小的比较。对负数来说负号后的数越大，这个负数就越小，这和孩子一贯以来的认知有所冲突，需要借助数轴直观突破。

2月15日　比例的意义值得花一课时

在上学期的奉化市优质课评比中,我组教师王优琴意外"败北",主要原因就是我们坚持比例的意义上一课时,基本性质上一课时,可主流意见是两个知识点的新授应并成一课时。从课堂的节奏感来看,自然是归并成一课时完满,练习也可以根据所需来选择和设计。

由于对优质课评比记忆犹新,我也想试试新授一课时加练习一课时的教学。新授时感觉非常好,练习时非常沮丧。因为用基本性质来判断一个比例是否成立更加方便,学生在无形中就弱化了根据比例的意义来判定比例是否成立的方法。原本"比值"就抽象,现在,比例的意义仅仅在新授课上出现了几分钟,基本性质紧接着就出现,学生就更加弱化了对比例中两个比比值相等的基本认知,对结合实际的比的比值的理解也随之下降,都喜欢用内项积和外项积来写一个比例。上课效果实在是不如比例的意义上实一课时,再比例的基本性质上一课时。在真实的学习过程中,我们要让学生掌握解各种类型的练习的能力,要让学生完全掌握根据比例的意义来判定一个比例是否成立和从基本性质的角度来判定一个比例是否成立的能力,并借此展开练习。两个知识点的新授加上练习自然要两课时。

总之,比例的意义值得花一课时。

2月24日　明明很慢,怎么还是觉得急?

最近虽然事务杂多,可依然每天授新,新课推进的脚步毫不迟缓。这么一来,孩子每日都要做基本练习,也要及时订正。于是,我也总想着作业课,总想着还有哪些作业没有反馈,想着还有哪些学生没有订正完,不得一丝空闲。

想想,这节奏是有些快了,还是该慢慢地来。比例尺第一课时只学习了意义和比例尺两种形式的转换。第二课时应该学习求实际距离和图上距离——也就是今天的任务。这样的安排已经是慢的了,为了再缓缓,第二课

时定为两种形式的比例尺转换练习和求实际距离。第三课时学习求图上距离和作图。

一、二两节课都拖课2分钟,因为我又分析了数学报上的习题。每日只有35分钟的课,实在不忍有一分钟浪费。多"赚"了2分钟,有些不好意思,下不为例。

三、四两节课批改家庭作业交流本、昨晚的练习题,中午、下午批改课堂作业本、订正的数学报、练习题、一些孩子积极动脑解答出来的每日思考题。这日常的一天,我的红笔下流转了多少本本子啊。还是觉得着急,找不到悠闲的味道。

不过,这学期上课的感觉特别好。很多孩子都能做到整节课注视、倾听、思考。是啊,都快成为中学生了,是该有这样的集中注意力的能力了。

3月4日 概览后的解答

上周完成了各项任务,唯独没有完成李蓉布置的骨干研究团队的读书解答任务。周五先听了孙蕾对第二章的解读(第一章的解读因李蓉有事而后置)。接下去就是三、四章的阅读了,因此必须趁着周末完成一、二章阅读,最好再追读一部分。

一直拖到昨天下午才正式展开阅读。由于《小学数学研究》这本书专业性太强,看看着着,就困顿了起来,只好间隔一会再看。等到8点的时候,实在想睡,就去洗了把脸,继续看。这一次,感觉看进去了,领略到了很多有意思的知识,在生动的语言描述中看懂了一些以往听不懂的术语。

选择两个问题来解答。

1. 举例说明数学概念定义中"属和种差"的方法。

小学数学有很多概念,有些可以严格定义,却不能在小学定义。其中的大部分是用"属和种差"的逻辑方式定义的,这是借用了生物学上的分类语言来区别和界定一个对象。"种"是最基本的单元,近缘的"种"归和为"属"。

我们定义数学对象,先确定它是什么"属",然后指出它与该"属"里其他的"种"怎么区别。

这样表述,还是不好理解吧?一举例,就清楚了。如"平行四边形是两组对边分别平行的四边形",在这里,四边形是"属","种差"是指它的两组对边分别平行。显然很多数学概念是用"属和种差"的方式定义的。

2. 同学关系是等价关系或序关系吗?

数学研究的关系主要有三类:等价关系、序关系、对应关系。

等价关系包括数、式的相等关系,具有自反性、对称性、传递性,如兄弟关系是等价关系,你是我的兄弟,我是你的兄弟,但父子关系就不是等价关系,不符合自反性、对称性、传递性。"爱"也是一种关系,可是不能保证对称性,像韩剧里1号爱2号,2号未必爱1号。同学关系和同乡关系不同。同乡关系是等价关系,1号、2号是同乡,都是奉化人,3号和2号是同乡,那么1号和3号也一定是同乡。可是同学有很多种,1号和2号是同学,2号和3号是同学,1号和3号却未必是同学,因为1号和2号也许是小学同学,2号和3号也许是中学同学。

而序关系也具有自反性、传递性,还具有反对称性和可比性,主要指数的大小,即能按某种规定比出大小先后。人与人之间的辈分关系就是一种序关系。假如两人没有共同的祖先,也就没有了辈分关系,所以辈分关系只是一种半序关系。而同学关系无所谓大小,没有可比性,因此也不是序关系。

3月5日　错要说出来

早上一节课,分析了周末的练习,又和孩子一起尝试和分析了4道题。其中,有"教室地面面积一定,选择两种边长的正方形砖块,利用面积和块数之间的反比例关系来解答"的常规题,也有"第一面红旗到第十面红旗的距离是100米,第一面到第五十五面红旗是几米?"这样的变式题。解后一题时要思考并能发现两面旗之间的距离是一定的,100米是9个间隔距离,则第

一面旗到第五十五面旗的距离(54个间距)可用正比例关系求出。

前一题不知做过几次了,孩子们都能判断这是一道成反比例关系的题目,因为地面面积一定,砖越大则需要的块数越少。但是题目告知的是砖的边长,总是有孩子拿边长乘块数求解。我甚至不止一次地说:"铺地砖,是整块的整个面去铺,要的是砖的面积,难道把边长割下来去铺?"每次总有孩子笑,可是,每次总有孩子错。

可能是我让孩子说得不够多,我该让孩子来说自己为什么要这么做,到底是怎么想的。揪出问题的核心症结。

后一题能做对就不容易了,好在之前有做过一道"木块切成2块是切1刀,分成3块是切2刀,每次切的时间是一定的……"的题目。一联系,一比较,就进一步强化了这类题目。

至于这类如"一个数和它的倒数成( )比例","班级人数一定,出勤人数和出勤率成( )比例"的正反比例的判断,还是要让孩子多说,对的说,错的也说,说说判断的方法。只有知道孩子们的想法,才能正确加以引导。

3月6日 "小心"煮了锅夹生饭

比例这一单元已经教学结束,我感觉教学最不成功的地方就是比例尺的应用。而且,心痛的是,不是孩子的错,是我的错。

在往年教学这个知识点时,发现学生容易混用单位。出于这样的学生错误经验,我对这一课的教学格外关注。比例尺问题,我先是一步一步教学了需要单位换算的解比例的方法,再是教学了单位换算后用算术方法解答的方法,最后又强调了不换算单位直接变化比例尺求图上或者实际距离的方法。

结果,一部分孩子错得很凌乱,印证了那句俗语:越小心越做病!

现在想来,问题在于新授时我给的方法太多。新课时,应只强调一种方法,并巩固好这种方法。如果通过练习巩固方法后,让孩子自己去发现更简便的算法,我再引导他们归纳出共同之处,这样,就好了。可我怎么就给忘记了呢？

现在生米已然煮成了夹生饭，我也只能给几个没有掌握方法的孩子补补课，强化一种解题方法，进行针对性训练了。

3月8日　扒去旧衣关注新知重点

早上先听了两节三年级下册的"东南西北"，再听了两节四年级下册的"位置和方向"，后两节课是我们第三协作组本学期的研究课。教研室给我们定的展示时间是4月20日，所以我们只开始了前期的准备工作，磨课尚未启动，今天算是一个预热。

四年级下册的这节课相对较难，它是在第一学段"东南西北"基础上的扩展和提高，要求学生能根据方向和距离两个条件确定物体的位置，并能从这两个角度描述简单的路线，体会确定位置在生活中的应用。暂且不说方向，对孩子来说使用量角器测试出行进的角度就是一个难点。

是直击本课难点，让学生在感知明确了方向和距离两个条件就能确定物体的位置后，学会读取已经给出方向和距离的位置信息，把课堂的关键时间都分配给描述位置，到最后再要求学生自己测量角度，还是让学生在感知明确了方向和距离两个条件就能确定物体的位置后，从测量角度、量角器的摆放入手，一步一步去描述位置？

我个人倾向于前者。毕竟本节课测量角度的关键是知道去测量哪个角，知道了应该测量哪个角之后角度测量是旧知。因此，我认为重点应该放在能够在已知角度和方向的图上读取信息。让学生清楚自己在描述位置时要看的是哪个角，该怎样去描述。

在孩子们掌握了该看哪个角，该怎么描述方向，有多少距离（孕伏了比例尺知识）等内容后，再给学生没有角度的图，让他们去测量和描述，是否会更合理？把新知的重点放在首位，或者说扒去旧衣关注新知重点，是否更合理？这些都值得思考。

3月14日　毕业总复习当新授课教学

已经和孩子们一起稳步进入毕业总复习阶段。我希望自己能把毕业总复习当成新授课来教学，初步计划为三轮。第一轮细细回顾各个板块的知识，第二轮利用教材中的例题和习题，重点梳理，第三轮关注解题策略的引导，从解题策略的角度复习几类题型，并测练几份毕业卷。

这两天，我打算复习数与代数的内容。初步拟订整数一课时，小数一课时，分数一课时，百分数一课时，数的整除一课时，计量单位一课时，练习小结一课时，共7课时。目前进入第三课时。

慢慢来吧，把总复习当作新授课一样来上。讲例题、做练习和往日无异。等我一轮复习完，估计该是5月下旬的事情了。

3月20日　测试课

此刻，我和孩子们都在阶梯教室里，他们在奋笔疾书——考教研室下发的总复习一练习卷，我在滴答码字——心里想着，手指舞动着，眼睛看着孩子们。

总觉得在一起一天，相伴的日子就少一天。用不了多久，他们就要展翅而去，用不了多久，我就会叫不出他们的名字——不是我记性差，是孩子们将进入飞速的成长期小模样，几乎是"日新月异"。

总复习，已经复习了数的认识，包括整数、小数、分数、百分数、数的整除、量与计量、数的运算，所以，今天是对第一阶段的一个小结性测试。

卷子一发下，我就和孩子们一起做，我发现自己做完卷子需要21分钟。又过了20分钟，奕舟、奕凯已经做完，其他孩子都还在解答之中。奕舟在低头检查，奕凯则晃起了手中的笔，漫不经心，摆明了是熬时间了。我很"恶毒"地祈祷：让他考砸，让他知道不肯检查的后果！

试题里有一道选数填空"2008年奥运会，中国获得奖牌数（　　）"。孩子即使不知道数目，通过排除法也能确定答案，所以我做题时没任何疑问。可是,毛仁来拿着试卷上来了,他说2008年奥运会金牌总是99块,这里错了。我有些傻眼,这不是考时事,100还是99,无关紧要,可孩子身上这股难得的较真劲让我钦佩。我立马百度查询,发现是100块。咦,他记错了?

方晨欣也跑上来质疑:"可得的银行利息算出来是3位小数,可是问题里没有说'大约'是多少,是不是要自动保留到两位小数呢?"这孩子解题多细致,我解答时也仅仅是算了出来,刷刷就写上了三位小数的答案,她怎么就想了那么多呢?于是,集体统一,保留两位小数。

3月27日　有感于"不同层次的问题解决能力的培养"

课标重新修订,新一轮的学习自然全面铺开,聆听了陈亚明老师的课标解读讲座,总算是撩起了新课标的面纱,见到了它的几分真容。

印象最深的是关于原课标中提到的"解决问题"目标,解决问题是数学教育的核心,新课标将"解决问题"改为"问题解决",更加重视学生的问题意识,以及解决问题的综合能力培养,强调学生在具体情境中发现问题、提出问题,提高分析问题和解决问题的能力。

而我们在实际教学中,对提出问题的能力培养并不重视,更多的是培养解决问题的能力,教给学生解题的套路。

我印象最深的是去年期末考的一道鸡兔同笼填空题。不是我自吹,我觉得自己的学生解答鸡兔同笼的问题很有"范儿"的。我通常是第一节课用简单数字配合作图法让学生理解假设法解题套路,然后就一直让学生用假设法解题,还自我标榜"邓爷爷说不管黑猫白猫,能抓老鼠的就是好猫,我不管列表法有多好,列方程法有多好,只要假设法能让学生正确解题,有高高的正确率,假设法就是最好的"。

结果,期末试题在描述了鸡兔一共头几只、脚几只后赫然标注"请列出方程",不需求解。

我心说不妙。

改卷后,一看,真是哭笑不得。正确列式的孩子少之又少,很多孩子跑来和我说:"刘老师,我是用假设法算出了答案后再套过去的。"甚至还有孩子直接写着"$x=2$"。

是因为没猜到考题导致这一题丢分?不是,从小处可知大处,即使你觉得假设法最优,孩子也需要经历用列表法、方程解法、作图法解题的过程,这不光是一种能力的培养,一种数学视野的开阔,更是基于不同层次的学生需要去培养的问题解决能力。

还是要尽可能避免"一刀切"的教法,要关注和培养各个层次的学生的问题解决能力。我以后要尽可能地放弃一些"得分经验"解法,多设计多层次的问题,多去尝试多层次的解法,最终让孩子获得"更好的数学教育"。

3月29日 练习题预估

下午,校本课程,完成了总复习(二)的练习。

卷子里的题目做了一遍,预估学生出错较多的题目应该是:

1. 填空第8题。摆1个正方形需要4根小棒,摆2个正方形需要7根小棒,摆3个正方形需要10根小棒,摆n个正方形需要( )根小棒。

我不知道有几个孩子能做对,用 3n+1 这个代数式表示结果首先要能找出其中的规律。相应的练习几乎没有做过,能做出来的一般都是会仔细审题、细细思考的孩子。预估两班共40人做对。需要进行一次规律探究的学习。摆三边形,每次增加2根,2n+1,摆四边形,每次增加3根,3n+1……

2. 8.06平方千米 = ( )公顷 = ( )平方米。

这三个单位之间的化聚最容易出错了,数值较大,是一个因素。预估每班15人做错。

3. 小明读一本书,已经读了全书的四分之一,如果再读15页,则读过的页数与未读的页数的比是2∶3,这本书有多少页?

这题目需要单位"1"的转化,需要分数和比的沟通,难度较大。

不知道预估是否准确。

3月30日 预估水平一流

昨天,预估了几道题目的错误情况。

1. 填空第8题。摆1个正方形需要4根小棒,摆2个正方形需要7根小棒,摆3个正方形需要10根小棒,摆n个正方形需要(　　)根小棒。

预估两班共做对40人,实际共做对63人,比我想象中要做得好。不过答案是"3n+1"的孩子,两班共有39人,和40人异常接近。用"4n-(n-1)"来表示的孩子很多。

2. 8.06平方千米 = (　　)公顷 = (　　)平方米。

预估每班做错15人,共30人左右,实际共28人做错。

3. 小明读一本书,已经读了全书的四分之一,如果再读15页,则读过的页数与未读的页数的比是2∶3,这本书有多少页?

预估两班共50人做对,实际共53人做对。

反思了一下,近期要关注这些知识点的落实:

1. 正反比例的判断。

2. 用字母表示运算定律和公式。

3. 平、闰年大小月的判定。

4. 单位换算,区别单名数和复名数。

5. 比的化简和求比值。

6. 设双未知数的列方程解答问题。

4月11日 结束基本功竞赛

到现在也没有睡意,因为有种特别的幸福感,一种从压抑中脱身而出的愉悦感,基本功板书竞赛"欺压"了我整整十来天。

　　这十来天,一直在认真看书梳理教材吗?这自然不可能,可总是担着心。玩也玩不爽,看小说也心存内疚,生怕比赛时一塌糊涂,连累了整个团队的成绩。直到下午掐着交卷声完成了板书设计,一颗心总算落到了地。

　　无所谓好坏了,反正我把自己想到的都写上去了,顾虑的都省去不写了,没想到的,只能说一句 —— 人家真厉害!

　　老实说,设计乘法分配律一课我还真是没猜到,我把范围固定在了三、四、五年级上册的内容。觉得如果是下册的内容,那么正在教这个年段的老师岂非太合算了?不过,教研员的选择出人意料,偏偏选了四年级刚上过的课 —— 四年级下册第三单元的乘法分配律。

　　设计时我没将乘法分配律和两位数乘两位数沟通,也没拓展到减法。有对本课重点是基本模式的提取的考虑,也有不确定在板书上如何拓展的顾虑。教材分析,重难点把握,教学目标设定,板书特色陈述,一个半小时,一分不剩。我主要借助了学生已有的经验 —— 用不同方法解决问题的经验、长方形周长计算的直观经验,将代数块与空间块沟通,通过沟通和观察发现式子间、数字间的联系,最终提取出乘法分配律的模型。

4月12日　教学失策

　　今天的数学课用来分析作业,一是梳理列方程解答应用题的方法,二是回顾圆柱、圆锥的相关内容。我惊讶地发现有一部分孩子死记硬背公式。比如,他知道"侧面积 = 底面周长 × 高",却不知道"侧面积 ÷ 高 = 底面周长";他会根据周长一步步推导出求圆直径、半径、圆面积、圆柱体积的公式,我突然问一句:"已知直径,圆面积怎么求?"他却茫然无措了。

　　看来,要试着结合具体的数据来进行方法的引导了,每一个背记的公式代表什么意义需要理解。

　　现在觉得,圆柱和圆锥单元教学提前是极不明智的。空间块的解题对孩子来说总是不太容易。如果再出现第一学期时间过长要提前上第二学期的知识的话,应该提前上"比和比例"。比和比例知识提前教学,会大大助力于分数乘除法应用题的解决。分数应用题是上学期的重点学习内容,练习量大,孩子不容易遗忘,重要的是,上册的分数除法单元本就已经有了"比"的认识,学生已经会解决按比例分配问题了。我真是失策了。

4月17日 钻题,具有可持续发展力

最近的总复习都是沿着老教材的体系一节一节上过来,今天梳理平面图形的知识。

于是,从图形特征、公式推导,到对应的练习完成,整整花了两节课。孩子间做练习的速度快慢差距越来越大,尤其是601班的六七个孩子,速度跟我差不离儿,一会儿就做完了。对此,我建议他们可以用多余的时间思考一些数学难题。

今天的20道填空,我说批改前5道,话音刚落,竺逸汶和奕凯就把作业本交上来了。还真把我吓了一跳,原来在等待别人解题的时候他俩就做完了这些题目。于是群情激愤,不许我把他们算在5个名额之内,我只好再加2个名额。没一会儿,方晨欣、周树扬、陈渊生、邬佳笈、邬芸丹就跑上来批改了,紧跟其后的方波博和余昕辰一阵懊恼。周瑜婷、张琪露、舒嘉文、王阳露、吴雨薇……这些文气的女孩子,在数学解题上都爱争、爱抢,思考的劲头特别足,很是可贵。

602班也有一批爱动脑筋的好孩子,像毛仁来、胡凯腾、毛亦煊、裘依情、王瑜、周一帆、应方华、郑梦蝶、孙博文……也是"解题成功榜"上的常客。他们在思考题里快乐着,每天,一定会找我批改思考题,一遍错了就来第二遍,第三遍,甚至到放学了还在思考,做对了才开心地回家。

不由想起昨天来校看望我的那群刚进入理科实验班的孩子。三年前的小不点,如今是青葱少年,踏风而来。当年,他们也是对数学有一股钻研的劲头,一道难题不弄清楚不肯罢休。可见,爱钻研的劲,多么可贵,带来多少可

持续发展力。而这爱钻研的劲儿,又多么值得我呵护,让我欣慰。

4月18日 抓住基本模型解决空间知识问题

今天,简单地梳理了空间块知识,主要分两种类型:

1. 抓住基本模型求和空间块知识相联系的较复杂的按比例分配问题。

已知长方体的棱长总和和长、宽、高的比,为什么要除以4后才能按比例分配?

已知长方形的周长和长与宽的比,为什么要除以2后才能按比例分配?

得到结论,已知的是几个量和的几倍,先要除以倍数,再对应,对应之后才能按比例分配。

2. 抓住基本模型求体积。

求长方体、正方体、圆柱、圆锥、放入水中物体的体积,以及"铺沙子"、"熔铸"这些等积变形后的体积。

——梳理后,发现,求体积就离不开底面积乘以高这一计算模型。即使是放入水中的物体的体积,也是容器的底面积乘以变化的高度。

4月19日 复习教研活动,且听且思

今天,在锦屏中心参加复习教研活动。

一、空间与图形试卷分析课

听了这节课,我的收获主要是三点:

1. 图形题要尽量让孩子先观察图形,思考相关的基础数据,然后出示信息,审视是否缺少基础数据,思考如何利用已有信息获取基础数据,然后动笔解答。

2. 要培养学生的作图意识和能力。

3. 尝试在自主订正的基础上讲练结合的试卷讲评模式。

先采集出错最为集中的题目,然后一节课主讲一种类型,让学生形成一定的策略。其他的类型宁可再分一节课来讲,讲之后,要进行针对性练习。最后,让学生提出疑惑,解答困惑。让孩子说一说做到了哪一步,到哪一步出现了困难。

二、小学数学试题讲评教学"六字"策略

事先要做卷,提前发现错题、超纲题,进行有效筛选和处理。

1.贴。标准答案及时贴。这一做法的确会受到很多孩子的欢迎。但是,详细的过程解答,也会让那些中差生错失和别的孩子交流、询问的机会。我喜欢贴一张空白试卷,让孩子可以指着题目自己讨论,相互询问。待讲评订正后粘贴过程详细的标准答案,帮助很难一次订正成功的大半孩子正确解答。

2.合。教学时间两课合。

3.理。让学生填写错误调查表。

4.改。基础错误独自订正,让孩子自我修复。

5.解。讲评时注重抓住共性错误解析,同类题型解答,难题解惑。可呈现错误,如一道题目出现3个答案,想一想孩子得出这样的结果,他可能是怎么思考的?

6.检。对习题自我检查订正的类型,有及时上交型、自我欣赏型、朋友校对型、家长代劳型、寻求帮助型。哈哈,我几乎能将班上每个孩子都对号入座。

三、小学数学总复习中的题组练习

陈老师的讲座题为"小学数学总复习的题组练习",其实是针对分数百分数应用题的题组练习。在这一块知识的复习中,题组练习是必不可少的。这一块知识点的相关习题非常类似,相互之间又联系密切。对比陈老师的观点回顾自己每日的做法,感觉最需要借鉴的是"多问",一定要多问"不同"和"相同"点。

四、杂谈毕业班复习

讲座的老师罗列了各块知识点在近几年毕业考中考到的题型。其实，也都是一些常见的题目，如"甲乙的比值是1.75，甲乙的比是（　　），甲比乙多（　　）%，乙比甲少（　　）%。"这就是说，知识点终归只有这些，题海战术也没有多大意义，关键是形成好的解题能力，养成好的解题习惯。而操作题，平时一定要规范，如作高后一定要标上垂直符号，画规定大小的图形后要标注数据等。

五、关于毕业复习的零散建议

1. 空间图形领域，除了求解外，还要关注是否能根据几何图形想象出所描述的实际物体，这也是空间观念之一。如"制作一个无盖的圆柱形水桶，几种型号可供搭配选择，如果选择2号材料为底面，可以和它搭配的侧面是哪一个？"这一类题型。

2. 命题中要加强代数思维。如"100千克芝麻可榨芝麻油48千克，照这样计算，要榨油5吨需要几吨芝麻？"只列综合算式，出错率很高，就需强化比例解法。

3. 复习要关注知识点之间的联系，关注能力的形成。如"一个等腰三角形的周长是60厘米，其中两条边的比是1∶2，这个等腰三角形的一条腰长是（　　）厘米。""在有余数的整数除法算式中，除数是a，商是b，被除数最大是（　　）。""根据8×3÷2和8×3作图。"

4. 合理安排复习周期，剔除不必要的负担。第一轮重在块状梳理，全面摸底；第二轮重在专题性、针对性；第三轮重在综合性、能力性。不要用有争议的、超标的题目来为难学生；能力考查主要是知识沟通、策略意识，当然适当的审题习惯需要加强。定义要淡化，清楚就可以了，知道什么是方程，什么是三角形就可以了。对于性质方面，考虑要全面，如0除外，就需要理解并强调了。

5. 要正确、合理引用外来资料。买来的资料仅仅是知识块的全面练习，而不是学生的针对性专题练习。上好复习课、讲评课，为自己的学生多做些量身定做的工作。多思考哪些学生、哪些问题还没有掌握，需要提供哪些练习,多引导学生归类分析,如等底等高有哪几种形式。

6.多做一些试题分析工作。想想基础题可以怎样考查,能力题可以怎样考查。提前做题时,不光要解题,还要标注考查了哪些知识点。琢磨研究一些难啃的问题,总有一些常考常错的题目,要多积累破解的经验。

4月20日　培养空间观念,解读概念先行

"图形与几何"是《数学课程标准》安排的四个学习领域内容之一,它分散安排于各个学段中,这部分内容教学的重要目标是培养和发展学生的空间观念。

在方桥一日学习活动中,透过观摩三位老师精彩的课堂,关于培养空间观念我有了一点自己的体会。要培养学生的空间观念,教师首先要深入解读相关的图形与几何概念。教师只有深入把握了概念,理解了概念中的关键词,才能让学生真正理解,并借助概念的理解形成一定的空间观念。

"面积和面积单位"一课中,郑老师让学生摸一摸桌面,概括其为"物体的表面",再问教室的地面、桌面都是什么形状,板书"封闭图形",然后通过"物体的表面有大、有小,那么封闭图形有大、有小吗"这一问题,完整揭示了教材中的面积概念——物体表面或封闭图形的大小,叫作它们的面积。

面积,有两层关键词,"物体表面、封闭图形"和"大小"。对于"大小",学生凭借已有的知识经验、生活经验都足以感知。那么,"物体表面"和"封闭图形"之间又有怎样的关联?仅仅是从物体表面抽象出封闭图形?

我个人觉得,在面积概念表述时出现的这两个词语,其思考的点是不同的。封闭图形,学生认识的平面图形有长方形、正方形、平行四边形、三角形、梯形、圆形,学生已经对它们的大小、对平平的面形成了一定的认知。那么只有平面图形才有面积吗?不是,物体表面的大小都是面积。那么此时,让学生去感知的物体表面如果仍然是一些平面或者是"封闭图形"具化的实物,就谈不上提升学生的原有认知。生活中的物体形形色色,有平、有凹、有凸,

是否该让学生摸摸"球体",感知球面的大小?是否可以让学生摸摸一块不规则形状的石头,摸摸它的表面的大小?

这样一来,在学生的脑海中形成的"面积",物象就不会局限在平平的面的大小,会真正拓展到"物体表面的大小"。这对空间观念的培养、对学生后续的学习都是有所助益的。

在垂直与平行一课教学中,汪老师对"同一平面内,永不相交的两条直线互相平行"这一概念中"同一平面"和"永不相交"的深入理解进行了精心的设计。对于"同一平面"的理解,学生显然是有难度的。汪老师通过两个环节进行突破,一是课前谈话中的卡片粘贴,正向指出同一平面;二是上下交错式立交桥上抽象出的两条不相交的直线却不平行,逆向强调"同一平面内"不相交的两条直线才是互相平行。

随后,王国元老师后测学生:打开门,门的边和嵌在墙壁上的门框边是否平行?门一打开,门的边和嵌在墙壁上的门框边似乎就在两个不同的平面上,学生刚经历了课堂"同一平面"的学习,基本都认为"不平行",这又说明什么?我想,是不是我们强调了同一平面,却只强调了视觉清晰可见的"同一平面"所致?是不是我们对"同一平面"的理解依然不够深刻,所以学生对"同一平面"这一概念的形成出现了狭隘认识?

于是,想到是不是可以提供更加直观的教具——两块长方形薄板,其中一条边涂了醒目的红线来帮助学生理解。

随后,我去教室试验相关环节。两块板先如立交桥一样平面交叉。学生认识到这两条直线虽然不相交,却不是一组平行线。随即旋转角度,还是上下放但两个平面上的两条红线处于同一方向。"它们现在互相平行吗?"学生出现两种意见,一种说平行,因为现在是同一方向的,同一方向就平行了;一种认为不平行,因为在不同平面上。我说:"除了这个面和这个面(两块木板),你还能靠想象看到别的面吗?"马上就有学生说:"同一方向的两条直线之间形成了一个新的看不见的平面。它们都在这个平面上,符合'同一平面',所以互相平行。"我再打开门,"门边和嵌在墙壁上的门框边是否平行?"学生都认为互相平行。我又让学生上来为大家摸摸那个看不见的由门边和嵌在墙壁上的门框边组成的平面。

至此,学生经历了"正—反—正"的历程,对"同一平面"的理解应该更加深刻了,而且初步感知了"两条直线确定一个平面"这一知识点。

但是,小学生需要理解到这个层次吗?教材出现"同一平面内",仅仅是为了定义的准确度。对于"面"的无限延展性,对于"同一平面"、"平行的面"、"相交的面"的理解又该到何种程度?

4月27日　虽不能至,心向往之

早上到校,才想到上午要去职教中心通识培训。于是,叫来了方晨欣和戴翎,让她俩当小老师帮我完成设定好了的三个学习任务。

8:10赶到培训大厅,对于横幅上大大的"通知培训"小笑了一番,应当是通识,然后,就被台上的特级教师的名字吸引住了——吴家澍,"澍"这个字怎么读?主持老师介绍了以后,才知道音同"树",他是义乌中学物理特级教师,省功勋老师。吴老师瘦朗矍铄,却已七十岁高龄,话语之中总是出现"我很有启发",总是出现"我眼前一亮",总是出现"于是,我又想到",可见他时时在思考,博学纵览。

他带来的讲座题为"优秀教师的修炼",他认为逾越高原期是优秀教师成长的关键。

的确,名师不是靠政策打造出来的,是靠自己修炼出来的。学术素养(学术修炼,学者)、思维方式(心智修炼,智者)、专业目标(愿景修炼,孜孜不倦的行者)是修炼的三个方面。在心智修炼中,哲学的思考方式非常有意义(这是我第二次从特级教师那里听到哲学的思考)。要有好的专业心态,三种职业心态"从业心态,追求功利心态","敬业心态,奉献社会价值","乐业心态,实现自我价值"。我属于哪种心态?我觉得绝大多数教师都是混合型心态,区分仅在于哪种成分多一些。

那怎么调整心态呢？苦和乐是相对的，更多是心理感受。就像班主任工作，有的人干得有滋有味，有的人苦不堪言，就是因为心态不一样。爱好麻将的人，通宵打麻将不累，乐此不疲，但对于不喜好的人而言，打麻将等同于受刑。人有很多需要，只有不断地拥有成长性需要，通过努力不断地满足需要才能不断地感受幸福。

吴特以自己的思考历程为模本，为我们的思考提供方法。对几个教学本原问题展开思考——为何教？为谁教？教什么？怎么教？

和吴特最初的思考一样，我也是想着要尽可能把数学知识教给学生，以满足他们的考试所需，让知识变得终生有用。波利亚曾统计：中学生毕业后，研究数学、从事数学教育的人只有1%，使用数学的人占29%，基本不用或根本不用的人占70%。可见，知识本位是站不住脚的。那么，既然只有1%的学生今后会研究数学，为什么却要100%的学生都学数学呢？

所以在日常教学中，不能拘泥于教材知识，要关注学生的思考方式，让学生有好的数学思考方式，学一些此时无用的知识。

教育无小事，不要误伤孩子。卢梭说："最好的教育是生长。"教育是一种慢的艺术。不要有工人心态，尤其是流水线工人，要有老农民的心态。要用放大镜看自己的言行。有个学生给吴特写纸条："老师，以后你不要说这道题目其实并不难。"老师的话戳伤了她的自信心。吴老师就把说法换成："你这个问题问得很有分量啊。"

有位教授对访谈者说——

如果你说，$3 \times 5=15$，那不是教学。

如果你问，3×5等于多少？那有点像教学了。

如果你说，$3 \times 5=14$，那才是教学。

因为此时，连昏昏欲睡的孩子也醒来了，3×5到底是多少呢？最高明的教法，是先问迷糊再教明白。

学生最终是自己领悟的，老师要学会在绝大多数时间里闭嘴。要研究说话的艺术，更要研究闭嘴的艺术。闭多长时间？什么时候闭？都是学问。

这就是吴特朴素的教学观,这个教育观让他坚持着自己的主张。因此,他希望年轻的我们早日明确自己的教育观,远离摇摆不定和游离。

听完讲座,一句话浮现在眼前——虽不能至,心向往之。

4月30日　激发已有经验,激活新知重点

我们协作组的活动一贯以课为载体,但以往思考的最多的是课堂,是对现场的扫描,现在我们需要在课前、课后投入更多的精力,要通过四年级下册"位置与方向"一节课,去了解这一单元的编排和重点,去把握小学阶段整条位置与方向的知识线,去理解课标调整后的"空间观念"、"几何直观"这两个核心概念,去感知把双基拓展为四基的"基本活动经验"、"基本思想"。

我觉得,在这一课的教学中,我们除了在导入阶段可以利用学生的经验,还可以在展开环节通过激活经验的对比式教学来让学生自己发现确定位置的要点。

如先在平面坐标图的西北方向出现江口小学的位置(靠近西)。学生说在西北方。(此时,教师表示认同。)

然后就在江口小学的旁边,出现了银行的位置(靠近北)。学生说在西北方。

教师提问:都是西北方?可学校和银行不是同一个地方啊?

学生就会利用自己的经验说,学校是西偏北,银行是北偏西。

教师再问:那么到底偏了多少呢?

学生自然说要量。随后,课件展示,各自偏了30度。进行比较和理解。

紧跟着可以出来一个位于西偏北30度的地方,比如塔山。

这就又激起学生第二次基于自身经验的思考了。方向、角度都一样啊,可明明是两个地方。

学生应该会马上认识到:距离不同!

在激发学生已有认知经验的基础上感知确定方向和距离两个条件就能

确定物体的位置,既激活了课堂,也激活了学生对新知重点的吸收能力。

5月2日　精确到5.0,黔驴技穷

今天有一道题,练了3次,出错率依然迎风招展。题目是:保留一位小数得到5.0的两位小数,最大是(　　),最小是(　　)。

错误的答案主要有5.4、5.49、5.44、4.5、4.55。

第一次分析时,先让孩子回答哪一种答案一看就是错的。那就是5.4和4.5。题中明确求的是两位小数,5.4和4.5是一位小数,显然不对。再让孩子把5.49、5.44、4.55保留一位小数,看看得到的是几。他们都会做,都知道四舍五入后得到的数分别是5.5、5.4、4.6。显然,顺推容易,逆推出错。既然顺推容易,那就写了数以后试着保留一下,看看是否正确,再通过回头看一看的检验手段来提高正确率。

第二次分析时,罗列了5、5.0、5.00、5.000的取值范围,分别是5.4~4.5、5.04~4.95、5.004~4.995、5.0004~4.9995。体验了精确值不同后,观察取值范围的特点,发现隐藏的规律,认识到精确到个位看十分位,把十分位上的数字四舍五入,精确到十分位看百分位……

第三次分析时,多少有了黔驴技穷、穷途末路之感。想一想,要得到5.0,十分位上是0,那么原来的两位小数的十分位可能是几?只有两种可能,一种是十分位上本来就是0,百分位上有个多余的4,四舍!还有一种可能,那就是十分位上本来是9,靠百分位的进位让它变成0,五入!

突破难点,真不是省力活,我算和5.0扛上了。让我想想,有没有更好的解答方法。或许,我该去采访几个会做的孩子,看看他们有没有不同于我的独特的思考方法。

5月7日 "一题多用"的思考

怎样让在课堂上端坐着的学生的思维"活"起来是每个教师思索的焦点。进入毕业总复习,这方面的考虑尤其多。新课程实施以后,为了激"活"学生思维状态,课堂练习竭力追求灵活多变的形式。眼花缭乱的情境、各种形式的题型充盈课堂。过山车、游击战、闯关卡……看上去都新颖刺激,可是光制作就需要花费教师很多精力,大大提高了教学成本,在日常课堂教学中很难达成。真实的日常的课堂,我们追求学生的思维能处在灵动状态,学生能在习题的思考中扎实基础,体验步步探究"层层叠叠""柳暗花明"解决了问题的快乐。我们也就必须竭尽所能,将一道道看似平常的练习,通过多种变化将其变为一题多解、题组搭配、一题多练的练习,激发学生解题的快感。

如在百分率的计算中,"某班星期一出勤48人,因病缺席2人,求这天的出勤率"这种题目很多。我们可以让学生先求出勤率,再求缺勤率,然后可以问学生出勤率最多是百分之几,有没有超过100%的率,为什么。这样,一道练习题就进行了多次训练,一定比计算一串同类练习的效果要好。

又如六年级上册"百分数的意义"单元出现了大量的诸如"五月份产量是六月份的百分之几""七月份比六月份节约了百分之几"之类的求一个数是另一个数的百分之几,求一个数比另一个数多(少)百分之几的练习。经过大量地更换具体名称不换解题思路的基本练习和变式练习之后,学生还是思绪混乱。面对条件和问题的多种形式变化,还是有一部分学生束手无策,于是进行了下面的对比式题组练习。

	甲是25,乙是20,	甲是100,比乙多了20,	乙是16,比甲少了4,
甲是乙的百分之几			
乙是甲的百分之几			
甲比乙多了百分之几			
乙比甲少了百分之几			

学生在填写这张表格的过程中,接触到了教材中出现的所有练习形式,

在比较中感悟解题方法，学习效果比较理想。一道题转变成一组题进行练习，不能像做单独题一样，完成就好。要让学生把握它们的相同点和不同点，要让他们能一针见血地说出题目之间的差异在哪里，带来的变化又是什么，它们之间有没有内在的联系。

练习不光要串联，要多变，还常常要挖掘一定的深度。提到挖深练习，很多人喜欢拿后面的知识点来提升难度，其实应该从本课的知识点往下挖。李烈老师就曾经说过，简单的知识往往并不简单而且最常用，教师应好好参透教材意图，扎扎实实把基础知识教实了，教圆了。我一直记得她设计的"圆的认识"第一课的一个练习：

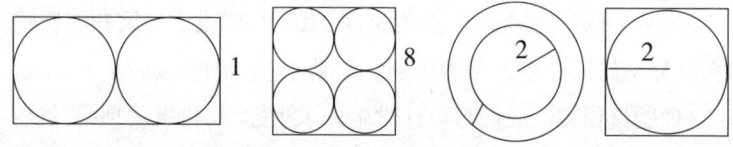

在平面几何的学习中，孩子们觉得组合图形最难学。困难之处往往是图形中的间接条件找不到。把求半径、直径的练习进行转化，就集中训练了学生寻找间接条件的能力，降低了后续学习的难度。这就要挖掘教材蕴藏的内涵，参透编题者的意图，丰富学生的思维体验。

又如近期遇到的一道思考题："一辆汽车7天运了140吨货物，正好运了这批货物的28%，照这样计算，剩下的货物还需几天运完？"我觉得这道题可以作为分数应用题的复习题，就出示了"一辆汽车7天运了140吨货物，正好运了这批货物的28%"这个条件句，让学生先提问题，然后我把问题由易到难排列起来。"每天运几吨？""这批货物总共有几吨？""运完这批货物总共要几天？""还要运几天？"看看他们有多少种解法。后来出现了十几种做法，而这道题也从一道思考题变成了一道大范围的分数练习题。

的确应该努力参透、挖掘书上的普通练习，在练习上追求实效，重视一题多用的转化和实施，让普通的习题在我们的课堂上也焕发出奕奕光彩。

5月17日　读与思并行

第一轮全面复习还停留在空间与图形块。梳理是早梳理了，就是练习还没到位，课堂作业本还白白地等着笔迹入侵。第二轮该是针对难题、错题的梳理了。

今天，上了一节关于利用草图解决问题的复习课。说真的，一节课能让一大半的孩子学会一种策略，已经很好了。课不在多上，题不在多解，关键是方法的掌握。我也越来越觉得考试没有什么意义，在知识点没有练习到位的基础上，考试只是重复出错而已。

3月17日的日志里有一句话——《小学数学研究》我看完了第一至六章，可见，当时我还算超前阅读了的。后来因为要参加基本功比赛，心里担上了些事，就把学科性的阅读搁置了。

虽然，作业没有完成，但我的阅读还不算滞后，正好读完第十章。

第五章是"数的扩张"，梳理了出于多方的原因引起数系不断扩张的过程和定义。因此，不太明白除法与平均分的关系这一问题怎么会在这一章里，反倒是第四章"分数"的内容有助于理解这个关系。

我觉得除法和平均分的关系，就像分数和平均分的关系。孩子最早接触的除法，等分除、包含除，就是在平均分的基础上的。对孩子来说，除法就是平均分。就像孩子一开始接触分数的时候，也认为分数就是因为平均分分不到整数个数而形成的，也就是分数是一个单位平均分之后的一份或几份。

但是，平均分可以用除法这种运算来解决，除法却不光只有平均分。小学低段的"倍"，高段的"比"，都是除法，却和平均分无关。除法以平均分为起点，随后向两个数的关系扩展。

第六章是"小学数学中的方程和函数思想"。我们经常在说要渗透函数思想，但函数思想具体如何体现、体现在哪里是不甚清楚的。

小学数学中的函数思想，渗入的顺序是：

（1）对应思想。如桌子和椅子的配对，人名和学号的对应，没有涉及变量的概念。

（2）乘法机。输入两个数,对应一个数。如乘5机,输入2,输出10,输入3,输出15。输入、输出都蕴涵着会变量对应的思想。这就是教材中很常见的左边一列方格,中间写个×5,右边又一列方格,求积。这些习题就计算而言没什么难度,关键是我们要心中有"函数思想",让式子中的数动起来,让学生发现运算的结果是随着哪一个数的变化而变化的,找出其对应关系。关注了函数思想的话,这种简单的练习题在我们眼中就不会是可有可无的了。

（3）几何图形对应一个数。如长方形面积,长不变,面积随着宽的变化而变化。现在想来,三四年级初学面积计算之后的这些练习,不仅仅有巩固面积计算方法的作用,还为六年级的正反比例学习埋下伏笔。

（4）画表格。如跳绳个数表,每次个数都在增加,这是有限集上的函数,能看到变化趋势。

（5）s=vt的函数。很多计算公式,实际上就是函数解析式,只是定义域在正数范围。

可见,小学数学里到处渗透着对应,只是不用对应和函数这样的名称而已。尽管在教学里不必出现函数概念,但是数量之间的依赖关系以及集合之间的对应关系的观念都需要有意识地加以培养,为后续学习打下基础。

第七章是"小学数学中的直观几何与演绎表达"。垂直与平行的概念是否应在小学数学中出现,各国的处理各不相同。西方发达国家大都是将其安排在初中,亚洲某些国家则将其安排在小学,但只有线段的垂直与平行,不出现直线的垂直与平行。不过有一点是共通的,那就是垂直与平行概念形成的标志是学生能否用尺画出垂直与平行。教学上,都是先讲线段的垂直,互相垂直的直线,然后再讲平行。

在二年级时认识了直角的基础上,再加以观察直角直观图,学生很容易建立"垂直"概念。相对来说,"平行"这一概念比较难教。我们的教材将平行线定义为"在同一平面内,两条不相交的直线叫平行线"。张奠宙老师认为这一定义对小学生来讲是不大合适的。原因在于,两条直线不相交,是指"无限延长"不相交,而无限延长是不能检验的。小学几何的学习局限在有限的平面内，小学生面对这样的不能检验的定义，无法真正把握。他们认为小学阶段的几何学习，需要靠直观图来感知、理解概念。于是，将平行定义为"两直线若同时垂直于第三条直线，则这两条直线互相平行"，相比，这一定义是可以操作的，可以画的，可以检验的。小学生能够"画同一条直线的两条垂线"，或者"量两条直线与第三条直线的交角是直角"。

  这一观点不禁让我眼前一亮。平行线的教学，我当初可用过"折叠"？语文抄词学生折叠格子有着丰富的直观操作经验，从来没有去利用过呢。教材给出的定义是"在同一平面内，两条不相交的直线叫平行线"，我们就竭尽所能，让学生去理解"同一平面"，去理解不相交。

  如前段时间汪杰执教的精彩的"垂直与平行"课，对于"平行"这一概念的教学，他精心设计。从课前的谈话涉及"同一平面"到利用格子图建立"两条直线之间的距离处处相等，这两条直线互相平行"，再到立交桥上下的笔直路面永不相交却不是平行线凸显"同一平面"。应该说，站在教材定义的基础上，教者已经做到了100%，但很多学生却无法对门框线和打开的门边线进行是否平行的判断。这就是因为小学几何的学习局限在有限的直观的平面内，孩子眼里门边线和嵌在墙壁上的门框线自然不在同一平面，那怎么还会是平行线？

  现在想来，如果一开始就摒弃"同一平面内"的定义，从垂直引出平行，发现两条直线如果同时垂直于第三条直线，这两条直线互相平行，概念的建立是不是会更顺畅？面对门边线和嵌在墙壁上的门框线，是不是他也会自发地去寻找第三条线在哪里，从而做出正确的判断？

  第八章是"长度、面积和体积"。平面图形的相互转化推导很简单，故不作赘述。总之，从长方形面积公式出发，利用割补法、倍拼法对图形加以变形转化，推导出平行四边形面积，再推导出三角形和梯形面积公式，其中蕴涵的基本数学思想是等积变形的转化思想。

  不过，在这一章里我新学了一种三角形的面积求法。不知道三角形的高只知道三边长度的三角形面积怎么求呢？有个公式：半周长（三边和的一半）

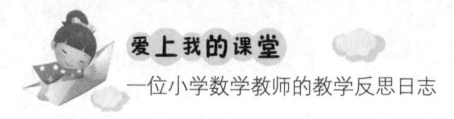

×半周长与a边的差×半周长与b边的差×半周长与c边的差,算出来的积再开方。

在平时的学习求解中此法不得用,但是,生活里却是很有用的。三边长度易得,比如三角形的大块土地面积的计算。

第九章是"小学数学中的几何变换"。几何变换可以千变万化。如把圆压扁,变成椭圆。小学只研究平面上刚体运动形成的变换。顾名思义,既然是刚体,形状是不变的。经过变换之后,刚体的位置可以变化,形状还是原来的样子。刚体运动最基本的形式就是平移、旋转与对称。

在平移、旋转、对称轴变换下,图形的大小和形状不变。对应线段相等,对应角相等,两个对应图形全等。

第十章是"小学数学中的概率统计"。有几个问题好简单,如举出与小学生生活有关的随机现象,不阅读,也不可能不会解答。而平均数与数学期望的区别在哪里,则毫无概念。明明看过了,却还是不记得"数学期望"是什么,只好再次翻阅求解。

平均数有算术平均数、加权平均数、集合平均数、调和平均数等。而通常所说的求一组数据的平均值,是指算术平均数。算出总和除以数据的个数即可,能反映一种数据的集中趋势。

而加权平均数是指如果一组数据的"分量"不同,有的重要些,有的轻些,就要加上各个数据在全体数学中占有的比例再求和。比如,我们给学生规定的期末总评分:各单元测验20%,日常作业10%,期中过关10%,期末检测60%。现在丁丁各单元测验平均分90分,日常作业分90分,期中过关98分,期末检测96分。他的算术平均值=(90+90+98+96)÷4=93.5;加权平均值=90×20%+90×10%+98×10%+96×60%=94.4,看来,加权平均数比算术平均数应用性更强。

数学期望就是以权为概率的加权平均。现实生活中,我们常常需要决策。决策时,不但要考虑获胜的概率,也要衡量获胜后赢得的好处有多少。这种事前预期的好处,就是对这件事情的期望值。如果用了数量化的办法,就是这件事的数学期望。如工厂的产品,一等品占50%,二等品占35%,次品占15%。一等品能获利2元,二等品获利1元,次品损失1元。一件产品的期望利润也就是产品的平均利润,怎么求呢? 2×50%+1×35%−1×15%=1.2元。这就是求随机变量数学期望。

全书还有两章,争取尽快读完。

5月18日　难度可不一样了

"一样是完成任务,难度可不一样了!"的确要让学生常常有这样的感觉!

同样的训练,巧妙地变化一下要求,就能促使学生深入思考,深度学习。来看一个简单的对比案例:三角形的面积练习。

A练习:

1. 求下面各三角形的面积(单位:厘米)

底	5	18	9	21
高	4	20	6	8
面积				

2. 下列三角形的面积是多少?(各个不同的三角形,给出底和高。图略)

B练习:

1. 你能画几个面积为8平方厘米的三角形吗?试试看。

2. 你能设计出几个面积为8平方厘米的平面图形吗?试试看。

数据的运用与引导学生创造设计,哪一个对培养学生的深度学习习惯更有帮助呢?答案显而易见,是B练习。要完成B练习需要数据的运用和计算,需要拓展空间观念,加上作图训练,一题多解又发散了思维。

所以,课堂作业本上的三角形面积计算习题就被我转化成了B练习,还让学生画了面积是8平方厘米的平行四边形、梯形,并总结归纳了作图的方法。

5月21日 坚持画图

周末,批改了两班的第一轮总复习检测卷。检测卷的内容真是不简单,在备课组制作的课件基础上,我又加入了一些变式题目加深孩子的思考。

作业呈现的问题主要集中在:学生作图非常不规范;我对难题分析不深入。

比如在长12厘米、宽7.5厘米的纸上剪长4厘米、宽3厘米的直角三角形,最多能剪几个?

第一种答案:12×7.5÷(4×3÷2)=15(个)

这样的解答还停留在大面积里包含几个小面积的解题层面,在已经多次接触过有多余浪费部分的题目后,仍然这样解答,说明孩子的几何直观能力不强,对这一类题理解不深。

第二种答案:12÷4=3,7.5÷3≈2,3×2×2=12(个)。

这样的解答还是不错的。考虑到7.5厘米既不是4的倍数,也不是3的倍数,必有浪费。从长边能放下几个4去乘短边能放下几个3的角度思考,先算出能剪出几个长4厘米、宽3厘米的长方形,再乘2,得到三角形个数。

第三种解答:12×3÷(3×4÷2)=6(个),12×4÷(3×4÷2)=8(个)。6+8=14(个)。

能想到这样解答的孩子,真是令人叹服。在考虑题目的时候,关注了"最多"就需要让剩余最少。按第二种解法,最终浪费的纸张是(12×1.5)平方厘米,而这种解法只浪费了(12×0.5)平方厘米。

关于第三种解答,光给式子,能看懂的只有做对的孩子。但是,一画图,绝大部分孩子都是能理解的。

还是要坚持培养孩子画草图的习惯,培养孩子作图思考的能力。空间图形类的题目,只有多作图,才能发现内在的很多关联,从而顺利解答题目。

5月22日 利用草图解决图形面积问题

图形面积计算,出错较多。为了让孩子们通过错例分析,发现图形计算中存在的问题,培养他们辨析的能力、作图解决问题的能力,今天的数学课就上"利用草图解决图形面积问题"。

一、析错,思对策

课件呈现错题:在一个直径8米的圆形花坛外要修筑一条宽1米的雨花石子小路,小路的面积是多少?

我要求孩子们把这些错解先静静地一一看一遍,再思考他们可能是怎样出错的,并选择一个错误和同桌说一说。"你有什么对策来避免这些错误?"静静思考1分钟,再举手。

二、赏错,明方法

"你在这些错误的解答里发现什么优点?""错例都画了草图""可画图为什么没有帮助到他们呢?"说明画图也有很多讲究。

孩子们马上说:"需要标注数据。"

"怎么标注?你为什么选择标注这两个数字?"我要让孩子认识到标注的方法虽然略有不同,但是画图的最终目的就是找到圆环的基础数据。

三、层练促技能

一起画草图。

1.把5个棱长为2厘米的正方体,拼成一个长方体。

(1)说一说你在画图时关注了哪些数字。这个长方体的长、宽、高。分别是多少?

(2)现在,你能提出哪些问题?(表面积、体积是多少?表面积减少了多少?)

"谁能口头解答这个问题?"

"把5个棱长为2厘米的正方体,拼成一个长方体,还有不同的拼法吗?"

2.把2个长21厘米、宽15厘米、高1厘米的长方体,拼成一个大长方体。

(1)先想象一下,这个长方体大概是什么样子的?类似于什么物体的形状?

（2）你认为有几种拼法？为什么？

（3）要让表面积最大得怎么拼？同桌合作演示一下。这个新的大长方体，长、宽、高分别是多少？

（4）要让表面积最小，该怎么拼？这次不能合作，在脑海中想象一下新的长方体的样子。谁来描述？长、宽、高分别是多少？口答，课件演示。

（5）两个长方体在两次拼大长方体的过程中，长、宽、高发生了怎样的变化？

（6）看来，只要我们得到了新的长方体的长、宽、高，我们就可以求表面积，求体积。在拼的过程中，得到的新的长方体的表面积和体积有什么特点？认识到表面积会变，体积不会变。

（7）刚才我们借助想象和演示发现要使表面积最大、最小该怎么拼，现在请你把图形画下来。

3. 把10个长21厘米、宽15厘米、高1厘米的长方体，拼成一个大长方体，表面积最小是多少？

（1）独立想象，思考，画草图。

（2）同桌交流。投影展示。教师规范草图作图步骤。一般图形堆积，先画前，再画后，先画上，再画下，先画右，再画左。

（3）呈现测试卷中的错题。快递公司要运送20本《英汉词典》，每本词典长25cm、宽15cm、厚3cm。如果包成一包运送，该怎么包？请你画一个草图，并标上数据。算一算需要包装纸多少平方分米。（连接处忽略不计，材料越省越好）

现在你会解决这道题目了吗？试一试。

整节课，课件配合较好，不断地想象，不断地作图，不断地归纳策略，我觉得孩子们的收获比较大。复习课，真的很需要这样进行策略提升。

5月24日　作图解决求立体图形体积难题

这节课,我希望孩子们熟练掌握求立体图形的体积公式,发现立体图形体积计算的共性。通过男女生做不同题目的解题对比,发现作图求体积的优点,强化作图解决问题的技能和方法。

一、分类沟通,回顾图形特点,板书"立体图形",长方体、正方体、圆柱、圆锥。

"你会给它们分类吗?为什么这么分类?你的分类理由是什么？"

"还有不同的分类理由吗?"

"那给你们一点提示,请看大屏幕。长方形向上平移,形成了(长方体)。谁想到了新的分类方法?"

我再给大家一个提示:"一个直角三角形,以长为2cm的直角边为轴,以长为5cm的直角边为半径,可以(旋转),形成(圆锥)。谁想到了新的分类方法?"

"这个圆锥的体积怎么算?谁来口答?这个直角三角形还可以怎样旋转得到圆锥?想象一下。手势比画一下。那如果以斜边为轴旋转,会形成什么图形?"

"请你用最快的速度画个草图给我看看。"

"那么,圆柱是什么图形旋转得到的呢?"

"以长方形的这条边为轴旋转,转到哪边去了?想象一下图形。如果以这条边为轴呢?想象一下图形。谁来把你想象到的图形描述一下?这个长方形的这条边成了圆柱的(　　),这条边成了圆柱的(　　)。"

二、体积问题作图解决策略

1. 初步感悟作图的简易之处

如果能抓到基础数据,我们就能根据体积的基本公式计算了。可是,立体图形不是省油的灯,现在请男同学、女同学分别做以下题目。1分钟计时,做完了就站起来。

女生题:一个直角三角形,三条边的长度分别是6厘米、8厘米、10厘米。

以一条直角边为轴,以 6 厘米的边为半径旋转,形成的图形的体积是多少?

男生题:题目一样,只是多了右边的图形,并清晰地标注了数据。

"我们先一起来看一下刚才男、女同学做的分别是两道怎样的题目。有什么发现啊?"

"如果由你选择,你喜欢做哪一道题目?作图的好处是什么——找出隐蔽数据,得到基础数据。从这个图上,我们能清楚地发现圆锥的底面半径是( ),高是( )。体积怎么算?"

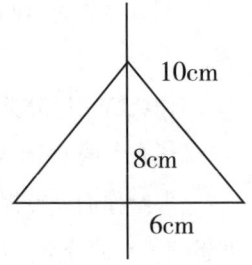

2. 自己画草图,初步掌握画图解题的方法

"现在,我们就利用作图来解决一些立体图形的体积计算难题。"

这次左边的同学做①号题,右边的同学做②号题,要求边画草图边标注数据,然后列式解答。①号题把一根长为 4 米的圆柱形木料沿横截面锯成 4 段,表面积比原来增加了 90 平方厘米,原来这根木料的体积是多少立方厘米?②号题把一根长为 4 米的圆柱形木料沿横截面锯了 4 次,表面积比原来增加了 90 平方厘米,原来这根木料的体积是多少立方厘米?

交流:做完以后,和自己轻轻地说一说解题过程,再和同桌交流一下你们的草图,找出彼此所作图的相同和不同的地方。

反馈:谁上来介绍一下自己画草图解答的过程?

课件演示,从增加的 90 平方厘米里面找到了横截面(相当于底面)的面积。"说说两道题目的不同","说说画草图的注意点"。

不用工具作图,只需要大致画一下,目的是获取基础数据,需要标注已知数据。

3. 及时巩固草图解题方法。

试着做这道题目:把一个高 5 厘米的圆柱沿底面直径切成相等的两半,表面积增加 80 平方厘米,这个圆柱的体积是多少立方厘米?

三、小结收获。

我的收获:1.要求出立体图形的体积,需要找到……利用基本公式……来进行计算;2.当立体图形因切、拼、旋转引起表面积或体积的增减变化时,我知道可以……求体积。

四、综合练习

1. 用一根长12厘米的铁丝围成正方形(接头处忽略不计),沿着其中一条边旋转一周,形成的图形的体积是多少?

2. 把一个长方体的高增加2厘米,它就变成了正方体,表面积增加了40平方厘米。原来的长方体体积是多少立方厘米?

5月28日 近聆胡惠闵

李蓉外出培训时,聆听过胡惠闵教授的讲座,大为赞叹。今天,我也近距离地聆听了胡惠闵的讲座,一听就听了她的两场讲座。华东师范大学的博导胡惠闵教授是一个瘦小朴素的中年女子。气质普通,音质普通,语调普通,却又让人觉得不普通,看上去她不苟言笑,面无表情,却让底下的听者发出阵阵笑声。

早上,胡惠闵教授作了"学生经验的学习活动设计"的讲座。讲座的核心话题是:怎样让老师获得可操作的解决问题的方向?

当年她的导师给她一句话指引她的教学之路:读透三本书,走透三个学校。她将三本枯燥至极的书读到了可从第一章讲到最后一章的程度。她又花十年走透了一个学校,连教学计划、学校总结、校内藏书都看了好几遍,了解了每一位教师的家庭等。然老师的本意并不在此,导师希望她在掌握三本书的理论基础上培养面对实际问题能自然地去分析和思考的能力。这引发了她关于如何让教师提高课堂教学能力的思考。

她的讲座让我印象最深的是以下几点:

1.透过现象看本质,要关注历史、逻辑。比如,课程改革中引发了哪些有关"教"的问题?我们初问:"怎么学?"好像教的内容都是定了的。我们再问:

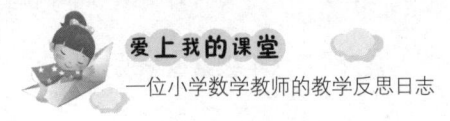

"教谁?"发现我们教的是儿童,而不是小大人。我们又问:"教什么?"发现教育内容中原来有许多可以研究的东西。我们还问:"谁来教?"最终发现了教师。60年的历史发展,原来就研究了四个问题。如果不了解历史,可能你还停留在第一个问题上。

2. 方法是不能迁移的,但人家怎样想到用这个方法的理念是可以迁移、可以学习的。教师不可能完全教教材,教的是教师理解的教材。

3. 对智商高低的看法。人的智商,出生如何到死也如何,不会改变,但智商对学习影响不大。差异在于高智商的孩子学习速度会快,往往一遍就学会了。智商低的孩子只要重复一定次数,也能学会。比如预习,对智商低的孩子不能一句"预习"打包式布置作业,要告诉他今天预习什么,具体怎么做,要由易到难分层布置。他们必须要预习,必须要分层预习。一单元学完,接着学第二单元时不能忘记给智商低的孩子重复第一单元的知识。

4. 学习成绩的好坏与学习习惯关系不大,它和已有的知识储备相关。比如算三角形面积,学生总忘记除以2,教师一味强调要除以2,效果不明显。要回归到它的知识基础,让学生清楚为什么除以2。所以教师要多看一些心理、教学规律方面的书,了解学生学习的特点。

5. 教师案例写作思路:设计与现象,我本来是想达到怎样的目标?于是我根据目标,设计了这样的教学活动;实际与发现,当我走进课堂,进行实际的教学过程时,我从学生身上看到了这样的现象,我还从学生的作业中,观察到了他在学习上的这种现象;反思与调整,我觉得我原来的设计可以这样调整,目标怎么调整,提问怎么调整,我之所以这样调整,是因为这些。

下午,胡惠闵教授为全市教研组长作了题为"教师专业发展背景下的学校教研组发展"的讲座,主要讲了两点:教研组存在的问题;如何改进。我的脑海里只镌刻了这两点。

1. 专业化程度低。一个人职业专业性强不强只要看他是不是越老越吃香就可以了。经验累积非常重要,从业时间越长越好,就是专业性强的表现。而教师呢,越老越不受待见,除非是专业特强的个别人物。的确,一般的老年教师还比不上刚参加工作的新教师受人欢迎。这说明什么？说明多年累积的经验得不到社会的信任,他们比不上年轻人有精力。

2.是否明晰学习目标？只有教学任务没有学习目标,只陈述了教师要做的事,没陈述期望学生有什么变化；只列举教学所涉及的各种要素（概念、原理等）,没有具体说明希望学生如何处理。从目标角度去观察课堂,最大的好处就是关注了学生的学习状况,学生是不是靠自己学会的。

难道有的孩子屡教屡错,是因为我课堂上讲得过多？每课35分,总觉得紧张,总想抓紧时间讲解分析,却忽略了如何学。

5月31日　探讨复习妙招

下午是复习策略沙龙。比较有收获的是：

1.难题的滚动复习。上课第一件事就是做一道易错的难题。做完就交,课后批改。周一到周五,5天都对,就不用做了。有错的,5道继续过关。

2.总复习解题学会找新型题,打上星号,重点探究。

3.结对学习很重要。优生帮忙检查学困生的习题、订正情况。

4.学困生计算题正确率提升。可以让孩子针对性地只做计算,不要给他们太多任务。从最简单的开始,坚持同类题的学习,不要既讲计算又讲图形,从自己教到放手让小助手教。

5.给予优生任务,在一定时间帮助学困生分析试卷。

6.下发空白统计图,每个学生统计自己的考试分数,自我归结,互相竞争。

6月9日　絮叨复习

经历了学校安排的模拟考,感触良多。有的题目做到过、分析过,甚至连数据都没有变化,却还有十几个人出错。说明当初孩子做错了,订正了,但他订正的是一个答案,他没有理解。那么,复习课到底要关注什么？

由于我复习节奏较慢,作业量又始终没有增加,导致手头还滞留着大量的测试卷,教研室的卷子几乎没考过。剩下的时间是急于去考试还是驻足分析?大量考试和练习无非是为了防止毕业考时出现的个别题型学生没有遇到过。但是,考试需要大量时间,而且,成绩优秀的孩子即使遇到新题也会举一反三解答成功。成绩一般的孩子只做过一遍新题,收获不大,必须做过、理解过、订正过才会有所吸收。

这次考试,最后一题分数应用题"小强和小军各有图书若干本,已知小强的图书占两人图书总量的60%,当小强借给小军20本后,小强和小军的图书本数比是2∶3,小强原来有几本图书?"601班45人做对,602班35人做对。我非常满意,感觉华丽丽的。

这类题目,一贯有种智力趣味在里面,日常的关注,长期的熏陶,让一部分孩子觉得很简单。可见,只有对长期关注的题目孩子才会觉得游刃有余。讲过一次,就认为学生该知道了,那无疑是自我安慰,一厢情愿。

思来想去,我就把剩余的练习卷的一大半都发给了孩子,并勾选了其中一些题目,希望精做精练,让学习并不轻松的孩子有所收获。

6月13日 难题的探究重在平日

今天最后一节课,真感觉孩子们进入了厌烦的状态。最坐不住的就是奕舟、奕凯和余昕辰,惩罚他们和我一起离开教室——我走他们才能走。我坐下来和几个还没订正完作业的孩子交流几道题目的解法。三个家伙默不作声地开始做语文家庭作业,偶尔瞧一下我们。

没一会儿,我就说我走了。三个家伙顿时欢呼雀跃,突然觉得是我为难了孩子。我是多喜欢看他们的笑脸,那又何必呵斥得他们露不出笑脸?

一天时间分析完了上周末的作业、昨天前天的作业,讲得我声线彻底"安拉"。说真的,我已经把习题量控制得不能再控制,减得不能再减了。

目前手头还有3份《数学报》和3份综合卷。留出一份考卷,其余明天要全部下发,一起在题海中撷取"珍珠"吧!留出一份自然是打算再考一下,第三轮的检测复习我也只考了四份试卷,其中还包括了统一的模拟考试,再考一份觉得还是必要的。考两份可能是力所不及了。就目前的紧张状况而言,梳理错题和当堂练习更重要。

另外三节课时间,先是核对家庭作业答案。不再选择部分题目分析讲解了,除非是典型错题。实在有困难的,就让优生一对二或者一对三地进行讲解。然后,要在课堂上练习计算等基本题。

一直都是在选做一些具备一定灵活性的题目,计算技能未曾强化,这两天还是要关注一下计算,毕竟宋老师说了,明显能简便计算的题目如果是按一般运算顺序解答,是要扣分的。那么,明显的简便类型题目和不能简便却和简便类型相似的题目就一定要对比着练习一下了。

难题的探究重在平日。此时再去多讲,也是两字——何必!

6月15日　如愿完成复习计划

带毕业班已经多届,今年最伤脑力。主要还是被一句"总要有一套自己的复习思路"所触动,所以,整个复习阶段——现在这个时候是可以总结了,各种想法像喷泉一样起起落落,涨涨歇歇,很是费神。但,觉得很有收获。

往年的总复习,总是先练习完书上的内容,然后两套试卷,考啊,评啊,累得整夜批改试卷。为了缓解总复习的枯燥,苦思冥想了几招,比如故意召开考前重点透露发布会(也就是同类题型练习),引起学生高度重视,然后测试学生的知识掌握情况。这其实就是讲评提前,激发学生的积极性。偶尔为之,甚好。另一招是改卷不批分,只改对错,下发,重考20分钟后,收卷,再批分。这时订正的效果绝对是事后订正所无法比拟的。

这两招在试卷的轮回复习里很有用,可以化化沉闷的气氛。

可还是觉得极累。题海战术,真正是人困人厌。

今年的总复习,在教研室、教导处的"教育"下,完全按三步走。

第一步，知识梳理。这一阶段，孩子甚至没感觉到是在总复习，依然是一课一练，如同新授。因为很多知识点出现了遗忘，这个时候要连点成块，要重新使知识点鲜活起来，类似于新学一遍。作业主要选择了《毕业复习精选》中的分块练习。

第二步，策略指导。这一阶段，难度上升，从作图的指导，到举例法、假设法、抓住不变量求"1"、抓住体积不变、探究表面积的变化方式、探究体积的变化方式等，都是抓住错题引申展开，课堂还是新授课的模样。作业主要选择了《数学报》中的个别习题。

到了第三步，检测提升。透过一张卷子的错题，引申至一类习题。所以，一张卷子的分析我常常要花两节课，一边分析一边练习，大部分测试卷成了选做卷。

这三步里的内容，往年没有吗？也有。但是都不如今年做得耐心和细致。由于三轮复习的坚守，导致最终我的测试卷完成进度大大落后。说真的，当初我是想少选一份资料的，可是，还是抵不过应试压力的刺激——万一其中的练习别人做过了，我的孩子没做过，岂不吃亏？可是，做不完，也不想布置太多，怎么办？只能计划教学内容，反复选择要做的习题，争取在6月15日完成所有自己计划的复习内容。

下午，准时完成计划安排。铃声响起，放学。幸福。

我觉得自己三步走的总复习，不再似往年那么枯燥，那么厌烦。想来，孩子的感觉也一定是这样的。虽然还有不少没做好的地方，但是我觉得对自己的下一轮教学助益匪浅。以往，真是没这样的感觉，以往总觉得再不要教毕业班才好。这就是变化带来的愉悦感。

周一，要交流周末作业，交流学生精选的错题。然后，愿他们细致答题，展现自己的数学解题能力。

6月21日　阅读扫尾

今天下午对《小学数学教学》一书完成了扫尾阅读。第十一章是"小学数学中的文字型应用题"。第十二章是"100个小学数学问题"。由于第十二章采用的是一问一答的撰写方式，因此没有留置问题。我就选择第十一章的第二个问题进行简答。

试述应用题的算术解法和代数解法的区别与联系。

小学数学应用题的求解，可以用算术方法和代数方法。从算术向代数过渡，是学生数学学习过程中极为重要的转变阶段。

在教学中，用列方程的方法和用算术方法解应用题，都是以四则运算和常见的数量关系为基础，都需要分析题里的数量关系，根据四则运算的意义解答，这是它们的共同之处。

不同之处是，用代数的方法解题和用算术的方法解题，建模过程是不同的。用算术的方法寻求问题的结果，是从具体问题的已知数出发，通过对已知数或计算产生的中间数进行一系列的计算而达到问题的解，并不将问题形式化。思考的过程往往是从已知数出发，最后达到未知数。算术方法建立在数的运算上。用方程的方法，则是从设立未知数出发，根据未知数所应满足的条件，把问题表示为含有未知量的等式关系（建立数学模型）。然后利用等式的性质对方程进行恒等变形，在变化的过程中始终保持方程两端对称的等量关系，到求得方程的解，体现了方程的结构特点。用方程的方法解决问题，建立在式的运算上。

书中有个极妙的比喻来形容两者不同之处："如果未知数在对岸，那么算术方法，好像是摸着石头过河找到未知数，代数方法好像是用绳索将对岸的未知数捆好拉过河来，两者的思考方向刚好相反。"

从解决问题方法多样化的角度看，两种方法都是解决问题的途径。但是从思维发展的角度说，代数的思考是抽象层面上的思考，代数的方法具有一般性。应用题求解应引导学生从算术的思考逐步过渡到代数的思考。但是，列方程时的数学思维，主要还是用算术方法的。没有算术的第一步，就没有

代数的第二步。算术解法重在思维过程,有其独特的价值所在。

进入六年级,很多比和分数应用题都有一定的难度。在孩子们尝试解答后,我一般都是先讲方程解法,因为方程往往容易理解。再呈现一部分孩子的算术解法。说说他是怎么思考的,每一步求的是什么,算术方法因其思维含量高,理解起来有一定难度。比如班上邬佳笈对这一类题目都喜欢转化到比的方法来做,他的式子一时之间就很难被大家理解。而方晨欣、周树扬、竺逸汶、奕舟、奕凯就比较喜欢方程的解法。有的孩子则没有偏好,像周瑜婷、方波博,喜欢根据题目的特点来解答,一般都是先尝试用算术解法,算术方法行不通再试方程。这也体现了小学生算术第一步、代数第二步的特点。

6月25日 一轮结束

早上,李蓉领来了毕业考的等级成绩。我一一转发给办公室的同事。那场面——每个人都盯着自己的电脑,1、2、3、4……边看着学生的名字边数着自己班级自己学科的优秀人数,再去数其他班级的优秀人数。

老实说,这次毕业考拿到试卷的那一刻我就比往年坦然。一则觉得尽力了,二则觉得试卷上没有一道我和孩子们从未探究过的难题。那么,应该不会考得很差。至于和平行班级相比,会略好还是略差,倒是心中没数,感觉只要差距不明显,那便是一样的。

601班数出来11人不是优秀,602数出来12人不是优秀,真是太满意了。各班成绩都不错,办公室的温度一如这个季节。

一轮结束。我教数学,又三年。

后　记

　　五年前,我开始零散地记录自己的教学生活。会从随意走向坚持,源于自己对"携手家长共进"的期待,对自身专业成长的渴望。

　　每个人都对自身的专业成长有一种发自内心的渴望,我也是。但我好像既没有独特的课堂演绎能力,也缺乏抛却一切埋头钻研的毅力,成长期必定缓慢,不过,再慢,也可以是一曲饱含乐趣的、暖暖的、平实的教学之歌。

　　我是个喜欢码字的人,尽管笔下的文字因才华所限难以华美,但我喜欢体味文字中荡漾着的岁月静好的美妙气息,所以写的时候很快乐,写的目的很单纯——

　　当时当日,让家长们跟着我一起触摸孩子的数学学习,感受数学学习的"酸甜苦辣"。

　　退休时日,一方暖阳下,一个精致的老太太捧读着自己厚厚的教学日志,回望自己三十几年的教学生活,即便她自己是书稿唯一的读者,她也依然觉得如此幸福。

　　然而,经过不断的积累,我却惊讶地感受到了日志撰写所带来的专业推动力。

　　首先,撰写教学日志的过程必然伴随着自己的实践、阅读与思考。每日的教学实践、自己肤浅的思考、教学中的温馨瞬间、难以抛去的烦恼与遗憾构成了日志的各种滋味。每逢培训,因为想记录想分享,潜意识中就聆听得格外认真,收获自然也在无形中增加。反是在领雁工程脱产培训

期间,我就写下了4万多字的培训日志。

其次,分享的过程也是接受"监督"的过程。我撰写的教学日志贴在自己的QQ空间后,孩子们的爸爸妈妈成了最忠实的读者。原来,我在无意之中已经引入了家长们、同事们甚至不认识的教育网友的"监督"。我的所言、所行、所记自然都真实可触,它们是家长们,感受孩子数学学习情况的信息。家长们给予了我无尽的支持,和我携手共进。三年来,我得到他们无数次的肯定和帮助,我觉得自己做着、想着、写着,都是那样快乐。

常有同伴不解我哪来的时间去记录。作为一名年轻的教师,我时常会遇到很多培训、比赛之类的教学任务。作为一名六岁男孩的妈妈,我需要花大量的精力去陪伴孩子。其实,没有经历过才觉得困难,经历过就会明白,内心真喜欢了,时间就一定能挤出来。我的打字速度和行文速度都被锻炼得极快,只要不遇上额外事务或突发状况,我一般上完课就能迅速写完并发表。每次点击空间的"发表"键,我都有一篇大作发表般的喜悦。

一篇篇教学日志能结集出版,我做梦都不敢想。如今,竟然成真,内心激动却也惶恐万分。没有陈近老师的引荐,没有陈静编辑的肯定,没有梁建建编辑的指导,那仍然是一个梦。我感激特级教师林良富、王国元百忙之中作序引领,感激吴卫东教授、陈洪杰主编关爱小"草根"大力推荐,感激教研员宋煜阳、名师吴光辉多年关爱,感激王剑勇、李蓉等校领导的鞭策鼓励,感激奉化实验小学美妙的教研氛围,感激同伴尤其是张明娟和胡优辉两位搭班老师三年的支持……还有奕舟奕凯的妈妈、任宁、方巧娟、网友徐开岳作为第一批阅书者专为书稿提出了建议,对此铭感于心。

真希望自己三年积累下的教学手记,在带给自己幸福和满足的同时,也能让每一位翻读者感受到蕴含在其中的属于日常教学的淡淡的幸福滋味。